Die Provence – Morgensegel Europas

W0414046

SERIE PIPER
Band 1075

Zu diesem Buch

Südfrankreich als Reiseziel und Zuflucht ist bei Deutschen seit langem attraktiv. Neben namenlosen Touristenheeren zog und zieht dieses vom Mythos der Freiheit und Kultur, Schönheit und Urwüchsigkeit geprägte Land deutsche Dichter und Denker an; als Abenteurer und Entdecker, als genießende Urlaubs- und Vergnügungsreisende. Manche haben im Süden gelebt, einige meinten hier ein sicheres Exil gefunden zu haben.

Im Bericht, im Brief, in Poesie und Lyrik spiegeln die in dieser Anthologie gesammelten Texte ein Panorama der sichtbaren und unsichtbaren Geschichte Südfrankreichs. Daß sich mit dieser auch deutsche Geschichte verbindet, zeigen Feuchtwangers Internierung in Les Milles und Werfels Flucht aus Sanary-sur-Mer.

Südfrankreich ist eines der ältesten Zivilisationsgebiete Europas. Zu allen Zeiten besaß dieser Raum eine erstaunliche Anziehungskraft, wurde gleichsam zur Drehscheibe der Völker und zum Inbegriff des Savoir-vivre.

Margrit Bröhan, geboren 1938 in Pasewalk/Pommern, promovierte in Germanistik und Kunstgeschichte und lebt als Autorin in Berlin.

Die Provence – Morgensegel Europas

Ein Lesebuch

Herausgegeben von
Margrit Bröhan

Piper
München Zürich

ISBN 3-492-11075-4
Originalausgabe
Oktober 1989
© R. Piper GmbH & Co. KG, München 1989
Umschlag: Federico Luci,
unter Verwendung des Gemäldes
»Collioure, le village et la mer« (1905) von André Derain
(Folkwang Museum, Essen)
© VG Bild-Kunst, Bonn 1989
Gesamtherstellung: Clausen & Bosse, Leck
Printed in Germany

Inhalt

IV. Zuflucht und Schrecken

V. Morgensegel Europas

Vorbemerkung

Südfrankreich als Reiseziel und Zuflucht ist bei Deutschen seit langem attraktiv. Nicht nur Touristen, sondern auch Schriftsteller und Philosophen haben sich diesem vom Mythos der Freiheit und Kultur, Schönheit und Urwüchsigkeit geprägten Land verschrieben; als Abenteurer und Entdecker, als genießende Vergnügungs- und Urlaubsreisende. Manche haben im Süden gelebt, einige meinten hier sicheres Exil gefunden zu haben.

Fäden von Südfrankreich nach Deutschland lassen sich in der Literatur weit zurückverfolgen. Der kunstvolle Minnesang des Hohen Mittelalters etwa an den Höfen in Thüringen oder Schwaben, in Wien oder Prag ist ohne die Troubadoure der Provence und deren Verehrung eines weiblichen Idealbildes nicht denkbar. Es ist durchaus möglich, daß auf dem glänzenden Hoftag Friedrich Barbarossas 1184 in Mainz der staufische Meister des Minnesang, Friedrich von Hausen, Lieder vortrug, die er sechs Jahre zuvor in Arles bei der Krönung des Deutschen Kaisers zum König der Provence gehört hatte.

Von der Alpengrenze zu Italien im Osten bis zum Atlantik im Westen, von der Küste des Mittelmeeres, den Wäldern der Pyrenäen im Süden bis zum Massif central im Norden entfalten sich Landschaften, die im Wechsel von Ebenen und Gebirge, der Mannigfaltigkeit von Flora und Fauna zu den schönsten Europas gehören. Hochgebirge, Höhenzüge, tiefeingeschnittene Schluchten, Flußniederungen, Quellen und Sümpfe, steil abfallende Küsten und liebliche Strände, Karstlandschaften und Blütenmeere, all das findet der natursuchende Reisende. Naturwelt und Menschenwerk, bekannte Peter Handke, auf der Route Paul Cézanne können zu Beseligungsmomenten werden. Die seit der Antike auf südfranzösichem Boden kultivierten Weine, sowie eine Kochkunst, deren Raffinesse in der Einfachheit liegt, lassen eine Südfrankreichreise auch zum kulinarischen Erlebnis werden.

Zu allen Zeiten besaß dieser Raum eine erstaunliche Anziehungskraft, wurde gleichsam zur Drehscheibe der Völker. Die Urbevölkerung war ligurischer Abstammung. Kelten, Griechen und Römer, Westgoten, Araber und Franken eroberten das Land und siedelten sich an. Über die von altersher bestehenden Verkehrswege und Handelsstraßen am Lauf von Soane und Rhône, von der iberischen zur italienischen Halbinsel zogen Cimbern- und Teutonenstämme und friedliche Kaufmannskarawanen, Inquisitionstruppen und Pilgerströme. Spuren griechischer, römischer, byzantinischer, islamischer, christlicher Kultur- und Kunsttraditionen finden sich an vielen Orten. Dennoch wurde die seit der Römerzeit bestehende kulturelle Einheit des südlichen Frankreich nicht zerstört. Im Gegenteil, ein Geist des Leben-und-Leben-lassens, der Toleranz und Aufgeklärtheit scheinen Resultat eines friedlichen Zivilisationsprozesses zu sein. Weitherzigkeit und bürgerliches Selbstbewußtsein und eine früh akzeptierte höhere gesellschaftliche Stellung der Frau hat sich in der südfranzösischen Bevölkerung erhalten. Wenn heute Individualisten und Aussteiger dem Zwang und Druck der durchorganisierten modernen Existenz ausweichen wollen, ist häufig Südfrankreich ihr Ziel.

Aber die Zeit steht natürlich auch in Südfrankreich nicht still. Industrialisierung, Stadt- und Hafenneugründungen, extensiver Ausbau der Verkehrswege, Konzentration von Kraftwerken, Stationierung von Nuklearraketen und nicht zuletzt der Massentourismus bedrohen die ganze Region. Bauherren ohne geringste Rücksichtnahme auf die architektonischen Eigenheiten der gewachsenen Orte, Verfechter einer rigiden Industrialisierungsideologie sind an der Arbeit. Der Bürgermeister von Nizza sieht die wirtschaftliche Zukunft in einem industriellen Großgebiet, das den Tourismus als ökonomische Grundlage übertrumpfen wird!

Im Bericht, im Brief, in Poesie und Lyrik verdichteten sich Wahrnehmung und Stimmungen. In diesem Sinne sind die in dieser Anthologie gesammelten Texte ein Panorama der sichtbaren und unsichtbaren Geschichte Südfrankreichs. Das Südfrankreich als Fluchtpunkt und Zufluchtsort während des Dritten Reiches belegen die Texte von Feuchtwangers Internierung in Les Milles und Werfels Flucht aus Sanary-sur-mer. Im Gedicht von Peter Härtling spürt man diese Last in einer Landschaft, wo man sonst nur heiteren Süden sähe. Die Gedenktafel an der Promenade des Anglais Nr. 62 für Theodor Wolff, den großen Zeitungsmann und Literaten, den das Exil in Nizza nicht retten konnte, erinnert an die Besatzungszeit.

Die Lektüre der Texte deutscher Literaten über Südfrankreich erweitert das eigene Erleben. Es ist, als ob man in die Vergangenheit blicken könne und mit zusätzlichen Augen wahrnähme. Während man im donnernden Lastverkehr am römischen Stadtgründungsbogen von Orange steht, sieht man den Grafen Pückler auf seiner Fußwanderung im Jahre 1809 in sengender Mittagshitze vor dem ›Triumpfbogen des Marius‹ innehalten und erschauern. Er wußte, daß dieses Monument der Ehre zwei Jahrzehnte zuvor den Revolutionären als Hinrichtungsstätte gedient hatte. Es ist dasselbe zweitausend Jahre alte ›ländliche Triumphtor‹, an das Rainer Maria Rilkes Malte sich melancholisch lagert.

Dieser literarische Reiseführer durch Südfrankreich möge den lesefreudigen Reisenden durch eine historische Landschaft begleiten, die vor ihm Philosophen, Schriftsteller und Schriftstellerinnen besucht und erlebt haben. Ihre Beobachtungen, Erlebnisse, Reflexionen geben unserem individuellen Reiseerlebnis einen weiteren Horizont.

Margrit Bröhan

I. REISEN INS MITTÄGLICHE FRANKREICH

Ludwig Uhland

In den Talen der Provence

In den Talen der Provence
Ist der Minnesang entsprossen,
Kind des Frühlings und der Minne,
Holder, inniger Genossen.
Blütenglanz und süße Stimme
Konnt an ihm den Vater zeigen,
Herzensglut und tiefes Schmachten
War ihm von der Mutter eigen.
Selige Provencer Tale,
Üppig blühend wart ihr immer,
Aber eure reichste Blüte
War des Minneliedes Schimmer.
Jene tapfern, schmucken Ritter,
Welch ein edler Sängerorden!
Jene hochbeglückten Damen,
Wie sie schön gefeiert worden!

Ernst Moritz Arndt

Von Nizza nach Marseille

3. Mai 1799

Endlich nach einer langen Quarantaine, die ich hier hatte halten müssen, reisete ich den 3. Mai ab des Nachts um 2 Uhr. Ich nebst zwei Officieren der Marine ging mit dem Kourier der Nationaldepeschen und außerdem waren noch drei Wagen, mit Officieren der italiänischen Armee, mit einigen Weibern und Kaufleuten beladen, so daß wir in allem wohl an 30 Mann ausmachen mogten. Die erste Fahrt im Dunkeln ging durch bekannte und oft durchwanderte Gegenden bis an den Var-Strom, der vormals die Gränze zwischen Frankreich und Italien machte. Als wir über die Brücke St. Laurent jenseits des Var gefahren waren grade bei der Tagesdämmerung, stiegen wir aus und marschirten gerüstet durch die Hohlwege und das Gesträuch der Anhöhen, weil die Gegend oft durch Räuber feindselig und unsicher gemacht ist. Als es tagte, setzte sich alles wieder, Nachtigallen und Lerchen begrüßten den Morgen und unser Weg ging durch fruchtbares und wohlbebautes Hügelland, mit Korn, Oel- und Feigenbäumen bedeckt. Gegen fünf Uhr fuhren wir Antibes vorbei, einem freundlichen und netten Seestädtchen mit einem Hafen und Fort, die aber beide sehr verlassen da standen. Von hier ging es durch eine freundliche Ebene auf Cannes zu. Wiesen und Felder und Weiden sah ich nach kurzer Zeit im schönsten Grün des Frühlings lustig wechseln, Heerden weideten in kleinen Feldbüschen, aus welchen Nachtigallen schlugen – denn die Provence ist seit Petrarka und Laura das Land der Nachtigallen – und Rebenstöcke schlangen sich hie und da italiänisch um die Bäume, oder waren auch in einer langen Reihe an Stäben gezogen, mit Korn und Sämereien in der Mitte. Bei Cannes gewährt das Meer mit seinen grünen und buschigten Inseln, Skt. Marguerite und Skt. Honorat, einen gar freundlichen und lieben Anblick. Mir war, als wünschte ich mir Floßen, um hinüber zu einer ruhigen Einsiedelei zu schwimmen. Aber das Schicksal und die Zeit versagten beides, Floßen und Boot. Cannes liegt längst dem Meere hin wie eine einzige lange Gasse mit einem alten Thurm und Schlosse auf der Höhe, nett und heiter anzusehen, wie weiter unten Joigny an der Yonne. Hier ward die ganze Reisekaravane nun erst recht am Tageslichte zusammengebracht und konnte nähere Bekanntschaft bei einem muntern Frühstück machen.

[...]

Von Cannes ging nun der Weg allmälig bergan, bis man an den Wald von Estrelles kömmt. Hier machten wir halt, jeder stieg aus und waffnete sich mit Säbel und Pistolen, weil in diesem Walde alle Tage fast Plünderungen und alle Wochen Mordthaten vorfallen. Kaum waren wir 500 Schritte gewandert, so kamen ein Paar Eselein mit Säcken, denen weit hinten der Führer folgte. Hier versah sich die kurzsichtige Furcht eines unserer Officiere an den langen Ohren und schrie: *oh Messieurs voilá des coquins á Enfils*. Wir lachten lange über die possierlichen Flintenläufe und fanden überall unsre Bewaffnung unnöthig; denn die ganze Straße durch dieses Holz war mit Konskribirten bedeckt, die uns truppweise zu hunderten vorbei defilirten. Übrigens ist es ein Paß recht für Räuber gemacht, wie für die Eber und Wölfe, welche letztere hier gegen den Winter von den höhern Alpen herabkommen. Die Wege sind jetzt über alle Beschreibung scheußlich; und obgleich wir alle zu Fuße waren, konnten doch die Gaule oft den Wagen nicht durch die Steine schleppen, die vormals einen Straßendamm machten und jetzt in einzelnen Klumpen da liegen. Uebrigens ist dies ein lustiger und romantischer Pfad. Ungeheure Felsklumpen hängen mit alten Tannen herab, Bäche rieseln über den Weg und Bergströme brausen durch die tiefen Thäler und Schluchte, die auch ihre Nachtigallen haben; Abgründe laufen steil vom Fuße des Wanderers hinab und wechseln mit grünen Felsenwänden, vom Wasser durchströmt und Epheu umgrünt. So kamen wir durch diese große und schauerliche Natur an das

Oertchen Estrelles, eine rechte Alpenwirthschaft. Sanft läuft in dem Gütchen der Berg hinab, oben mit Luzerner und Korn und unten mit schön gewässerten Wiesen, in welchen einzelne Kühe graseten. Oben an seiner sanftern Spitze liegt die kleine Wirthschaft, dicht von hohen Ulmen umschattet, und hoch über ihr links ist wieder fürchterliches Felsengebirg mit einzelnen alten Bäumen und Sträuchen. Wir machten hier Nachmittags um 2 Uhr lustige und frohe Tafel und hatten guten Schmaus und treffliche Erdbeeren zum Nachessen. Wir gingen indessen immer noch gerüstet fort und in muntern Gesprächen bis zum Ausgange des Waldes in die Ebne von Frejus. Ich hatte indessen allerlei Revolutionsgespräche mit meinem Kourier, der Maurer, Protestant, Demokrat und Gott weiß, was noch alles mehr, aber im Ganzen doch ein gescheuter Kerl war. Auch er behauptete mit vielen teutschen Journalisten und Almanachisten, die Freimäurer und Illuminaten hätten die Revolution gemacht. Als wenn eine Revolution sich so leicht machte. Lachen mußte ich, als er mir erzählte, ein Platz in Marseille heiße nach dem Teufel *Marat Champ de Marathon*; indessen solche kleine Schnitzer kann man täglich von der Unbekümmertheit der Franzosen hören und in Büchern lesen.

Von Estrelles senkt sich der Weg immer abwärts und zeigt endlich den Anblick des Meeres mit allen Landbuchten, den schönsten und letzten auf diesem Wege; denn bei Cannes hat mann bei aller Lieblichkeit der Ufer und der Inseln doch die Höhe des Standpunktes nicht. So kamen wir in das kleine räuchrige Frejus hinab, das darum doch ein liebliches Oertchen ist, denn eine reichere und lustigere Natur, als seine Umgebungen, kann sich die üppigste Fantasie kaum denken. Diesseits hatten wir die alten ehrwürdigen Arkaden eines römischen Wasserleiters, die einzeln im Felde da standen, wie das Bild der Vergänglichkeit unter der Blüthe, indem Rocken und Weizen in vollen Ähren umher wogten und Maulbeerbäume mit ihrem breiten Laube um die alten Steine säuselten. Jenseits im Südwest sind Wiesen und Gärten mit Feigen, Kirschen, Mandeln und Obstbäumen und mit allen Gewächsen der Küche und der Nase reichlich versehen; Reben winden sich fast um jeden Baum mit ihren blühenden Armen. Die Kirschbäume sind jetzt roth und Erdbeeren duften hinter den Hecken. Ich dachte hier an den alten Fleury, den der Ehrgeiz aus diesem reitzendsten Fleck des Erdbodens hinaustrieb, um seine letzten Lebensjahre in den Ungewittern des stürmischen Hofes zu vergrämen.

Unsre Begleitung fuhr hier voraus. Wir konnten anfangs keinen Postillion kriegen und warteten und warteten, bis endlich, da keiner zu haben war, der Kourier selbst dieses Amt übernehmen mußte. So ging uns die Sonne unter und unsre Gesellschaft war schon weit voraus. Düfresne jubilirte, als er unsre drei Pferde sahe, besonders eines von ungeheurer Größe, welches in die Mitte gespannt ward und die Bäume des Fuhrwerks tragen mußte. Wir fuhren nun aus Kräften bergan auf dem abscheulichsten Wege und alles mußte schreien und schlagen, damit die drei Gaule unter der Leitung des unerfahrnen Kouriers nur vorwärts gingen; denn wenn sie einmal im Stillstehen waren, so kostete es Mühe, sie wieder ins Gehen zu bringen. Da zu unserm Elend ging nun auf einer holprigen Stelle der mittelste Gaul mit dem Kourier kopfüber und die ganze Last des Wagens mit den Bäumen lag auf ihm. Wir Viere suchten ihm aufzuhelfen, umsonst; keine Axt noch andres Geräth, die Kette zu sprengen, die die Wagenbäume hielt, und das kolossalische Roß ersticken wollte, welches stöhnend die Zunge lang ausstreckte. Das war ein Fluchen und Schreien, worin des Kouriers klägliche Ausrufungen: *il se tue, il se tue!* klangen. Endlich ward ein Pferd von den andern beiden abgespannt und Düfresne sprengte nach dem nächsten Dorfe, um Menschen herbeizuhohlen. Wir andern drei hielten keichend die Bäume empor, damit das hohe Thier nicht krepirte, und sahen aus von Schmutz und Schweiß wie die Missethäter. Endlich kamen nach einer halben Stunde die Dörflinge mit Düfresne, wir hoben Wagen und Thier wieder auf und so ward mit tausend Spaß über unser stattliches Roß in das Dorf eingefahren. Auch da mußten wir wenigstens eine Viertelstunde peitschen, ehe wir bergan kamen, und nun ward die Sache recht methodisch bis zur nächsten Station le Muy durchgeführt. Düfresne setzte sich auf den Schreckenrosinante und arbeitete ächt französisch mit Peitsche, Händen und Füßen, daß die Thiere nicht aus dem Trab kamen; denn sonst wäre es um uns geschehen gewesen;

ein einziges Halt, und wir konnten die Nacht halten bleiben und uns am Ende noch von Spitzbuben ausplündern lassen. Wir andern liefen nun mit Stöcken treufleißig durch Dick und Dünn bei dem Wagen her, halfen schieben, sobald ein schlimmes Geleise kam und wir fürchten mußten, stecken zu bleiben, peitschten und schrieen mit, und so kamen wir glücklich um eilf Uhr zu le Muy, wo unsre andre Wagen schon um neun angelangt waren. Der arme Düfresne fand sich am Hintern und an den Fingern geschunden, wir andern alle so beschmutzt, daß wir sogleich zur Pumpe mußten. Unsre Gesellen lagen zum Theil schon auf dem Ohre und ruhten ein wenig. Uns schmeckten Wein und Braten herrlich, und dann führte die freundliche Wirthin mit ihren muntern Töchtern uns in den Rosengarten, worüber der Mond schien, und Nachtigallen hinten im Gehäge sangen. Hier war alles Laufen, aller Ärger vergessen. Wir waren in einem recht petrarkischen Winkel, und ich durch den Mond und die Nacht, vielleicht auch, durch den Wein etwas petrarkisch gestimmt. So saß ich ein halbes Stündchen unter den hohen Rosenbüschen und Düfresne trillerte mit den Dirnen Arietten, die im provenzalischen Munde, der ein Gemisch vom Italiänischen und Französischen ist, allerliebst klangen. Diese Mundart hat außerordentlich viel Weiches und Mildes und alles Gurgelnde und Schnarrende der französischen verklingt in ihr. In dem Munde des gemeinsten Schlages Menschen ist es aber für den Fremdling ein *patois,* wovon er nicht viel mehr versteht, als der Baier, wenn man ihn plötzlich nach Mecklenburg und Pommern in eine Bauernschänke brächte. [...]

Hier ist es Zeit, im Allgemeinen ein Wort von den Provenzalen zu sagen, worunter ich alles verstanden haben will, was ich von Menschen seit Nizza bis hinter Avignon gesehen habe. Diese Provenzalen gehören mit zu den stärksten und schönsten Körpern, die man sehen kann. Alles ist Nerve und Muskel, und der Körper hat die Rundung und Wölbung, die man nur bei den Kalabresen und einigen andern Italiänern findet. Die Augen, wie die ganze Gestalt, brennen von Feuer und Leben, und haben die französische Geradheit, die man leider bei dem Italiäner nicht immer findet. Unter den Weibern habe ich so reizende und zugleich kühne Gestalten gesehen, als ich sie im mittlern und nördlichen Frankreich selten fand. Eine Laura indessen war nirgends, nirgends nur eine Bildung, die jene Sanftheit und Stille unter diesem heißen und wohllüstigen Himmel hätte ahnden lassen. Alles, Mann und Weib, trägt bloß den Ausdruck des hervordringenden und kräftigen Lebens. Dieser heftige und aufbrausende Karakter hat sich in diesen letzten Revolutionsjahren auch kühn und auszeichnend genug offenbart, und bei der Gesetzlosigkeit ist alles Gesetzlose und Wilde hier schneidender und greller ans Licht gekommen; so daß jetzt die Provence nächst den westlichen Departements wegen Räubereien und Plünderungen am meisten verrufen ist. Diese Berge der Provence längst der See sind bis an die Rhone gleichsam eine Fortsetzung der Kette des Apennin, der die Genueser am Meer einengt. Das hiesige Volk trägt vieles von dem Karakter des Liguriers, ist eben so berufen wegen seiner Treulosigkeit und Raubsucht; eben so heftig in Feindschaften, abgerechnet, was die französischen Sitten verbessert haben. Man vergesse aber nicht, daß unter diesen Gemüthern der edle Mann es drei- und vierfach vor andern seyn müsse. Denn aus größter Stärke wird nur größte Güte. Die Sprache selbst giebt hier den Mittelkarakter zwischen dem Franzosen und Italiäner an. [...]

Marseille

Ich habe hier acht sehr angenehme Tage verlebt, die mir durch die Güte des schwedischen Konsuls, Herrn Jölsch, und einiger anderer Häuser, an welche ich von Livorno Empfehlungen hatte, noch angenehmer gemacht wurden. Meine alten Gesellen hatten sich in Aix und hier von mir verloren, doch sollte ich einige in Toulon, einige nachher in Aix wieder sehen. Für Toulon nämlich wurden einige Tage abgebrochen, um Toulon und die Flotte, die gerade von Brest angekommen war, Hiéres und seine Zitronenwälder und die Inseln gegenüber, diese lieblichen Inseln, ach! nur von ferne, zu sehen, weil es in den ersten Tagen der Ankunft der Flotte verboten war, von den Küsten zu fahren. Dies waren frohe und elyseische Tage, wie die Gegend, dieses Paradies Frankreichs, wo ehedem in den Monaten des

Spleens so viele Engländer zu wohnen pflegten und manche andere Schwächlinge des Nordens, die hier Grillen verjagen und böse Übel heilen wollten. Doch dieser reizende Erdfleck ist so oft schon beschrieben, als daß ich ihn noch einmal entweihen sollte. Er gehört zu den wenigen, die so viel Unaussprechliches im Gefühle erwecken, so viele Ahndungen eines alten Daseins vor diesem Rock aus Ton, so viele Erinnerungen der originessischen Präexistenz der Seele geben, daß man bei allen diesen schwellenden Gefühlen und dunklen Ahndungen selbst nur ein schwebendes und flatterndes Bild des Schönen vor seiner Seele behält. Blüht ihr lieblichen Eilande! und mögen an euren Küsten nie die Schrecken des Krieges donnern, noch die Wehklage des Elends diese liebliche Natur entheiligen! Mögen in deinem freundlichen Hafen, Toulon, nur friedliche Segel einflaggen!

Ich hatte von Marseille ein ganz einziges und eigenes Bild, das sich seit dem Julius Cäsar meiner Schuljahre festgesetzt hatte. Ich liebte die alten Phocäer, die aus Tyrannenhaß die schönen Küsten Asiens verließen und neue Sitze suchten, und endlich, von Korsika und Sardinien vertrieben, hier die mächtige Massilia gründeten. Die Stadt ward mur merkwürdig durch den verzweifelten Widerstand, den sie Cäsars siegreichen Legionen und Flotte leistete. Sie behauptete auch, als die Republik durch die scheußlichste Sittenverderbnis dem Despotismus der Soldaten und Regenten preisgegeben war, diese Festigkeit des Charakters und die Alten nennen Massilia mehr als einmal eine der frugalsten und gesittesten Städte des Reichs, als sie schon lange eine der reichsten war. Auch in dem neuen Frankreich ist sie immer die zweite oder dritte Stadt des Reichs mit Lyon und Bordeaux genannt worden, und diesen Vorzug hat sie und Lyon freilich teuer genug bezahlen müssen.

Man erhält schon, wenn man eine halbe Meile von der Stadt auf den Anhöhen von Aix her auf sie und auf das Meer hinabsieht, eine große Idee von ihr, und diese wird in der Wirklichkeit nicht betrogen. Die Stadt liegt wie im Halbmond um die Bai herum, deren äußerste Spitze ihren schönen Hafen bildet, so daß man von allen Punkten der Mauer sanft zu dem Hafen hinabsteigt. Ihre äußersten Gegenden sind verfallen, besonders die östliche und nordwestliche Landseite, und nur wenn man in die Mitte und näher nach dem Hafen kommt, findet man das schöne Marseille. Die nördliche Seite über dem Hafen ist eng, hügelig und häßlich, so wie die östliche Mauerseite. Die schönsten Häuser sind von den Allees de Meilhan bis zum Hafen hinunter, und vom Hafen etwa drei, vier Straßen südlich hinaus, und um den Hafen, ferner der Cours und die Straße des cours und die Straße und der Platz de la Canebiere. Diese Straßen und Häuser gehören zu den schönsten und machen die Stadt zu einer der freundlichsten. In diesem Geschmack sind auch die Gasthäuser und Kaffeehäuser, von denen man in diesem Quartiere die besten und besuchtesten findet. Eben so wohl erhalten ist in diesem das Pflaster mit Fliesen zur Seite für die Fußgänger. Einen sicheren Hafen und bequemeren als diesen, muß es aber in der Welt nicht geben. Er läuft in Gestalt eines Flaschenkürbisses, den Hals vorn, in die Stadt hinein und erweitert sich sogleich zu einem ziemlichen Oblongum, so wie er weiter eintritt. Am Eingange sind die beiden Forts St. Jean und St. Esprit. Hier lagen die Schiffe dicht an den Zollhäusern. Kleinere laufen auch noch an der Südseite des Hafens in Kanälen weiter in die Stadt aus und füllen die großen Magazine, ohne Wagen oder Träger nötig zu haben. Dieser Hafen, still und sicher wie eine Kammer, ist leider jetzt auch eben so tot. Wenige Neutrale kommen, weil man auch diese, wie alles klagt, durch die neuen Prisengesetze weggejagt und scheu gemacht hat, und was aus- und einläuft, das ist etwa ein kleiner Kaper und von den leichtesten Schiffen, die längs den Küsten fahren. Die ungeheuren Levanteschiffe liegen in großer Anzahl für die Würmer nun schon seit fünf Jahren da und wer weiß, wie lange sie es noch werden. Sie haben das Ansehen von Ruinen und mit ihnen stockt der Reichtum und die Tätigkeit dieser sonst lebendigsten Stadt Frankreichs! Die Nordseite des Hafens ist bei weitem die schönste, sowohl an Häusern als an Gewimmel und Lebendigkeit der Menschen. Hier ist die Börse, ein stattliches Gebäude, hier das Gemeindehaus, hier die lustigsten Kaffeehäuser und eine Promenade, die vom Morgen bis spät in die Nacht dauert. Von anderen öffentlichen Gebäuden und Werken läßt sich nun nichts mehr sagen. Die Kirchen sind entweiht und ihre Zierraten und Kunstwerke verschleppt, ja selbst die Gräber hat man aufgewühlt. Auch sind in diesen für die Handelsstädte und den Reichtum heillosen Zeiten Orte, wie Marseilles, – gerade am meisten mitgenommen worden. Nicht allein die alten Schiffe, die sonst Gold und Leben in die Adern des Staates brachten, stehen entmastet und entleert da, sondern den neuesten und besten Häusern geht es ebenso und fast an allen Türen und Fensterläden liest man: *á louer* und *á vendre*. Wie sollen auch die Menschen bleiben, wenn ihnen alle Mittel zu leben abgeschnitten sind, wenn die Schiffahrt liegt und die Revolutionssense die ersten Häuser niedergemäht hat. Wenn man den jetzigen Marseillern ihren Hafen rühmt und die Stadt, so wissen sie nichts als: »Vor der Revolution! o, vor der Revolution, da war Marseilles noch etwas! Jetzt sind wir arm und haben über ein Drittel unserer Menschen verloren.« So sehr hat die Guillotine und die Gewerblosigkeit die Stadt entvölkert. Ich schauderte, als man mir auf der Straße de la Canebiere erzählte, dort seien zur Schreckenszeit 600 Männer und meistens die reichsten unter der Guillotine gefallen. Dafür haben sie nun ein Champ de Marathon und die meisten Kaien und Gassen haben die Namen berühmter Revolutionäre und alter Feldherrn und verdienter Gelehrten und Philosophen erhalten, die den Fremden oft in große Verlegenheit setzen, weil die einen im Volk die alten, die andern die neuen Namen vorziehen, manche selbst die neuen nicht einmal kennen und einen auslachen, wenn man nach einem Ouai de Barth oder Rue de Montesquieu fragt.

Die unterste Gegend der Stadt ist, wie gesagt, der Hafen und seine Nähe. Um ihn ist das lebendigste und fröhlichste Menschengewimmel, um ihn das bißchen Tätigkeit, was hier noch übrig ist, um ihn geht der ehrbare Schiffer, der stattliche Kaufmann und der spekulierende Gauner, während der Stutzer, jetzt in eine etwas keckere Form umgegossen, und die zierliche Dienerin der demokratischen Venus leicht unter ihnen hinschlüpft. Vom Hafen geht man wenige Schritte hinauf, so hat man den weiten und hellen Corso, von hohen Bäumen umgeben, und eine der längsten und schönsten Straßen in Marseilles bildend. Auch hier ist es nie leer. In der Mitte, die mit einem eisernen Geländer eingeschlossen ist, spaziert es den ganzen

Tag auf und ab und eine lange Reihe von Läden, Tischen und Bänken mit zierlichen und eßlichen Dingen steht für den Liebhaber zum Verkauf ausgelegt da. Alte Männer und Mütterchen sitzen hier auf Stühlen und sonnen sich am schönen Frühlingsstrahl, und Ammen und Wärterinnen tragen hier das junge Leben in Sicherheit vor den Karren und Menschen und Pferdehufen und lassen sich, während die Kleinen im Staube wühlen oder mit etwas spielen, von einem hübschen Husaren oder Grenadier Süßigkeiten sagen oder zu Süßigkeiten einladen. So ungleichartig zusammengesetzt dieser Anfang und die Mitte des Corsos ist, so sehr ist es sein Ende. Dieses ist nämlich ein ordentlicher Markt, wo das häßlichste und schönste, was es für die Sinne gibt, zusammen ausgestellt ist. Hier steht an einer Seite der schmutzige und garstige Haufe der Fischweiber mit ihren Butten und Eimern, dort die Schlächter mit Fleisch auf langen Tischen, welche Fliegen und andere unverschämte Tiere umschwärmen; hier sitzen mit Bauern und Körben andere mit Tauben und Vögeln, die sie für das Auge und den Magen feil bieten. Mitten unter diesem Schmutz und Gestank steht oft ein Obst- und Fruchtschragen, der das Seinige für Nase und Auge wohlgefällig ausgestellt hat. Dann kommen feine Blumenmädchen, welche eine Menge Blumen in Töpfen und an Stöcken um sich und die Rosen, Veilchen und Nelken der Provence mit duftenden Erdbeeren in netten Körben neben sich stehen haben. Diese schellen, schreien, rufen und bitten unter einander und wie diese wilden Töne, so treffen Blumen, Fleisch-, Fisch- und Obstgerüche wunderseltsam unter einander und machen diesen Obst-, Fisch-, Kraut- und Blumenmarkt mit seiner lebendigen und toten Welt dem Fremdling äußerst interessant. Ich habe regelmäßig alle Morgen ein halbes Stündchen darauf verwandt und mich königlich ergötzt. So ein Menschenstrudel, sobald er verschlingend wird, ist doch zuweilen dem Menschen das Notwendigste wie das Erhebendste, wenn man aus aller der Verwirrung und streitenden Kraft endlich Ordnung als Lösende und Bindende hervorgeht.

Nächst dem Corso sind die sogenannten Allees de Meilhan die besuchteste und lebendigste Promenade. Sie sind meist in der Mitte der Stadt und laufen von einem Springbrunnen an der

Spitze des keilförmigen Platzes, worauf sie stehen, immer weiter auseinander und werden zuletzt durch eine Häuserreihe, die sich sehr widerlich in ihre größte Abweichung eindrängt, ganz voneinander geschieden, so daß sie einen gleichzeitigen Triangel bilden. Schöne Bäume sind umher gepflanzt und nette Häuser gebaut, kleine Kaffeehäuschen und Schenken mit Bänken und Ruhesitzen sind an den Seiten zu haben und an Sonn- und Feiertagen, dergleichen man im republikanischen Kalender eben so viele hat als zu den Zeiten der Heiligen, wimmelt es auch hier von feiner Welt.

Die Gegend umher ist freilich nicht so kahl und öde, wie in Aix, doch buschig und sanft kann man sie nicht nennen. Rund um die Stadt laufen hübsche Gärten, mit den Bäumen, Früchten und Blumen des Südens; wenige Reben und Ölbäume in der Nähe und kahle Berge in der östlichen Ferne. Im Süden ist das Meer, im Nordwest aber eine Kette von Hügeln, die über der Stadt amphitheatralisch mit Weinbergen, Gärten, Landhäusern und Cypressen und Eichen aufsteigen. Vor dem Hafen liegen in der Entfernung einer halben und Viertelmeile mehrere kleine Inseln. Sie sind fast ganz kahl, mit wenigem Buschwerk und einigen Häusern besäet. Doch geben sie von der westlichen Bai der Fischer außerhalb der Stadt immer einen hübschen Ruhepunkt für das über das Meer hinschweifende Auge. Die Marseiller machen in der schönen und heißen Jahreszeit oft kleine Spazierfahrten dahin, um ihre schöne Stadt vom Meer aus zu sehen; und in der Tat dieser Anblick ist himmlisch. Die schönste Aussicht auf die Stadt hat man von den niedlichen Landhäusern am Wege nach Aix, wo auch die reichsten Bewohner der Stadt so ein Ruhe- und Freudenplätzchen haben, wo sie von dem Staub der Stadt und dem Zank der Börse sich erholen mögen.

Es sind hier zwei Theater, die in diesen Trauerzeiten auch nur wenig besucht werden. Sonst sind oft vier für alle Klassen geöffnet gewesen. Das große Theater, nicht weit vom Hafen und dem Corso, ist recht hübsch, seine Spieler gehören aber nicht zu den Helden der französischen Bühne. Sonst hat Marseilles immer mit von den besten Schauspielern Frankreichs ernähren können. Freilich so erbärmlich, wie man sie in Deutschlands Mittelstädten und selbst in den großen alle Tage sieht, findet man deren hier nicht leicht; auszeichnend spielte aber niemand als etwa eine Madame Ronsselois, die sowohl durch Gang als Aktion die Ariadne auf Naxos trefflich darstellte.

Ich habe von den Bewohnern dieser Stadt zu viel Gutes empfangen, als daß ich es über das Herz bringen könnte, von ihnen etwas Schlimmes zu sagen, auch wenn es zu sagen gewesen wäre; wie muß es mich nun freuen, viel Gutes und Liebes von ihnen melden zu können! Freilich wird in eine solche Handelsstadt, wie Marseilles, von allen Nationen des Abend- und Morgenlandes neues Blut und Geschlecht hineingebracht; aber doch ist eine Volksmenge, die in guten Tagen über hunderttausend Köpfe ausmacht, zu beträchtlich, als daß sie die allgemeine äußere und innere Bildung des Charakters und der Gestalt nicht bestimmen sollte. Eine große Handelsstadt, wo die Spekulationen nicht Knickereien sind, und die Gelder nicht in kleinen Summen einlaufen, gibt einen freien und menschlichen Geist des Gebens und Nehmens und jener Tätigkeit, die bei ihrem weiten Kreise auch Brust und Haupt erweitert. Dies habe ich fast immer gefunden. Da gilt kein Adel, keine Geburt, kein Stern vor der Brust; jeder gilt freilich am meisten, was er wert ist und im englischen Sinn, aber er gilt auch, was er als Mensch gelten kann im Leben. Dieses gibt einen liebenswürdigen und fidelen Ton der Allgemeinheit und Zutraulichkeit, die rauhen Ecken schleifen sich genug ab und werden doch nicht so blank und glatt, als sie den Augen wehtun, wie es in den Amts- und Würdenverhältnissen nur zu gewöhnlich ist. Ich muß es unverhohlen gestehen, hier und in Lyon habe ich recht liebenswürdige Franzosen gefunden; so eine Lebendigkeit, wie immer, durch die ruhige Tätigkeit gemildert; die Vorurteile gegen Fremde, die dem Franzosen fast angeboren sind; mehr verwischt durch den Umgang mit gescheuten und ungescheuten Menschen aller Nationen; dagegen tritt aus der französischen Ungezwungenheit und Freimütigkeit eine gewisse Herzlichkeit und Schonung hervor, die ich sehr häufig bemerkt habe. Man lernt hier selbst seinem Witz gebieten, sobald er dem Herzen wehtun würde, obgleich ein französicher Witzhold nie so impertinent ist als ein deutscher. Mit einem Worte, hier habe ich oft wirkliche Menschen noch in den gebildeten Ständen gesehen, nicht einseitige Maschinen, die krüppelhafter sind durch eine helle Seite als der Mann hinter dem Pfluge, der doch wenigstens alle gleich betrachtet hat, wenn sie es auch noch so wenig sind.

Was nun die äußere Bildung betrifft, so übertrifft auch darin Marseilles fast alle Städte Frankreichs, so ich gesehen habe. Es ist ganz der rüstige und stattliche Körper des Provenzalen mit dem schönen brennenden Auge und der kühnen Stirne voll Freiheit und Kraft. Man sieht hier nichts von dem Platten und Bretternen, das im nördlichen Frankreich die Menschen noch mehr auszeichnet als die weit nördlicheren Deutschen und Schweden, nichts von den Spitzköpfen und wieder von den vielen Orangutangsgesichtern, nichts von den Boxbeinen, welche bei dem Franzosen so einheimisch sind. Die Weiber sind auch hier natürlich der Maßstab, und wo findet man mehr schöne und reizende Weiber, wo einen runderen und volleren Wuchs, wo feinere Züge als in Marseille? Wer die Tummelplätze der Freude und Wollust nur einige Male besucht hat, kann sich dies nicht abstreiten. Um sie zu sehen, muß man das Theater, die Allees du Meilhan, den Corso und vorzüglich abendlich die Nordseite des Hafens besuchen, wo man alles, was sich vergnügen oder etwas gewinnen will, ausgegossen findet.

Marseille ist seiner Huren wegen selbst in Italien schon über berüchtigt und in Frankreich schilt man sie überall als eine der gefährlicheren Städte in diesem Punkte. Dies ist leicht begreiflich. Der starke Charakter des Provenzalen muß im Schlechten natürlich so weit gehen können als im Guten. Diese Heftigkeit, dieses griechische Ungestüm, dieses heißere Blut des heißen Klimas macht natürlich auch die Leidenschaften des Blutes gewaltiger und gefährlicher. Marseille ist überdem einer der größten Seehäfen. Was das sagen will, weiß jeder. Es ist noch immer ein reicher Ort, oder wenigstens dauern die Wirkungen des alten Reichtums in den Sitten noch fort. Die Revolution hat nun alle diese Dinge noch mehr an das Tageslicht gebracht, und auch sie sind aus Sklaven Freigemachte geworden, die öffentlich einhergehen. Schon im Theater sieht und fühlt man zuweilen gar etwas von dieser Freiheit. Aber will man sie in ihrem

Glanze sehen, so spaziere man des Abends um 9 und 10 Uhr am Hafen, und man weiß weder Augen noch Hände zu lassen, die ersten, daß sie einen nicht ins Netz führen, die zweiten, daß sie von dem vielen Zerren und Drücken nicht abgerissen werden. Das ist ein Bienengesumm von eleganten und fröhlichen Menschen und Menschinnen, und wenn in dieses laute Leben nicht widerliche Nachempfindungen, die freilich der französische Leichtsinn selten fühlt, sich mischten, würde es noch was Besseres sein. Hier hat sich jeder zu hüten, so reizend, so äußerlich gebildet, so delikat selbst sind diese südlichen Sirenen, die mit ihren Buben und Kupplern umherflattern, oder auch in den Cafés und unter den Zelten vor denselben schäfernd und Kaffee und Limonade schlürfend sitzen. Übrigens scheucht diese Klasse nirgends in Frankreich rechtliche Leute und unter ihnen sind die wohlberüchtigsten Frauen und Jungfrauen, die man äußerlich nicht immer unterscheidet. Auch klagt man, daß der innerliche Unterschied in den letzten Jahren gar sehr gelitten habe. Freilich war Marseille, das alte römische Marseille, seit manchem Tage nicht mehr.

Was nun die untere Klasse betrifft, das heißt, alle die, welche mit ihren Händen oder ihrem Rücken um den täglichen Schilling dienen und heute fröhlich verzehren, was sie gestern mühselig verdient haben, so muß man gestehen, daß dieser Schlag selbst vieles von dem Seeleben und dem Charakter des Seelebens an sich trägt. Grob und gerade, dabei ungestüm und auf die Stärke seiner Fäuste und Beine pochend. Diese Menschen, einmal aufgerührt, mußten den Charakter des Südländers in Paris zeigen, zumal wann Henkersknechte und Galeerensklaven an ihrer Spitze standen. Im äußeren Leben der Tabernen und Popinen ist alles noch sehr italienisch. Solche Dinge bestimmt der Himmel, wie die Kleidung. Der südliche Franzose des geringen Schlages trägt lange, weite Hosen aus Tuch, die bis unten auf die Knöchel fallen, dabei Schuhe, worin nicht immer Strümpfe sind, eine Jacke, die er meistens bei sich liegen hat oder auf dem Arm trägt und einen runden Hut, oder eine runde tuchene rote Mütze, das Urbild der fürchterlichen Rotmützen in Paris. Für Regen und Ungewitter dient ihm sein Mantel, wenn er einen bezahlen kann. Mit Wohnung und

Hausrat ist er ebenso leicht versehen als der Italiener dieser Gattung.

Wie diese Stadt durch die Revolution gelitten habe, ist zum Teil angedeutet, der Krieg mit England hat das übrige getan. Die Straße de Canebierre und die Namen der Barras und Antonelle (der jetzt im Rat der Fünfhundert sitzt, von hier deputiert) werden scheußlich in dem Andenken dieser Stadt leben. Die Millionen, die man weggeschleppt hat, der gesperrte Levantehandel, die Mutlosigkeit jedes Reichen, sich auf weite Spekulationen einzulassen in dieser unsicheren Zeit, die Gefahr selbst, sein Vermögen nur einigermaßen zu offenbaren, alles dieses hat das lebendigste und reichste Marseille ziemlich tot und öde gemacht. Was ist natürlicher, als daß alles eine gewisse Unbehaglichkeit und Verdrossenheit zeigt, die bei den meisten wohl selbst nicht weiß, was sie will und wen sie anklagen soll? Frieden, Frieden! schreit der Kaufmann und Fabrikant. Welche Regierung, welches System dazu helfe, das weiß er nicht mehr, so viel hat man ihm versprochen und so wenig gehalten. Es ist eine dumpfe Gleichgültigkeit und Hoffnungslosigkeit, die sich zuweilen dadurch Luft macht, daß sie alle Generäle und Regierenden Räuber und Spitzbuben nennt, doch wahrlich dieses nicht öffentlich. Der Pöbel ist immer ein blindes Ungeheuer, das bei hundert Augen alles verwirrt sieht. Er schlägt heute tot, den er gestern anbetete, und kann also kein festes Urteil haben, noch geben. Dieser ist hier bei dem brennenden und wilden Charakter gefährlich, und deswegen und weil selbst unter den anderen Klassen keineswegs dem politischen Frieden zu trauen ist, liegt immer viele Besatzung hier, und die Polizei ist äußerst strenge. Wer nicht Soldat ist, darf bei schwerer Strafe keine Waffen und statt des Stabes kaum eine Rute führen, und nur Lahmen und Greisen erlaubt man eine Stütze. Eine böse Zeit für die dicken Bäuche! Nach zehn Uhr umzugehen, ist nicht ganz sicher für den Fremden, und ohne Laterne nach diesem Glockenschlage zu gehen, bringt in Verhaft.

August Moritz Thümmel

Die Galeeren von Toulon

Den 20. Februar [1786]

Das schauderhafteste Gemälde von *Breugeln*, dem Kabinettsmaler der Hölle, kann kein so auffallendes Gegenstück zu einem *Claude-Lorrain*, dessen Pinsel in die Sonne getaucht scheint, abgeben, als mein heutiger Morgen zu meinem gestrigen. [...]

Ich habe zwar schon manche öffentliche Anstalten für das gemeine Beste gesehen, die wenig Raum einnahmen, aber noch keine, wo der Platz so benutzt und die Ersparnis alles Überflüssigen so sichtbar war, als hier. Ein schwankendes Brett brachte mich zuerst in eine Kajüte, wo ein alter Kapuziner, zwischen einem Kruzifix und einer Arzneischachtel, die Rolle eines geistlichen und leiblichen Arztes zugleich spielte, und in seinen Bewegungen, ohne angekettet zu sein, keinen größeren Zirkel beschreiben konnte, als den ich jetzt durch meine Dazwischenkunft ausfüllte. Seine feurigen Augen, die aus dem blassen verfallenen Gesichte vorschimmerten wie glimmende Kohlen in einem Aschenhaufen, sein langer, vor Alter gebleichter Bart, der ihm bis auf den Gürtel in krausen Wellen herabfloß, und die trübe gefällige Miene, mit der er mir seinen hölzernen Sessel einräumte, machten schon einen starken Eindruck auf mein Gefühl, als ich aber von ihm vernahm, daß er, jung hierher versetzt, aus diesem Vereinigungspunkte der größten physischen und moralischen Herabwürdigung des Menschen grau geworden sei – als er einen Blick voll hoher Ergebung gen Himmel schlug, und mit rührender Stimme bekannte, daß bloß der Gedanke an Gott und die Unsterblichkeit ihn so lange aufrecht erhalten habe; da beugte sich mein Geist mit so tiefer Ehrerbietung, als mir schwerlich je ein König durch den Höllenglanz seiner Zeughäuser abnötigen wird, freiwillig vor diesem edeldenkenden, duldenden Greise. Ich wußte meiner Milzsucht, die mir doch allein das wehmütige Vergnügen seiner Bekanntschaft verschafft hatte, nicht freundlich genug dafür zu danken. Von keiner Kanzel, keinem Katheder ist mir die wundervollste aller Tugenden, die Tugend der Aufopferung, näher an das Herz gelegt worden, als an dieser mir heiligen Stätte. Das erhabene Beispiel dieses frommen Dulders – wie groß und unverdächtig es auch sein mochte – wurde jedoch – oh, daß ich nur nicht zu voreilig entscheide! – von einem vielleicht einzigen übertroffen, dessen zu erwähnen ihm der Verfolg seines Gesprächs Gelegenheit gab. Er blickte mir sanft lächelnd in die feuchten Augen. – »Bemitleiden Sie mich nicht zu sehr«, sagte er. »So lange mich noch jugendliche Wünsche bestürmten, ich die Sonne noch nicht vergessen konnte, die mich in dem kleinen Klostergärtchen beschien, ich noch an den Lindenbaum dachte, den ich dort gepflanzt und gepflegt hatte, und der jetzt einen Glücklichern als mich beschattet – und ach, so lange sich noch mein Herz nach der Stille, der Ordnung und der Reinlichkeit« – das, Eduard, sagte ein Kapuziner – »meines Klosters zurücksehnte, drängten sich freilich wohl manche Seufzer des Unmuts aus meiner Brust; doch nach und nach, Gott sei gelobt! bin ich meiner strafbaren Ungeduld Herr geworden. Die Zeit kam, die uns kühl genug macht, alle irdischen Freuden so nichtig und verächtlich zu finden, als sie es in Rücksicht ihres geschwinden Vorübergehens sind. Die Zeit kam, wo wir unsre schmeichelhaftesten Hoffnungen, unsere gelungensten Taten ungewiß anstaunen, und nach einer redlichen Untersuchung in denjenigen allein einen bleibenden Wert entdekken, die uns mit jener Welt in Verbindung setzen. Sie kam und brachte mir Trost. Ich habe sogar in meinem traurigen Wirkungskreise Blumen der Freude aufwachsen sehen, die so herzstärkend keinem andern entsprießen. Oft nur ein Trunk Wassers, den ich einem Verschmachtenden reichte, ein kurzes Trostwort, das einen Verzweifelten aufhielt, erwarb mir das Zutrauen des Genesenen, die Liebe des Getrösteten, erhob mich zu ihrem Wohltäter, und machte mir den Posten lieb, auf den mich die Vorsehung gestellt hat. Gewiß würde das Entsetzen ihrer Strafe viele getötet haben, die, dem Kreise ihrer Freunde wiedergegeben, jetzt frohe Tage genießen, hätten sie nicht gewußt, daß am Eingange ihres Gefängnisses eine Seele noch Teilnahme für sie empfände, für sie betete, und auf ihr standhaftes Bezeigen Acht gäbe. Dort« – indem er auf ein Paket deutete – »hebe ich Briefe auf, wie sie gewiß kein Roman rührender darlegen wird – echte Urkunden des menschlichen Herzens und sprechende Beweise, daß an keinem zu verzweifeln ist, so lange es der Dankbarkeit noch Zugang verstattet. Je unverdorbener, desto empfänglicher für diesen Naturtrieb – je mehr es verdient, geliebt zu werden, desto gefühlvoller wird es sich erwidern. Da habe ich unter meinen, der Kette entlassenen Korrespondenten besonders einen, der es immer noch nicht vergessen kann, daß ich um seine Freundschaft als um ein Almosen bettelte, während er, nicht auf einer Prälaten-, sondern auf der Ruderbank saß – ein Mann, mein Herr, den, sonderbar genug! sein Verbrechen, vielmehr die Lauterkeit seiner hohen Seele diesen Schrecknissen preisgab – der sich als Jüngling allen sinnlichen Freuden entriß, um die Strafe unserer strengen Gesetze für einen Schuldigen zu büßen –, der sein Vater war.« – »Was?« unterbrach ich den Mönch, »sprechen Sie von dem edelmütigen Faber aus Ganges? Der hat auf dieser Galeere ...« und Tränen verhinderten mich fortzusprechen. – »Sie kennen also, wie ich sehe, einen Teil seiner Geschichte?« – »Nein, lieber Pater,« schluchzte ich, »ich kenne sie *ganz*, und habe auch den rechtschaffenen Mann selbst gesehen und gesprochen.« – »*Ganz*?« wiederholte der Mönch mein Wort; »oh, dessen, mein guter Herr, werden Sie sich erst rühmen dürfen, wenn Sie« – hier öffnete er die Tür nach dem Innern des Schiffs – »von daher zurückkommen.« – »Mein Blick fuhr erschrocken über dies Grab der Verzweiflung, und der verpestete Luftstrom, der mir entgegenstieß, versetzte mir den Atem. Hätte Faber nicht jahrelang hier gelitten, ohne zu murren, ich wäre keinen Schritt weiter gegangen. – Der gutmütige Alte, wie er mich dazu entschlossen sah, ergriff meine Hand. – »Ich will Sie zwar, aus guten Gründen, von Ihrem Unternehmen nicht abhalten: Sie scheinen jedoch für solch eine Anstrengung des Körpers und

Geistes kaum Kraft genug zu besitzen. Hier, lieber junger Herr, trinken Sie zuvor ein Glas Tinto, der mit einem Liquor gegen die Ansteckung versetzt ist, und nun gehen Sie in Gottes Namen. Diese Stunde der Wehmut stärkt alle Ihre übrigen Tage zur Geduld, zum Erbarmen und zu einem schuldlosen Leben!« – Mir ward, indem ich trank, so bänglich zumute, als einen, der, durch das heilige Nachtmahl vorbereitet, ein tödliches Wagstück zu bestehen im Begriff ist. Was für ein Gang war das, Eduard! Ich mag noch so alt werden, ich vergesse ihn nie.

Sobald nur der hohle Schall meiner ersten Tritte auf das Zwischenverdeck des Schiffs den unglücklichen Bewohnern desselben die Ankunft eines freien Mitmenschen verriet, bewillkommte mich ihr betäubendes Kettengerassel, das sich von einem Ende zum andern um die offene Seitenvertiefung herumzog, die unter mir ihre faulenden Körper bis an die Köpfe verbarg – und in dem Augenblicke streckten sie solche, wie Schildkröten aus ihren Schalen, hervor. Ich blieb, vor Schrekken gelähmt, eine Weile, wie die Bildsäule des Antonius, der den Fröschen predigt, auf dem Fußboden stehen, ehe ich Herz genug fassen konnte, zwischen die beiden Reihen dieser Gespenster durchzuschlüpfen. ...Ach! welche tiefgesunkene Menschen! Bei jedem Schritte, der mich bei ihnen vorüberführte, küßten sie mir die Füße, erhoben sie, flehend um ein Almosen, ihre gefesselten Hände, und sahen mit Augen voll Schwermut und Eifersucht mir auf dem folgenden nach, den ich zu dem Nachbar ihres Elends tat. – Atemlos gelangte ich an das Ende dieser schauderhaften Allee. Hier lehnte ich meinen Rücken an die bretterne Wand und überblickte mit einem Herzen, das immer höher schlug, das ganze bewegliche, grausenerregende Gemälde, hörte in erschütterndem Einklange die Wehklagen dieser lebendig Begrabenen aus ihrer gemeinschaftlichen Gruft zu mir heraufsteigen, und erst nach einigen feierlichen Minuten, die ich stillstehend der schreckenvollsten Betrachtung weihte, überwand ich die Angst vor meinem Rückwege, und fühlte mich selbst stark genug, meiner Eile, meiner Sehnsucht nach freier Luft zu gebieten, um – dem Elend, das hier weilte, noch einmal bedächtlicher in das hohle

Auge zu sehen, und, ohne mein blutendes Herz zu schonen, ihm die Dolche noch tiefer einzudrücken, die es zerfleischten...

[...]

Und wäre mein von Mitleiden durchdrungenes Herz noch so geneigt gewesen, die Strafe dieser Unglücklichen und ihre Verschuldung so weit außer Verhältnis zu finden, als sie selbst davon überzeugt schienen, so würde mir doch des Spielers Kette, in Rücksicht der Verbrechen, die, wenn ich nicht sehr falsch las, auf seiner frechen Stirn geschrieben standen, noch zu leicht und zu lang gedünkt haben. Er richtete sich, so weit sie es zuließ, unbescheidener als seine Mitgesellen an mir in die Höhe, und bewegte seine, um ein Geschenk bettelnde Hand nicht anders, als wollte er eine Volte schlagen. Wären mir auch nur zwölf Sous von meiner Spende übrig in meinem Beutel geblieben, er hätte sie nicht bekommen sollen; denn er würde sie doch nur gemißbraucht haben, durch ein *rouge et noi*r mein verteiltes Almosen in seiner Diebeskasse wieder zusammen zu bringen. Ein derber deutscher Fluch, den er mir für den verächtlichen Blick nachschickte, den ich ihm zuwarf, statt ihm zu antworten, prallte mir noch in die Ohren, als ich schon, seines scheußlichen Anblicks entledigt, mich von meinem sauern Gange in den Armen des redlichen Mannes zu erholen suchte, der dieser schrecklichen Gemeine vorstand. Es war der erste Mönch, den ich küßte. So herzlich habe ich selbst nie die Wange eines Mädchens geküßt. Nach einigen abgebrochenen Worten, die ihm nur zu deutlich meine innere Bewegung und meine Ohnmacht, sie ihm besser zu schildern, verrieten, drückte ich noch einmal seine Hand an mein pochendes Herz – und er – schlug ein Kreuz über mich, als ich mich von ihm losriß.

Erquickender hat kaum jemals die freie Luft auf mich gewirkt, als da ich aus diesem Kerker an das Licht trat. Ich hüpfte mehr, als ich ging, meinem sprechsüchtigen Begleiter zu, der mich an dem Tore des Arsenals ungeduldig erwartete. Er konnte nicht begreifen, wie ich zwei volle Stunden an die häßliche Galeere habe verschwenden und sie den Schaustücken entziehen mögen, die ich ja jetzt nur im Flug würde betrachten können.

Arthur Schopenhauer
Von Bordeaux nach Lyon

Sonnabend. d. 24. März [1804]

Nach einem sehr angenehmen Aufenthalt von beynahe acht Wochen, haben wir heute *Bordeaux* verlassen, um unsre Reise weiter fortzusetzen ins südliche Frankreich.

Wir hatten herrliches Frühlingswetter u. kamen durch eine fast ununterbrochene Reihe von Weingärten, welche die berühmtesten *Bordeauer* Weine liefern. Wir brachten die Nacht im Flecken *Langon* zu, der auch wegen seiner Weine bekannt ist.

Mittwoch. 28. März

Durch die reizendsten Gegenden von der Welt, fuhren wir heute von *Toulouse* nach *Castelnaudary*. Von hier machten wir eine Ausfarth nach *St. Fériol* um den großen *Bassin des Langedocer Canals* daselbst zu sehn. Der Weg nach *St. Fériol* führt durch eine sehr felsige, an vielen Stellen unbebaute Gegend, die, je weiter man kommt, immer wilder wird. Das Städtchen *St. Fériol* selbst ist ganz von Felsen eingeschlossen u. hat eine äußerst romantische Lage. Etwas weiter oben auf einem hohen Felsen, den wir erstiegen, liegt der Bassin. Er ist ganz von Bergen umringt, u. von diesen Bergen stürzen Quellen die ihn füllen. Aus dem Bassin wird das Wasser, durch große unterirdische Wasserleitungen, den Berg hinunter in den Canal geführt; der dadurch mit Wasser versehn wird. – Wir besahen die unterirdischen Wasserleitungen, durch die das Wasser aus dem Bassin ströhmt. Man führte uns, bey Fackelschein, durch ein langes Gewölbe, das durch die Ausdünstungen des Wassers ganz mit Chrystalisationen belegt war. Am Ende dieses Gewölbes sind die gewaltigen Krähne, die alles Wasser aus dem Bassin aufhalten, od. durchströhmen lassen. Jetzt sagten uns unsre Führer, wir möchten nicht erschrecken, u. öffneten den Krahn: nun hatte das Wasser seinen freien Lauf, u. stürzte durch die langen unterirdischen Gänge aus dem Bassin in den Canal, und es erhob sich von allen Seiten ein Getöse, das man nicht ohne Schaudern hören konnte. Es war als stürzte Vernichtung über Welten herab, ich weiß dieses entsetzliche Tosen und Brüllen, dieses gräßliche Geheul, mit nichts zu vergleichen. Wir hatten bis jetzt das Wasser nur gehört, u. giengen nun in ein andres Gewölbe um es zu sehn. Es rollte hier durch einen schmalen Canal, in der Mitte des Gewölbes, der an beiden Seiten grade so viel Plaz läßt, daß man stehn kann. Wir sahen sogar die Öfnung durch die das Wasser aus dem Bassin schäumend u. mit einer entsetzlichen Gewalt herausstürzt. Nachdem wir diese merckwürdige Wasserleitung gesehn hatten, kehrten wir nach *Castelnaudary* zurück, wo wir die Nacht zubrachten.

Sonntag. d. 8ten April

Nachdem wir zehn Tage in *Marseille* gewesen waren, machten wir eine Ausfahrt nach *Toulon* u. *Hières*. Eine junge Engländerinn, *Miss Nichols*, hatte sich uns zur Reisegesellschaft angeboten: da sie in ihrem zweysizigen Wagen allein war, nahm ich den andern Platz ein, u. fuhr mit ihr. Wir kamen durch eine sehr bergige Gegend: fuhren fast immer zwischen zwey Reihen hoher Felsen, die zur Hälfte nackt, u. übrigens mit Fichten u. Rosmarin bewachsen waren. Wir waren um Mittag ausgefahren, u. gegen Abend sahen wir *Cuge* im Thale, von hohen Bergen umringt, unter uns liegen: wir brachten daselbst die Nacht zu. Es wachsen in dieser Gegend erstaunlich viel aromatische Kräuter, u. Rosmarin in so großer Menge, daß man nichts Anderes brennt: ein solches Rosmarinfeuer verbreitet einen sehr angenehmen Geruch im Zimmer.

Am andern Morgen fuhren wir früh aus um zu Mittag in

Toulon zu seyn. Die Gegend wird, je weiter man kömmt, immer felsiger, immer wilder u. sonderbarer: die Berge werden kahler, große Fels-Massen ragen zwischen den Fichten hervor, das Thal wird immer enger, u. endlich, Eine Post vor *Toulon*, schlängelt sich der Weg nur noch dicht zwischen zwey Reihen aufeinandergethürmter Felsen, längst einem schmalen Waldstrohm der sich schäumend durch die Felsen drängt. Hier sieht man keinen Baum, kaum hin u. wieder ein Gräschen; alles ist Fels, in den sonderbarsten Gestalten ragen die hellgrauen Massen übereinander hervor, bilden Spitzen u. Höhlen, und seltsame Figuren, u. hängen über den Weg herab. Selbst der Weg ist lauter Fels, u. geht in solchen Krümmungen, daß man den Ausgang zwischen den Felsen nicht sehn kann, u. es scheint als wäre man ganz eingeschlossen. Nachdem wir eine halbe Stunde zwischen diesen schauerlichen Felsen gefahren waren veränderte sich plötzlich die Gegend u. wir kamen in die fruchtbaren Fluren von *Toulon*, u. nahe vor der Stadt sahen wir schon Gärten mit Orangen-Bäumen in freier Erde. – Sobald wir angekommen waren gaben wir unsre Addreß-Briefe ab. Die größte Merckwürdigkeit konnten wir heute nicht sehn, das Arsenal, weil dazu eine besondere Erlaubniß gehört. Indessen führte uns *Hr. Aguillon* an den wir addressirt waren, herum. *Toulon* ist nicht groß, noch sehr gut gebaut, die Straßen sind meistentheils eng. Wir besahen den Theil des Hafens der nicht zum Arsenal gehört, u. die Kauffahrten-Schiffe enthält: er ist sehr leer, u. still. Der schönste Platz von *Toulon* ist der *Champ de battaille*, er ist sehr groß, u. von schönen Häusern u. Alleen umgeben; in der Mitte werden die Soldaten exercirt.

Wir machten am andern Tag die Ausfarth nach *Hières* um die Organgen-Gärten zu sehn. Wir fuhren früh weg. Der Weg nach *Hières* ist ganz entsetzlich, bald Steine die den Wagen zu zertrümmern drohen, bald Moräste, in die er bis zur Axe versinckt. Wir kamen durch eine äußerst fruchtbare Gegend. Das Klima ist hier schon viel milder wie in *Marseille*. Wir fanden durchaus alles grün: die Weinfelder waren ausgeschlagen, u. die Feigen- u. Maulbeer-Bäume, die in *Marseille* noch größtentheils keine Blätter hatten. Auch gedeiht hier alles auffallend besser, was man besonders an den Oliven-Bäumen mercken kann; bey *Narbonne*, wo ich diese zuerst sah, sind sie klein u. krüpplich: je weiter man kömmt desto schöner werden sie; hier findet man sie von der Größe einer gewöhnlichen Linde: auch Feigen u. Granaten-Bäume die wir hier in allen Feldern u. Landstraßen sahen, sind außerordentlich schön und groß. Die Granaten-Bäume wachsen hier auch wild, doch haben die wilden weniger große Blumen u. Früchte. Die Felder duften hier von wilden wohlriechenden Blumen, Timian, Mayoran, u. wildem Lavendel. Wir kamen um zwölf Uhr in *Hières* an. Dicht davor hat man eine sehr schöne Aussicht, auf den Berg an dem *Hières* liegt, die Orangen-Gärten, u. die See mit den *Hièrischen* Inseln, die nah am Ufer liefen.

Hières ist ein kleiner Flecken, der Berg an dem die Stadt liegt ist ehemals ein Vulkan gewesen, doch seit langer Zeit verloschen; die Stadt scheint ehemals auf dem Berge gelegen zu haben, da die Festungswercke bis an die Spitze gehen, u. man noch viele alte Thürme darauf sieht.

Nachdem wir gefrühstückt hatten, giengen wir sogleich in die Orangen-Pflanzungen. Dieser Anblick muß jeden Bewohner des Nordens entzücken: die edlen Bäume tragen immer Blätter, Früchte u. Blumen zugleich, kein Winter entlaubt sie: doch da man kürzlich geerndtet hatte, hatten sie jetzt grade fast keine Früchte, ausgenommen in einem Paterre, wo man sie gelassen hatte, u. wo wir die Bäume mit den großen goldnen Orangen u. Zitronen über u. über so beladen sahen, daß sich die Zweige zur Erde bogen. Diese Pflanzungen sollen den Besitzern erstaunlich viel eintragen; es sind nicht Gärten, sondern Wälder von Orangen-Bäumen, wo sie dicht nebeneinander stehn, von Gängen durchkreuzt, in denen man lauter Wohlgerüche einathmet. Wir besahen verschiedene Pflanzungen, sie sehn sich alle sehr ähnlich: in Einer fanden wir viele fremde Bäume; unter andern eine herrliche Dattel-Palme. Sie war hundert Jahr alt, schnurgrade u. so hoch wie die höchsten Eichen: sie hatte viele Früchte, die aber noch nicht reif waren, u. einen unangenehmen Geschmack hatten, indessen sollen sie im Sommer reif werden: auch sahen wir hier einen Kokosbaum der viel Ähnlichkeit mit dem Platanen-Baum hat. Nachdem wir uns an den schönen Orangen-Pflanzungen genug ergötzt hatten fuhren wir ohne weiteren Aufenthalt nach *Toulon* zurück, wo wir um fünf Uhr ankamen, u. schon Hrn. *Bastianelli*, einen der Inspektors des Arsenals, an den wir addressirt waren, vorfanden, mit dem wir sogleich ins Arsenal giengen, um es ganz zu besehn ehe es dunkel ward. Das Arsenal ist gar nicht, was man sonst unter dem Namen versteht, ein Zeughaus: das Arsenal ist so groß wie die ganze Stadt: es ist eigentlich eine Abtheilung des Hafens, mit einer Menge Gebäude, in denen alles was zur Marine gebraucht wird verarbeitet wird. Wir sahen die große Schmiede, ein ungeheures gewölbtes Gebäude; man glaubt hier in der Werckstätte Vulkans zu seyn: auf vier u. zwanzig großen Heerden glühte Eisen. In einer andern großen Abtheilung werden blos Nägel, von allerhand Größen u. Gestalten gemacht; in noch einer andern alle scharfe Werckzeuge, Beile, Meißel, Messer, Säbel u. s. w. – Von hier giengen wir zur *Corderie*, wo alle Stricke und Ankertaue zu den Kriegs-Schiffen gemacht werden: dies Gebäude hat inwendig zwey Reihen steinerner Pfeiler, die es tragen u. drey Gänge bilden, in denen die Stricke gedreht werden, u. die einen sehr hübschen Anblick gewähren, da das Gebäude 1250 Fuß lang, u. von Einem Ende zum andern beinahe unabsehbar ist. Hierzu gehört wieder ein andres Gebäude in welchem die Stricke zu Strickleitern, Flaschenzügen etc. verarbeitet werden. Auch sahen wir die Kanonen u. Mörser, die zur Ausrüstung neuer Schiffe fertig liegen: man will jetzt keine andern wie eiserne Kanonen haben, weil der Knall der bronzernen zu starck ist, u. die Soldaten taub macht.

Eine der interessantesten Sachen im Arsenal ist das Modell-Haus. Es enthält eine sehr große Anzahl von kleinen hölzernen Modellen, von allen verschiedenen Bauarten der Schiffe, u. von allen Maschinen die im Hafen, oder zur Erbauung der Schiffe gebraucht werden, besondere Modelle von Schiffen die besonders schnell gesegelt haben; endlich alles, im Kleinen, was auf das Seewesen den entferntsten Bezug hat, bis auf alle Sorten Nägel die an Schiffen gebraucht werden. Alle diese Modelle sind außerordentlich fein, u. nach den genauesten Verhältnissen, gearbeitet. Junge Leute die sich dem *Ingénieur*-Stande widmen, werden nach diesen Modellen unterrichtet.

Im Hafen sahen wir nur zwey Linienschiffe, die auf ihre Mannschaft warten; wir giengen nicht hinein, weil sie von Innen noch in Unordnung sind. Zwey andre wurden gebaut. Und ein fünftes wurde ausgebessert: es lag zu dem Behuf in einem kleinen Bassin der mit ungeheuren Kosten dazu eingerichtet ist, u. von dem das Wasser durch eine Schleuse abgehalten wird, so daß das Schiff trocken liegt. Im Modellhaus ist der Plan dieses Bassins, durch den man eine deutliche Idee davon bekömmt. Erst wenn man ein Kriegs-Schiff in diesem engen Raume, u. da es im Trocknen liegt, ganz u. gar übersieht, lernt man die ganze Größe der ungeheuren schwimmenden Maschine einsehn. Vom Hafen aus kann man sehr deutlich sieben Linien-Schiffe u. einige Fregatten sehn, die auf der Rhede liegen, bisweilen soll man sogar die englische Flotte unterscheiden können. Alle schweren Arbeiten im Arsenal werden durch die Galeeren-Sklaven verrichtet, deren Anblick für Fremde sehr auffallend ist. Sie werden in drey Klassen getheilt: die Erste machen diejenigen, die nur für leichte Verbrechen und kurze Zeit da sind, Deserteurs, Soldaten die gegen die Subordination gefehlt haben u. s. w.: sie haben nur einen eisernen Ring am Fuß, u. gehn frey umher, d. h. im Arsenal, denn in die Stadt darf kein *Forçat* kommen. Die zweyte Klasse besteht aus größern Verbrechern: sie arbeiten zwey u. zwey mit schweren Ketten an den Füßen zusammengefesselt. Die dritte Klasse, die der schwersten Verbrecher, ist an die Bänke der Galeere geschmiedet, die sie garnicht verläßt: diese beschäftigen sich mit solchen Arbeiten, die sie im Sitzen verrichten können. Das Loos dieser Unglücklichen halte ich für bey weiten schrecklicher, wie Todes-Strafen. Die Galeeren, die ich von außen gesehn habe, scheinen der schmutzigste ekelhafteste Aufenthalt der sich dencken läßt. Die Galeeren gehn nicht mehr zur See: es sind alte kondemnirte Schiffe. Das Lager der *Forçats* ist die Bank an die sie gekettet sind. Ihre Nahrung bloß Wasser und Brod: u. ich begreife nicht wie sie, ohne eine kräftigere Nahrung u. von Kummer verzehrt, bey der starcken Arbeit, nicht eher unterliegen; denn während ihrer Sklaverey werden sie ganz wie Lastthiere behandelt: es ist schrecklich wenn man es bedenckt, daß das Leben dieser elenden Galeeren-Sklaven, was viel sagen will, ganz freudenlos ist: u. bey denen, deren Leiden auch nach fünf u. zwanzig Jahren kein Ziel gesetzt ist, auch ganz hoffnungslos: läßt sich eine schrecklichere Empfindung denkken, wie die eines solchen Unglücklichen, während er an die Bank in der finstern Galeere geschmiedet wird, von der ihn nichts wie der Tod mehr trennen kann! – Manchem wird sein Leiden wohl noch durch die unzertrennliche Gesellschaft dessen erschwert, der mit ihm an Eine Kette geschmiedet ist. Und wenn dann nun endlich der Zeitpunkt herangekommen ist, den er, seit zehn od. zwölf, od., was selten kommt, zwanzig ewig langen Jahren, täglich mit verzweifelnden Seufzern herbeywünschte: das Ende der Sklaverei: was soll er werden? er kommt in eine Welt zurück, für die er seit zehn Jahren todt war: die Aussichten die er vielleicht hatte, als er zehn Jahr jünger war, sind verschwunden: keiner will den zu sich nehmen, der von der Galeere kommt: u. zehn Jahre Strafe haben ihn von dem Verbrechen des Augenblicks nicht reingewaschen. Er muß zum zweyten Mal ein Verbrecher werden, u. endet am Hoch-Gericht. – Ich erschrak als ich hörte, daß hier sechstausend Galeeren-Sklaven sind. Die Gesichter dieser Menschen können einen hinlänglichen Stoff zu physionomischen Betrachtungen geben. –

Wir hatten jetzt alle Merckwürdigkeiten von *Toulon* gesehn, u. verließen es am andern Tage. Der Weg von *Toulon* nach *Marseille* ist sonst nur Eine Tagereise. Da ich aber mit der *Miss Nichols* fuhr, die mit ihren eignen Pferden reiste, was eine große Beschwerde ist, mußte ich mit ihr einen Tag zurückbleiben: wir schliefen wieder in *Cuge*, u. kamen am folgenden Mittag erst in *Marseille* an.

Während der ganzen Zeit unseres Aufenthalts in *Marseille* hatte fortwährend der kalte *Vent de bise*, den man hier *Mystral* nennt, geweht: der sich aber stets gegen Abend legt, um welche Zeit man alsdann auf der *Alée du Mail*, den Boulewards u. der *Montagne Bonaparte* spatzieren geht. Auch auf der Reise nach *Toulon* hat dieser Wind uns verfolgt, doch ist er dort weniger fühlbar als in *Marseille*. Wenn diese Geißel des südlichen Frankreichs weht, ist das Wetter so veränderlich, daß man oft alle vier Jahrzeiten an Einem Tage hat: es ist alsdann kälter wie im Winter: wenn der Wind aber eine Weile einhält, wird es plötzlich heiß: dann und wann regnet es ein wenig, u. nach einer halben Stunde sind die Straßen wieder trocken. – Da wir aus *Toulon* zurückkamen hatte der *Mystral* endlich aufgehört, u. es war jetzt auf Ein Mal sehr heiß geworden; im Hafen, u. in den Haupt-Straßen hatte man über die breiten *Trottoirs* große Leinwandne Markisen ausgespannt, so daß man ganz im Schatten geht: eine sehr angenehme Einrichtung welche die große Hitze hier nothwendig macht.

An einem windstillen Tage ließen wir uns ein Mal auf die Rhede rudern. Ich habe die Nordsee nie so ruhig gesehn wie ich das Mittelländische Meer fand, bisweilen soll es so still wie ein Teich seyn. Wir fuhren ohne die geringste Unannehmlichkeit auf der Rhede. Das Wasser ist außerordentlich klar, besonders in einer kleinen Bucht, in der bisweilen viertausend Menschen beyderley Geschlechts baden sollen: der großen Hitze ungeachtet fängt man hier daher im Juny zu baden an. Man kann von hier die Küste des Dauphiné's u. den engen Eingang des Hafens sehr gut übersehn. Nahe am Ufer sind zwey Felseninseln: auf der einen liegt das kleine *Fort d'Iff*, in welchem der *Masque de Fer* lange gefangen saß. – Die großen Felsen am Gestade, die in die See herausragen u. Grotten bilden, in denen Fischer ihre Netze auswerfen, gewähren einen hübschen Anblick.

Während unsers ersten Aufenthalts in *Marseille* machten wir ein Mal eine Ausfahrt nach dem *Chateau Borelli*, welches für das schönste Landhaus um Marseille gilt: das Schloß ist sehr hübsch, u. enthält eine schöne Gemählde-Sammlung: der Garten ist nichts außerordentliches. Um *Marseille* ist kein einziger recht schöner Garten: doch ersetzt dies die herrliche Lage u. Aussicht der Bastiden.

Man lebt in *Marseille* im Ganzen nicht sehr gesellschaftlich. Unsre hauptsächlichste Bekanntschaft war die äußerst liebenswürdige Familie *Meuricoffre*, die unsern Aufenthalt um vieles angenehmer machte.

Hermann Fürst Pückler
Avignon – Vaucluse

Avignon, 5. September 1809.

Obgleich uns noch Manches in Lyon zu sehen übrig blieb, so glaubten wir doch es unsern geringen Mitteln schuldig zu seyn, von einer Gelegenheit zu profitiren, mit der wir auf einem Schiff, das diese Nacht Truppen nach Spanien abführte, für einen sehr wohlfeilen Preis bis Avignon in Zeit von zwei bis drei Tagen gelangen konnten. Die größte Merkwürdigkeit, die wir ungesehen lassen mußten, war ohne Zweifel ein auf den nächsten Tag angekündigtes Feuerwerk, dessen *affiche* so anfing: *Stella, grand artificier, aura l'honneur de présenter aux habitans de cette ville le feu d'artifice, le plus étonnant, qui ait encore parû depuis que le monde existe. Ce feu d'artifice présentera une bataille, dans laquelle les ennemis marcheront les uns contre les autres etc.... et le tout sera terminé par la réprésentation brillante de l'Empereur Napoléon dans toute sa grandeur.*

Um zwei Uhr nach Mitternacht embarquirten wir uns auf der Saone mit ohngefähr hundert Kanonieren, unter denen wir auf einer leeren Tonne bescheiden Platz nahmen. Bald schnarchte Alles um uns her, und die dichte Finsterniß, die mit ihrem schwarzen Schleier die Gegenstände bedeckte, gab uns Anlaß, Glossen über die schlechte Beleuchtung der Stadt zu machen, in der wir langsam hinfuhren, ohne mehr als hie und da ein einsam brennendes Lämpchen zu entdecken. Es ist in der That sonderbar, wie sehr die Nacht in dieser großen Stadt noch ausschließlich dem Schlaf geheiligt ist; ein Fußreisender, der nach 10 Uhr Abends hier anzukommen gedächte, würde gut thun, sich mit Licht und Mundprovisionen zu versehen, wenn er sich nicht den Kopf an den Häusern einzustoßen und hungrig zu

Bett zu gehen wünschte. Mir ging es wenigstens beinah so, als ich am vorigen Abend in der eilften Stunde vergebens in der halben Stadt herumtappte, um ein Abendessen zu finden. Überhaupt scheint in Lyon aller Luxus mehr in das Innere der Häuser, hinter verschlossne Thüren verbannt zu seyn, als sich äußerlich zu zeigen; man findet die meisten Artikel desselben in hundert Buden an den Straßen aufgestellt, aber nie öffentlich angewandt; mir ist nicht einmal, so lange ich mich hier aufhielt, eine einzige Equipage zu Gesicht gekommen, die man so hätte nennen können, eine Simplicität, die kaum in der Schweiz angetroffen wird, wo die Equipagen durch Luxus-Gesetze verboten sind.

An der plötzlichen Schnelligkeit, mit der das Schiff zu gehen anfing, bemerkten wir, daß wir die Saone verlassen hatten und in die Rhone eingelaufen waren. Ein schwacher Schein erhellte allmählig die dämmernde Gegend, und wie optische Schatten aus einer Rauchwolke hervorgehend, immer größer und deutlicher auf uns zuschweben, bis sie endlich in ihrer wahren Gestalt vor uns stehen, so wanden sich nach und nach die Gegenstände aus der verhüllenden Nacht und reihten sich, von der kommenden Sonne geröthet, im glänzenden Kreise umher.

Der reißende Strom der Rhone führte uns halb bei Vienne vorüber, das in einer angenehmen Lage am Ufer des Flusses sich ausbreitet. Gern hätte ich seine Alterthümer besucht, aber das Schiff hielt nicht an, und in wenig Minuten waren schon die letzten Thürme der Stadt unsern Blicken entschwunden. Die brennende Hitze, der wir ohne Schutz in dem offenen Schiff ausgesetzt waren, verursachte mir gegen Mittag ein heftiges Kopfweh, das mich für die Schönheiten der Gegenden, die wir durchreisten, ziemlich unempfindlich machte; kaum warf ich einen flüchtigen Blick auf die mit Reben bedeckten Ufer, den den köstlichen Wein von Cote rotie und Hermitage uns liefern. Auffallend waren mir dennoch die Menge Ruinen und zerstörten Flecken, bei denen wir unaufhörlich vorbeikamen; einige waren ehrwürdige Überreste des Alterthums und der Ritterzeit, die meisten aber nur traurige Zeugen der Verwüstungen der Revolution. Gegen Abend kamen wir, nach einer Tagesreise von beinahe 20 Lieues in Valence an, wo wir einige Stunden um Provisionen einzunehmen anhielten, und dann mitten in der Nacht weiter segelten. Von den unerträglichsten Kopfschmerzen geplagt, auf dem bretternen Fußboden des Schiffs hingelagert und den Kopf an eine Tonne angelehnt, gelang es mir nach einer grausamen Nacht, erst gegen Morgen etwas einzuschlafen; kaum mochte ich indeß eine Stunde geruht haben, als einer der neben mir liegenden Soldaten, von einem lebhaften Traume beunruhigt, mir einen so heftigen Stoß mit den Füßen versetzte, daß ich erschrocken in die Höhe fuhr. Um mich zu erhalten, will ich die Hand auf die Tonne stützen, greife aber unglücklicherweise meinem ebenfalls schlafenden Reisegefährten grade in's Gesicht, der mit einem Schrei auffspringend mich auf zwei andre Soldaten zurückwirft, und unser allgemeines Fluchen und Lärmen nach und nach die ganze Artilleriecompagnie erweckt. Die Sonne ging eben feurig über den blauen Bergen auf und erleuchtet mit ihren goldnen Strahlen die bärtigen Angesichter der schlaftrunknen Krieger, als dieses tragikomische Erwachen vorfiel; ein freudiges Morgenlied begrüßte aus Aller Munde die Göttin des Tages und ich vergaß, durch den kurzen Schlummer gestärkt, die ausgestandnen Leiden bei einem Frühstück saftiger Pfirschen, die Herr von Wulffen, stets sorgsam, für uns in Valence gekauft hatte, während ich krank im Schiff zurückgeblieben war. Diese Entbehrung empfand ich um so schmerzlicher, da das Schloß meiner Mutter, die in diesem Augenblick zwar nicht in Frankreich lebte, nur eine Stunde von Valence entfernt ist, und ich es nie gesehen habe.

Der Wind war uns heute entgegen und die Reise ging viel langsamer von Statten, aber gleichsam als wollte die reizende Gegend uns einen Ersatz für das längere Verweilen anbieten, schmückte sie sich jeden Augenblick mit veränderter Schönheit. Bald thürmten sich nackte Felsen mit bemoßten Ruinen bedeckt senkrecht über uns empor; bald wieder sahen wir uns rund umher von grünen Rebenwänden wie in einer weiten Laube eingeschlossen; ein andresmal erblickte man durch Silberpappeln und Mandelbäume das entfernte Land bis an die dunklen Berge, im mannigfachsten Spiel der Farben schimmern, bis kurz darauf ein kleiner Archipel von buschbedeckten Inseln neidisch jede Aussicht in die Ferne verbarg.

Nicht ohne Interesse wandte ich meine Augen zuweilen von der schönen Natur hinweg auf unsre lustige Schiffgesellschaft und hörte ihren Gesprächen zu. Nur Wenige spielten, Keiner rauchte, die Meisten hatten sich unter ihre Mäntel hingelagert, die sie barrakenähnlich mit im Schiff gefundnen Holzscheiten gegen die Sonne ausgebreitet hatten; dort unterhielten sie sich von allerlei Gegenständen, die nicht selten in wissenschaftliche Fächer einschlugen. Für uns Deutsche ist es ein großer Stoff zur Bewunderung, den gemeinen französischen Soldaten oft so gebildet, so voll Ambition, und doch so artig und zuvorkommend zu finden, als wir es nicht selten bei unsern Offizieren vergeblich suchen. Keine Spur hier von jenem verderblichen Stolz gegen den friedlichen Bürger, von jenem Glauben, einen Nichtsoldaten ungestraft beleidigen zu können; im Gegentheil habe ich bemerkt, daß sie sich eher einige Freiheiten gegen Ihresgleichen als gegen Fremde erlauben, obwohl Keiner eine wahre Beleidigung, auch von seinem besten Cameraden, erträgt, in welchem Fall der Gemeine hier dem *point d'honneur* (ohne zu untersuchen, ob dem wahren oder falschen, denn was einmal allgemein angenommen ist, bleibt immer eine Verbindlichkeit für jeden Einzelnen) eben so strenge Folge zu leisten sich verbunden glaubt als sein General. Daß man übrigens ein gewisses beliebtes Wort, von dem uns Yorik die Gradation so launig angibt, ohngeachtet der eben gerühmten Bildung noch etwas öfter unter einer Kompagnie Kanoniere hört, als in einer Gesellschaft junger Männer von gutem Ton, muß ich der Wahrheit zu Ehren bekennen.

Gegen Mittag fuhren wir unter einer schönen Brücke hindurch, die in 24 Bogen über den Fluß führt. Sie wird *le pont de St. Esprit* genannt, obgleich man sie eigentlich dem Teufel zuschreibt, der sie in einem Tag und einer Nacht erbaut haben soll, wie uns der Steuermann berichtete. Da der Wind immer heftiger wurde, und das Schiff fast gar nicht mehr vorrückte, so wurde 5 Lieues von Avignon (die hiesigen Lieues sind fast so stark wie geographische Meilen) gelandet, und wir erfuhren, daß hier abermals bivouakirt werden würde, bis sich der Wind gelegt habe. Die gestrige Partie dieser Art war mir noch zu lebhaft im Gedächtniß um mich ihr zum zweitenmal auszusetzen, ich entschloß mich daher, meine Sachen der gütigen Obhut meines Freundes zu übergeben und allein zu Fuß nach Avignon zu gehen.

Mitten durch die Felder wanderte ich über Stoppeln und Anger der großen Straße zu, während oft liebliche Wohlgerüche südlicher Pflanzen mich umdufteten, ich mir aber die Füße auch oft an stachlichen Kräutern zerstach, mit denen die Felder über und über bedeckt waren. Von Zeit zu Zeit erfrischte ich mich an den süßen Trauben und Feigen, die wie wild auf dem sandigen Boden umherwuchsen, und fast allein die traurige Öde der Gegend unterbrachen, wo ich vergebens die frischen Matten und schattigen Lauben der Schweiz aufsuchte. Das schöne mittägliche Frankreich erschien hier in der Nähe ganz anders als dort, wo vom Schiff aus in der Ferne gesehen, die niedrigen, sparsam zerstreuten Bäume noch in dichtes Gebüsch zusammentraten, der großblättrige Wein mit sanftem Grün die Gegend überzog und die verschmelzende Undeutlichkeit des Ganzen meiner Phantasie es nach Gefallen zu verschönern, freien Spielraum ließ. Alles trug in Wahrheit einen fremden, eignen Charakter, den ich bisher noch nie angetroffen hatte, aber es war ein schwermüthiger Eindruck, den er zurückließ; kein freudiger Gesang der Vögel belebte hier, im Hain noch auf der Flur, die immerwährende traurige Stille, keinen der hohen Bäume unsers Nordens sah ich die majestätischen, weiten Zweige um sich ausbreiten, kein grünes Gras, keine blumenreichen Wiesen begegneten meinem suchenden Auge; kurzen Weidenstöcken gleichende Oliven und Mandelbäume, deren schmale Blätter kaum einem Insecte Obdach geben, niedrige, einzeln stehende Maulberbäume, deren gelbliches Grün nicht für ihre unmalerische Form entschädigt, und nur desto lebhafter den dürren Sand unter ihnen bemerklich macht, düstre Cypressen, die an den Tod erinnern, unübersehbare mit Steinen bedeckte Anger, deren wüstes Ansehen nicht dadurch vermindert wird, daß sie mit Thymian und Lavendel bewachsen sind, kahle nackte Felsen in der Ferne, deren weißen Kalkstein man in einem andern Lande für Schnee halten würde – dies waren die Gegenstände, die ich bei brennender Sonnenhitze durch den Staub der Straße, von dem selbst das wenige Grün in der Nähe grau gefärbt war, erkennen konnte. Nur selten fand ich in der Folge hie und da am Wasser kleine Wiesen von Weiden und Silberpappeln eingefaßt, die wie eine Oasis in der Wüste hervortraten. Wie schwer möchte es seyn, dachte ich bei mir selbst, hier das reizende Dörfchen aufzufinden, wo die kleine Margot wohnt.

Die Erndte war schon vorbei, und alle Felder leer, was noch mehr zum todten Ansehn der Gegend beitrug; an vielen Orten sah ich das Getreide, anstatt des bei uns üblichen Dreschens, durch Pferde auf dem Felde austreten, die man im Trabe darauf herumtrieb.

Schon in einiger Entfernung von Orange bemerkte ich den Triumphbogen des Marius, der nahe am Stadtthore steht. Da ich ihn nicht ganz genau erkennen konnte, frug ich einen wohlgekleideten Mann darnach, der auf mich zugeritten kam; er antwortete, es sey ein Alterthum aus den Zeiten der Semiramis und sehr merkwürdig. – Bei aller Superiorität, die die Franzosen über uns zu haben glauben, und in Hinsicht auf Lebensbildung mit Recht in Anspruch nehmen, ist doch auch ihre Unwissenheit dem hierin besser erzognen Deutschen stets höchst auffallend.

Es ist zu verwundern, wie gut dieses Monument noch erhalten ist, obgleich es nur aus Sandstein besteht, der in einem weniger milden Klima längst in Staub zerfallen seyn müßte. Von den Figuren und Basreliefs ist wenig mehr zu erkennen, aber ein großer Theil der schön gearbeiteten Zierrathen ist fast unversehrt geblieben. Derselbe Bogen des Triumphs und der Ehre diente in der Revolution zum Ort der Hinrichtungen!

Ich ging diesen Abend noch bis Cortesone, einem großen Dorfe, drei Lieues von Avignon. Hier setzte man mir zum erstenmal alle Speisen mit Öl zubereitet vor, und obgleich es Provenceröl war, so hätte ich doch die mittelmäßigste Butter sehr vorgezogen; vielleicht ist die Gewohnheit daran Schuld, aber ein in Öl gebratnes Huhn, in geschmortem Öl schwimmendes Kraut u. s. w. bleiben für mich immer sehr ekelhafte Gerichte.

Früh um fünf Uhr setzte ich meinen Wanderstab weiter, und sah bald die Sonne glänzend über den hohen Ventoux und seine kahle Felsenkette emporsteigen, die sich links der Straße in weiter Entfernung hinzieht. Der bezaubernde, immer mit hundert Farben spielende Himmel, dessen sammetartige bunte Wolken oft nur wie zarte durchsichtige Flocken in dem Azur des Äthers schweben, scheint für die öde Traurigkeit des Landes entschädigen zu wollen, die so selten das Auge durch eine frischere Ansicht überrascht. Ich bemerkte oft eine Art hohen Schilfes, das auf trocknem Boden wuchs und mir Laien in der Botanik unbekannt war; große Brombeerhecken am Wege, in die sich Mandelzweige und Weintrauben einrankten, boten mir ein dreifaches Frühstück an, das ich besser zu beurtheilen verstand und auch nicht verschmähte, obgleich manches provencalische Ehepaar, das behaglich zusammen auf einem Eselchen sitzend, bei mir vorbei galloppirte, mitleidige Blicke auf den armen Teufel herabwarf, der seine Mahlzeit an den Hecken suchte.

Man begegnet im mittäglichen Frankreich fast keinem vierrädrigen Wagen mehr, selbst die bepacktesten Frachtwagen, die ich sah, hatten nur zwei Räder, deren Breite aber oft eine Viertelelle überstieg, eine für Erhaltung der Straßen sehr nützliche Einrichtung, die aber bei uns unnöthig ist, wo es keine Straßen gibt. Diese zweirädrigen Karren werden meistentheils von stattlichen, großen und schön angeputzten Mauleseln gezogen, die mir mehr als die stärksten Pferde zu leisten schienen.

Ein halbe Stunde vor Avignon wird die Gegend etwas lebhafter, die Felder sind dichter mit Wein bedeckt, und die Anzahl der Bäume größer als bisher; rund um die Stadt führt eine Allee von Rüstern und eine hohe ausgezackte Mauer, an der ich lange vergebens hinzog, ehe ich ein Thor entdecken konnte. Im Gasthofe der Madame Perron traf ich Wulffen wieder an, der unter vielem Ungemach die Nacht um drei Uhr hier angekommen war.

Christian Friedrich Mylius

Die Brücke von Avignon

Ich kehre nun aus der Vergangenheit Avignons wieder in dem zurücke, was die Gegenwart in und bei dieser Stadt dem neugierigen Reisendem Interessantes zu Gesichte führt.

Den ersten höchst angenehmen, überraschenden Anblick gewährt dem Fremden, der endlich die Stadt erreicht hat, die schöne gothische, braungelbe *Stadtmauer*, die von einer, bei einer so alten Stadt ganz unerwarteten, auffallenden Zierlichkeit ist, und von allen Reisenden bewundert wird; sie ist die schönste, eleganteste im ganzen Süden Frankreichs, und schwerlich wird man bei irgend einer europäischen Stadt, eine schönere und besser erhaltene Stadtmauer aus dem Mittelalter finden. Diese Mauer ist von kleinen Quadersteinen gebaut, die so genau zusammengefügt sind und eine so schöne glatte dunkelgelbe Fläche bilden, daß man meinen sollte, die ganze Mauer bestände aus einem einzigen Stücke.

Der obere Theil oder die Krone der Mauer mit ihren Schießscharten und Schuzwehren daneben, tritt etwas über die untere Mauer heraus und ruht zum Theil auf zahllosen, in regelmäßigen langen Reihen hinlaufenden, zierlichen Kragsteinen. In kleinen gleichen Entfernungen von einander erblickt man schöne runde und viereckige Thürme; ihre symmetrische Stellung macht den besten Effekt; durch ihre Eleganz ist diese Mauer ein wahres Denkmal der Kunst. Keine Stadt aus dem Mittelalter hat eine so elegante Einfassung. Sie wurde im 14ten Jahrhundert erbauet, um die Stadt gegen die damals herumschwärmenden zahlreichen Räuberbanden zu schüzen, welche die Städte in Contribution sezten; damals war die Art Krieg zu führen ganz anders; und in dieser Rücksicht war sie zweckmäßig; Kanonen würden aber schnell mit ihr fertig seyn. Der Bau derselben muß große

Kosten verursacht haben. Man braucht über eine Stunde, bis man sie umgangen hat, man geht da meistens im Schatten schöner hoher Ulmen und Eschenbäume, die in mehreren Linien sich neben einem großen Theil der schönen Stadtmauer hinziehen. Ein Theil derselben wird von der Sorgue bespühlt.

So sehr diese Mauer die Stadt schmückt, so nimmt sie doch den Einwohnern alle Aussicht in die köstliche Landschaft umher, die Aussicht nach dem majestätischen Flusse und seinem mahlerischen westlichen Ufern. Auf der westlichen oder Rhoneseite der Stadt nimmt sie ihren Anfang beim hart neben dem Rhonekai, senkrecht emporsteigenden Kalkfelsen *Dons*, und zieht sich dann neben dem Kai südlich hinab. Dieser vereinzelte Fels hier am Flusse, ist in der unermeßlichen Ebene umher eine unerwartete Erscheinung.

Ganz senkrecht erhebt er sich gegen Norden und Westen; auf der Nordseite führen mehr als 100 Stufen zur Spize desselben empor; auf der Ostseite ist er nicht so steil und man kann hier leicht auf- und absteigen, hier breitet sich in der Tiefe an seinem Fuße ein großer Theil der Stadt aus, und ein anderer steigt auf seinem sich leise senkenden südlichen Abhange empor; unter den obersten nördlichsten Gebäuden, die sich über seinen Rücken hinaufziehen, ist die *päbstliche Burg* und die Kirche *Notre Dame de Dons* neben daran; man muß dann noch etwa 50 Schritte höher steigen um auf den nördlichsten höchsten ebenen Plaz des Felsen zu kommen. Er vertritt auf dem obern Theil der Rhoneseite der Stadt die Stelle der Stadtmauer, und sieht in der Ferne wie eine Festung aus.

Als *Jourdan*, dem man den Beinahmen des Kopfabhauers gab, und seine Kannibalenrotte noch in Avignon wütheten, nach Willkühr mordeten und zerstörten, so wurde auch über die prächtige Stadtmauer das Todesurtheil gesprochen, schon machte man den Anfang mit Niederreissung derselben, als auf einmal die Autoritäten der Stadt, die bisher bei allen ausgeübten Greueln, muthlos zitterten, es wagten, sich diesem lezten Schritte des Wahnsinnes mit größtem Muthe und gutem Erfolge zu widersezen. Die Annehmlichkeit, den schönen Rhonestrohm hart neben den Mauern zu haben, wird den Einwohnern Avignons zuweilen sehr durch seine *Überschwemmungen* verbittert, die schon manchmal so arg waren, daß die niedrigen Quartiere der Stadt etliche Fuß tief unter Wasser gesetzt wurden. Avignon würde noch mehr von diesem mächtigen Strohme zu leiden haben, wenn sich der schöne, aus Quadersteinen gemauerte Kai nicht neben der Westseite der Stadt an seinem Ufer hinabzöge.

Es ist sehr Schade, daß ein großer Theil dieses Kai vom nördlichen Anfange des Felsen an, bis weit hinab ohne Bäume und erquickenden Schatten öde und kahl da liegt. Hier sollte die Hauptpromenade seyn; der *Cours* mit seinen vielen Gängen weit unten bei der hölzernen Rhonebrücke, ist schon ziemlich entfernt und liegt nicht so bequem. Wir brachten mehrere Stunden hier zu, theils wegen des Zeichnens, theils um die zahlreichen, sonntäglich geschmückten, hier auf- und abwandelnden Spaziergänger zu betrachten, die auch, wie wir, in der Sonnenhize..., ... ohne Schatten schmachteten.

Hier wäre ein Spaziergang unter großen schattigen Linden, Ulmen, Platanen etc. unendlich angenehm, weit angenehmer als auf den andern Seiten der Stadt, wo es nicht an Bäumen fehlt, auf der linken Seite hätte man die schönen Stadtmauern, mit ihren anmuthigen Thürmen, auf der andern den majestätischen, breiten wasserreichen Strohm, mit hin und her segelnden Schiffen und seinen schönen baum- und gebüschreichen Inseln, sammt dem imposanten mahlerischen Reste der alten *gothischen Brücke*, die noch weit in den Strohm hinein geht: jenseits des Strohmes machte dann der Anblick der mahlerischen Ufer, der weiterhin sich hinauf und hinab ziehenden Hügel, mit ihren Pflanzungen, wo an einem das Städtchen *Villeneuve* in die Höhe steigt, und einen andern etwas nördlicher an der Rhone das Fort St. André krönt, dem im Schatten Lustwandelnden, oder auf einer steinern Bank Sizenden weit mehr Vergnügen, als jezt wo er hier in der Sonne braten muß.

Unterhalb des majestätischen Brückenrestes steht unter andern artigen kleinen Häusern, die sich an die Stadtmauer anlehnen, ein zierliches *Caffeehäuschen*, zum Troste des ausgedorrten, lechzenden Spaziergängers; vor ihm stehen niedliche Tischgen mit Stühlen, über denselben sind Tücher wie Dächer ausgespannt, vorne sind zwischen den Pfählen, auf denen die

Stangen des Dächleins ruhen, hin- und herflatternde Vorhänge angebracht, hier kann man dann allerdings behaglich seine Tasse schlürfen, seine Pfeife rauchen, die den Kai auf- und abwandelnden Menschengestalten mit der Fackel der Kritik beleuchten, und aufs physiognomische Korn nehmen, und sich auch an der herrlichen Aussicht, die man vor sich hat, ergözen, allein mit Allem diesem ist doch die schattige Linden- und Ulmenpromenade noch lange nicht ersezt, die hier seyn sollte.

Ungeachtet ich hier auf dem Kai mit Herrn H. der zeichnete, einige ziemlich warme Sonntag-Nachmittagstunden zubrachte, so ergözte ich mich doch nicht wenig an den mannigfaltigen, oft höchst sonderbaren Menschengesichtern und Gestalten die an uns vorüber zogen; ich kann eben nicht sagen, daß ich diesmal auf dem Kai, und nachher gegen Abend, wo ich viele hundert Personen beider Geschlechter, von jedem Alter und Stande auf der Rhoneinsel fand, zu der die hölzerne neue Brücke führt, die Schönheit bei den Weibern von Avignon größer, und freigebiger von der Natur ausgetheilt gefunden hätte, als in andern Städten Frankreich, die ich vor- und nachher sahe. Wie man auf dem Kai, unterhalb der alten Brücke, weiter hinab und der *hölzernen Brücke* näher kommt, so nimmt endlich eine Baumreihe ihren Anfang, die aber wenig Trost gewährt, und geht bis zur Brücke, wo die Hauptpromenade der Stadt, der Cours, seinen Anfang nimmt, und sich am Flusse hinab zieht.

Ehe ich aber den Rhonekai verlasse, muß ich noch einiges von dem imposanten, mahlerischen Reste der alten steinernen *Rohnebrücke* sagen. Die Rhone ströhmt in zwei Betten zwischen Avignon, und dem Städchen Villeneuve gegenüber, dahin; ihre beiden Arme umfassen die große, schöne, fruchtbare Insel *Barrelasse*, die sich von Avignon aus beinahe eine Stunde nördlich hinauf durch den Fluß zieht, überall schön angebauet, und mit Pacht- und Gartenhäusern angefüllt ist, da sie sich aber nicht genug über den Fluß erhebt, so wird sie oft, wenn er anschwillt, zum großen Verdruße ihrer Besizer, unter Wasser gesezt. Über diese Insel und die beiden Arme des Flusses zog sich ehemals die steinerne Brücke von den Mauern von Avignon bis zu den Mauern von *Villeneuve*, wo noch der Thurm übrig ist, der ehemals am Ende derselben stand. Zwischen diesem Thurme und der Insel erscheinen noch an einigen Orten in diesem westlichen Rhonearme, Reste von Brückenpfeilern; auch auf der Insel sind noch einige Ruinen von ihr; die schönsten Überreste von ihr sind aber noch in dem schmälern, minder reißenden östlichen Rhonearme bei Avignon; hier sieht man noch 4 ungeheure Bogen; unter dem ersten, der an die Stadtmauer stößt, lauft der Kai hin, die andern 3 stehen im Strohme. Über dem Pfeiler zwischen dem 2ten und 3ten Bogen erscheint noch die Capelle des heiligen *Benezet*, der nach der Tradition den Bau der Bücke veranlaßte.

Moritz Hartmann

Die Maison carrée in Nîmes

Den 27. Mai 1851

Von Lunel trug mich der Dampfzug nach Nimes, wo ich spät Abends ankam. – Es ist dieß mein dritter Besuch in dieser Stadt und gewiß noch nicht der letzte; denn ich richte meine Ausflüge so ein, daß sie mich meist über Nimes führen. Diese Stadt Frankreichs besitzt ein Kleinod, das mich mit unwiderstehlicher Kraft, mit der Anmuth einer Geliebten, immer neu anzieht und fesselt, so daß ich mich nach stundenlanger Anschauung nur mit Mühe, ja mit einem gewissen Schmerze von ihm trenne, mit dem Bewußtsein, daß mir nur selten so Schönes, so Großes, so Beruhigendes auf meinen Wegen begegnen könne. – Dieses Kleinod ist die sogenannte *maison carrée*, der alte Römertempel, der viel zu wenig bekannt, viel zu kalt gerühmt worden ist. Dieser Tempel ist gewiß eines der herrlichsten von allen Bauwerken, die uns die Alten gelassen, um die Welt zu jahrtausend langer Bewunderung zu zwingen. Das vollendete Ebenmaß, das Leben in jedem Theilchen, die Kleinheit der Mittel, um großen Eindruck hervorzubringen, die Unsichtbarkeit jeder verstimmenden Absicht, und endlich die heitere Ruhe, ich möchte sagen, das Lächeln, das über das Ganze ausgegossen, machen dieses kleine Gebäude, das an Masse leicht von einem gewöhnlichen Bürgerhause übertroffen wird, zu einem vollendeten, abgeschlossenen Werke des Genies. – Bei seiner Betrachtung senkt sich in das Gemüth so tiefe Ruhe, wie sie der Grieche empfunden haben mag, wenn er geopfert und, des gewonnenen Schutzes eines mächtigen Gottes gewiß, sich zum Mahle setzte und den Mischkrug im Kreise gehen ließ. – Es lebt und regt sich Alles an diesem herrlichen Baue. Nicht todt und steinern stehen die Säulen da; mit ihren Kannelirungen scheinen sie nach Jahrtausenden noch zu wachsen und sich zu bewegen, wie die heitere Sonne des Südens auf ihnen spielt, und zum Beschauer die melodische Sprache zu sprechen, so wie die Götter, welche griechische Tempel bewohnten, menschlich und melodisch sprachen. Man nennt den Tempel römisch; aber ich schwöre es, es war ein griechischer Meister, der ihn erdacht und ausgeführt. O, das konnten die Römer nicht; so was mußten ihre herrlichen Unterjochten für sie schaffen, sowie sie ihnen die Götterbilder, die Philosophie, die Poesie borgen mußten, um die Blößen der eingebildeten, gebildeten Barbaren zu decken, um den armen Reichthum zu vergolden.

Der kurze Weg über die Boulevards von der *maison carrée* nach der Arena ist der Weg von Griechenland nach Rom. Da stehst du vor dem Kolosse, vor dem Riesen, der dir mit donnernder Stimme entgegenruft: Bewundere mich! Der blaue Himmel Griechenlands, die göttliche Ruhe verschwindet, und Wolken umziehen dein Gemüth. Nicht mehr Pindarische Jubeloden hörst du, oder des Demodokos herzerfreuenden Gesang, dein Herz, wie der Mischkrug des Griechen, »herrlicher Arbeit«, gibt nichts mehr von seinem überströmenden Inhalte, um den heitern Göttern zu sprengen. Es zieht sich furchtsam zusammen vor dem Winseln der Opfer, das dir durch zwei Jahrtausende herübertönt, und du freust dich, wenn auch menschlich, doch schadenfroh, daß der blasse, goldlockige Nazarener diesem blutgenährten Ungeheuer, das man Rom nannte, mit seinem sanft schreitenden Fuße den Kopf zertreten. Freudig rufst du aus: Das hat der Proletarier unter den Proletariern, das hat der Verachtete, der Jude gethan, und mußte er selbst darüber zu Grunde gehen. Ich weiß nicht, war es dieser Kontrast zwischen Hellas und Rom, war es der Umstand, daß ich in Italien schon größere Werke dieser Art gesehen – das Amphitheater machte mir nur den Eindruck des Gewaltigen, des Ungeheuren, Massenhaften, das äußerlich zwingt, das der historischen Erinnerungen bedarf, um das Gemüth zu bewegen. Diese historischen Erinnerungen abgerechnet, ging ich kalt – ruhig durch die Gänge und Wölbungen, kroch ich auf den zerbrochenen Sitzreihen hinauf und hinunter, und wurde nicht einmal durch die Engländer gestört, die auf dem obersten

Rande saßen und geistlos auf die grasbewachsene Fläche in der Tiefe hinabstarrten. Wie hätten sie mich vor der *maison carrée* beleidigt! Die Arena von Nimes ist eine der besterhaltenen, und man kann hier besser als in Verona und Arles die Einrichtung dieser Theater studiren; man kann sogar erkennen, auf welche Weise sie durch hydraulische Werke zu Naumachien verwendet wurde. – Die Behälter für die wilden Thiere, wie für die Sklaven sind vollkommen erhalten, ebenso die unendlichen Gänge und die Thore, von denen man eines als das Thor des Proconsuls, das andere als das Thor der Vestalinnen bezeichnet. Ja, in den Sitzreihen, obwohl großen Theils zerstört, bemerkt man noch die verschiedenen Abtheilungen, wie sie für die verschiedenen Bürgerklassen bestimmt waren. Die Sklaven saßen, wie unsere Proletarier, auf der höchsten Höhe, im Paradiese. Dort oben befinden sich noch die durchlöcherten Steine für die Stangen, welche das Leinwandzelt trugen, um die Zuschauer vor der Sonnenhitze zu schützen. Es bedurfte gewiß einer sehr kunstvollen Vorrichtung, um das Theater, welches 30000 Zuschauer faßte, mit einer Leinwanddecke zu überziehen. – In den Gängen sieht man noch die gewissen Institute, die zu den kleinen und niedrigen Bequemlichkeiten des Lebens nothwendig sind. Bedenkt man, daß sich dieser ungeheure Bau so konservirt hat, obwohl, wie bei allen großen römischen Werken, jedes es scheint, als hätte ein Barbar den Bau begonnen und ein Meister ihn vollendet. – Auf dieser Balustrade vergißt man leicht, auf welch wahnsinnigem Gestelle man sich befindet. – Zu Füßen liegt das schöne Nimes, von dem man durch ein junges Pinienwäldchen getrennt ist; links und uns im Rücken die Cevennen, hinter denen eben die Sonne schlafen geht und die kahlen Berge in violette Schleier hüllt – rechts die weite Ebene und die Rhone, der das grüne Wasser der Fontaine de Nimes langsamen Schrittes entgegenwandelt, wie eine römische Dame der Verfallzeit dem siegreichen Barbaren des Nordens, und uns gegenüber, schon in abendliches Grau versunken, die Alpen der schönen Provence und die Kalkberge, hinter denen Avignon von alter Herrlichkeit und alten Gräueln träumt.

II. BRIEFE AUS SÜDFRANKREICH

Karl Marx

Briefe aus Monte Carlo und Cannes

Marx an Jenny Longuet
in Argenteuil

Monte Carlo, 8. Mai 82
Hôtel de Russie, Monte Carlo

Liebes Jennychen,
Dies *Monte Carlo*, von wo diese Zeilen an Dich gerichtet, ist einer der 3 Orte (nebeneinander gelegen), deren Dreieinigkeit den Staat »Monaco« bildet (ist Monaco, Condamine und Monte Carlo). Die Lage wunderschön, Klima vorzüglicher als von Nice und selbst Mentone.

Natürlich hatte ich diese komische Konsequenz, *die ersten 2 Regentage* (seit Januar) in diese Gegend zu importieren; man scheint darauf nur mein Ankommen von Algier abgewartet zu haben. Sonst aber traf ich's im übrigen prächtiges Wetter.

Wie Du aus meinem letzten Schreiben weißt, ist meine Pleuritis abgemacht; der Bronchialkatarrh kann sich nur ganz allmählich verlieren. Übrigens wird bald *überall* die Luft trocken und warm sein (was die Leute zu befürchten, ist dagegen Wassermangel); um so mehr wird die Intensivität der Aktion der Sonne herrschen, als letztere mit großen Flecken übersät ist. Also wird sich bald überall mir nützliches Wetter finden.

Da es unbestimmt, wie lange ich hier bleibe, wünschte ich sofort von Paris zu wissen, *wo* ich Euch zu finden; am besten wär's mir, hierhin zu *telegraphieren*, da ein Telegramm in 3–4 Worten mich genügend unterrichten kann.

Viele Küsse an die Kinder.

Dein
Old Mohr

Marx an Engels
in London

8. Mai 82
Hôtel de Russie, Monte Carlo

Dear Fred,

Schon 2–3 Wochen vor Abreise (Anfang Mai) von Alger war meteorologisch verkündet Seesturm. In der Tat während meiner letzten afrikanischen Tage tobte sich der Sirocco aus, mit ihm große Hitze, aber verdorben durch die Windstöße, Staubwirbel und momentan, wenn auch oft rasch verschwindend, unerwartete Abkühlung. Mein Bronchialkatarrh wurde heftiger während selber Zeit und ist noch nicht hinlänglich niedergedämpft. Der Sturm (in der Nacht vom 4. auf 5. Mai) zur See ließ auch in der Kabine den Windzug empfindlich machen; in starkem Regen (morgens den 5. Mai) traf ich in Marseille, und es dauerte Regen fort nach Nice. Auch in Monte Carlo importierte ich *1 Regentag* (gestern); heute herrliches Wetter. Du siehst, ich blieb konsequent, denn vor meiner Ankunft hatte es monatelang nicht geregnet in Nizza und Monte Carlo. Diesmal war aber Neckerei, kein solcher Ernst wie in Algier.

In Nizza, wo ich am 5ten und 6ten blieb, fand ich bald aus, daß der Wind hier kapriziös und konstante Gleichmäßigkeit der Temperatur keineswegs zu gewarten. Heute noch bestätigte mir meine kurze Erfahrung Dr. Delachaux, médecin-chirurgien (residiert zu Interlaken), der hier im selben Hotel logiert. Er hat auf Ferienreise Nizza, umgebenden Orte und generally die berühmtesten Plätze der Riviera besucht, so far with an eye to business as to ascertain which places he might best recommend to sufferers of lung diseases, bronchial catarrh of a chronic character etc. He declared decidedly against Nice, but preferred Monte Carlo even to Mentone. Dr. Delachaux kehrt heut noch zurück ins schweizerische Vaterland.

Von dem Reiz hiesiger Naturschönheit kennst Du everything, sei es aus eigner Anschauung, sei es aus Gedrucktem oder Gemaltem. Es erinnert mich lebhaft ans Afrikanische in vielen Zügen.

Im allgemeinen ist mit Bezug auf »warme trockne Luft«, sie

bald überall zu packen haben. Die Sonneflecken prophezeien intensive Aktion der Strahlen, und in Frankreich befürchtet man Wassermangel.

For conscience sake werde ich hier den deutschen Dr. Kunemann morgen konsultieren. Ich habe bei mir geschriebne Konsultation des Dr. Stephann (aus seinen Vis[iten]karten erst ersah ich, daß Stephann auch *Professor suppléant à l'Ecole de Médicine* an der Alger faculté), was mir weiteres Schwätzen erspart. – Sobald Stephann die Pleuresie für beendet erklärt, hatte ich auf seine (Stephanns) Vorschrift sofort mit Einreiben von Jodtinktur auf ganz oberen Plätzen (auf linker Seite) der Brust und des Rückens begonnen. Dies seit dem Einsteigen ins Seeschiff bis to-day unterbrach ich diese Operationen, dic zudem in eigner Person nur »schwerlich« auf dem eignen Rücken selbst von mir ausführbar, obgleich Dr. Delachaux mir riet, vermittelst des Spiegels Hilfe es zu versuchen. Qui vivra verra, jedenfalls will ich vorher den Dr. Kunemann sprechen. Ich will mich soviel möglich im Freien umhertummeln.

Im Casino des Monte Carlo ist im Lesesaal fast vollständige Pariser und italienische Zeitungsliteratur; deutsche Zeitungen ziemlich repräsentiert, sehr wenig die englischen. Aus dem *»Petit Marseillais«* von heutigem Datum ersah ich »l'assassinat de lord Cavendish et de M. Burke«. Das hiesige Publikum dahingegen, z. B. die Table d'hôte-Genossen des Hôtel de Russie, interessiert sich viel mehr, was sich ereignet in den salles de jeu des Casino (tables de roulette et de trente-et-quarante). Namentlich amüsierte mich ein Sohn Großbritanniens, ganz unwirsch, sauertöpfisch, verbiest, and why? Weil er eine gewisse Anzahl Goldfüchse verlor, während er doch ganz entschlossen gewesen sei, solcher zu »stibitzen«. Er begriff nicht, daß die Fortuna selbst durch britische Grobheit nicht »to bully«.

Diese Zeilen müssen abschließen, da von hier Briefe per Boten erst nach Monaco auf Post zu expedieren sind.

Beste Grüße an alle.

Dein

Mohr

Marx an seine Tochter Eleanor in London

21. Mai 82, Hôtel de Russie
Monte Carlo (Monaco)

Liebstes Kind,

Da Du mein ältester Gläubiger bist, hatte ich eigentlich die Absicht, Dir heute (Sonntag) einen langen Brief zu schreiben, aber l'homme propose, mais le thermomètre dispose. Il y a aujourd'hui un jour parfaitement beau, mais *exceptionnel*; donc je veux l'exploiter en air libre, au lieu »d'écrire«, et de ne pas écrire le soir. C'est convenu avec mes conseillers de santé. – Bevor ich ami Fermé verließ, sagte ich ihm: Sobald ich an der Südküste Frankreichs lande, wird das Wetter umschlagen. Und tatsächlich – ich bin nun mal so ein »schicksalhafter« Mensch und bin sogar stolz auf diese meine Eigenschaft – hat sich die Prophezeiung zum Teil erfüllt. Seit *Anfang Januar* erfreute sich die Riviera eines so brillanten Sommerwetters wie noch nie, nur einige, die immer was auszusetzen haben, beklagten sich, daß es zu wenig regnet. Als ich am 4. Mai in Marseille ankam, fing es zu regnen an; und so regnet es manchmal einen ganzen, noch öfter aber einen halben Tag lang, und meistens nachts; ein allgemeines Absinken der Temperatur; [hin und wieder] kalte Winde, immerzu wechselhaftes, unterschiedliches Wetter; die Luft, wenn auch nicht oft, zu sehr mit Wasserdampf geschwängert. Trotzdem *verhältnismäßig gutes, warmes Wetter*, allerdings nicht so trocken und so beständig, wie ich es gerade jetzt für meine Lungen brauche. Aber weder in Italien noch anderswo ist es augenblicklich besser: Cannes, Monte Carlo und Mentone sind die drei gesündesten Orte, in denen die Temperatur am gleichmäßigsten und *durchschnittlich* wärmer ist als in Nizza, Rom und Neapel.

Dein
Old Nick

Marx an seine Tochter Eleanor in London

Hôtel de Russie, Monte Carlo, 28. Mai 82

Liebes Tussychen,

Ein Bebel's-Schreiben fand sich weder in Engels' Brief noch in Deinem Brief, den ich gestern abend erhielt. Es muß durch Versehn in London geblieben sein. At all events, I wash my hands of it.

Heute 24 Grad im Schatten, wie überhaupt seit Datum meiner Postkarte an Dich die Sommerhitze eingetreten (obgleich Himmel noch nicht so absolut ganz wolkenlos, als die Kenner hiesigen Orts verlangen). Unter solchen Umständen realisiert sich's wider »gute Absicht« nicht mit geplantem ausführlichen Bericht; viel Gutes verliert ohnehin nichts dabei.

Mit Bezug auf die Meerfahrt von Algier sei nur bemerkt, daß sie unter ungünstigem Wetter stattfand; namentlich in der Nacht von 4. auf 5. Mai heftiger Sturm, der meine Kabine (wo ich zudem noch sie mit einem kaufmännischen Lyon-Spießer teilen mußte) sie in eine wahre Windhöhle umwandelte. In starkem, kaltem Regen fanden wir morgens früh (5. Mai) uns vor Marseille. Der steamer landete nicht direkt an; durch Kähne waren Passagiere und Bagage zu transportieren, um zu weiterem Vergnügen in einem kalten, zugigen Douane-purgatorio einige Stunden zu verweilen bis vor Abreise nach Nizza erlaubt. Diese Verkältungs»momente« détraquaient plus ou moins de nouveau ma machine, warfen mich zu Monte Carlo von neuem entre les mains d'un Esculape, denn, was die bloße Behandlung des »Bronchialitischen« betrifft, brauche ich solchen nicht und nur Dr. Stephanns Vorschriften zu exekutieren. Ich erwarte, in ein paar Tagen (nächsten Dienstag, 30. Mai vielleicht) von Dr. Kunemann absolviert [zu werden]. Jedenfalls verlasse ich also vor Anfang Juni dies Räubernest nicht. Weiterer Aufenthalt oder nicht, Dr. Kunemann hat zu entscheiden. Die Empfindlichkeit der an Respiration-Organen leidenden Personen (also sie auch Rückfällen so mehr ausgesetzt) nimmt zu in normal günstigem Klima. Z. B., wem im Norden würde es bei etwas unerwartetem Windzug sofort Pleuresie, Bronchite

u. dgl. träumen, während in Algier der französische Philister davor stets auf seiner Hut [sein] muß. Eine, hier im Hôtel de Russie jetzt, Madame Fleury wurde von Paris wegen Bronchitis nach Cannes geschickt; in März und April erholte sie sich dort durchaus, kletterte die Berge mit Vergnügen etc. Als Nachkur und Zerstreuung ließ sie dann Cannes für Monte Carlo, verkältet sich während dieser ganz kurzen, 2stündigen Reise, im Eisenbahnhof zu Antibes – und ist jetzt schlimmer dran als [sie] vorher zu Paris war. Man hört von Besuchern hier, die nicht zum Vergnügen oder des Spiels halber kommen, daß unter 20 sicher 9 Opfer der »rechutes« seien.

Daß Goethe, wenn er an einem Mann preist, die alte Schlangenhaut »wegzuwerfen«, zählt er wahrscheinlich die künstlich produzierten »fausses peaux« nicht mit zum Verjüngungsprozeß.

Ein andermal, wenn es nicht zu »hitzig« ist als heut, muß ich doch etwas von diesem Fürstentum Gerolstein {auch die Offenbachmusik fehlt nicht, auch nicht die Mademoiselle Schneider, auch nicht die schmucken, geputzten Carabiniers, (keine ganz 100)}, erzählen. Die Natur hier ist herrlich, zudem noch verbessert durch die Kunst – ich meine auf unfruchtbare Felsen hingezauberte Gärten, die von steiler Höhe oft bis an das entzückend blaue Meer hinabsteigen, wie Terrassen schwebende babylonische Gärten. Aber die ökonomische Basis von Monaco-Gerolstein ist die Spielbank; wenn morgen geschlossen, in die Gruft mit Monaco-Gerolstein – alle! Ich liebe nicht Besuch des Spielsaals; bedenke dort, daß man an der table d'hôte, in cafés etc. fast nur von den tables de roulette et de trente et quarante spricht und flüstert. Hier und da gewinnt z. B. eine russische junge Dame (Frau eines russischen Diplomat-Agents) (sie eine der Gästinnen des Hôtel de Russie) 100 frs. und verliert dahingegen 6000 frs., dort kann ein andrer nicht mehr Reisegeld zur Rückkehr [behalten], andre verspielen ganze große Vermögen von Familien; sehr wenige bringen etwas mit dem Raub weg – ich meine wenige von den Spielern, und unter diesen fast exklusive – Reiche. Von Verstand, Berechnung etc. kann hier gar nicht die Rede sein; nur kann man mit irgendeinem Wahrscheinlichkeitsraisonnement auf Gunst des »Zufalls« rechnen, wenn man etwas Erkleckliches zu wagen hat. Doch begreife ich, daß es namentlich le beau sexe lockt; les mondaines, wie nicht minder die demi-mondaines, wie school-girls, wie Bürgerinnen, all push on, wovon hier Augenzeugen ringsum. Ich glaube, außer dem Monaco-Gerolstein, das versinken würde mit der Spielbank, auch Nizza – die vornehme, wie die abenteuernde Welt in den Wintermonaten dort – würde als fashionables Zentrum ohne die Spielbank zu Monte Carlo nicht sich erhalten. Und bei all dem, welche Kinderei solche Spielbank verglichen mit der Börse!

(Diese Feder und diese Tinte sollen erneuert werden; es ist wahrhaft Kunst, damit zu schreiben, entreißen sie mir diesen Ausruf!)

Rechts vom Kasino (in ihm die Spielbank), dicht nah ist le Café de Paris und neben ihm ein Kiosque; daran prangt jeden Tag ein Placard, nicht gedruckt, sondern geschrieben ..., ... gezeichnet mit Initialen des Schreibstellers; für 600 frs. erhält man von ihm schwarz auf weiß die Geheimnisse der Wissenschaft, mit 1000 frs. eine Million an den tables de roulette et de trente-et-quarante zu gewinnen. Auch von diesem Gimpelfang erzählen sich keineswegs ausnahmsweise Fälle. In der Tat glaubt die große Zahl der Spieler und Spielerinnen an die Wissenschaft dieser reinen Hasardspiele; die Herren und Damen sitzen vor diesem Café de Paris in Front oder auf den Bänken des wundervollen Gartens, der zum Kasino gehört, haben Täfelchen (gedruckten) in der Hand, mit geneigtem Haupt, kritzen und kalkulieren, oder einer erkärt sinnvoll dem anderen, »welches System« er vorziehe; ob man in »Serien« zu spielen etc. etc. Man glaubt Narrenhäusler vor sich. Grimaldi von Monaco und sein Fürstentum Gerolstein und sein Bankpächter gedeihen unterdes und sind after all offenbachisch »interessanter« als die Geprellten.

Sollte mein Wohnsitz sich verändert [haben], so *telegraphiere ich's*. Die Rückreise, zunächst nach Paris, wird jedenfalls in Stadien absolviert werden und »vorsichtig«.

Beste Grüße an alle.

Old Nick

Marx an Engels
in London

Cannes, 5 Juin 82

Dear Fred,
On 30th May letzte (pro Monte Carlo) Rückenbrandmarkung; am 31st May hielten die Nachoperationen mich in Hausarrest; am 3ten Juni ward ich von Kuneman emanzipiert und reiste selben Tag ab. Er riet mir, unter allen Umständen ein paar Tage in Cannes zu weilen, da dies schon die »Trocknung« der mir geschlagnen Wunden erheischten.

So habe ich den ganzen Monat in diesem repaire der vornehmen Müßiggänger oder adventurers vegetiert. Natur herrlich, sonst ein ödes Nest; es ist »monumental«, weil es nur aus Hôtels besteht; hier keine plebejische »Masse«, außer dem Lumpenproletariat zugehörigen garçons d'hôtels, de café etc. und domestiques. Das alte Raubnest auf vorspringendem Fels, von 3 Seiten der Seebucht umschlossen, i. e. *Monaco*, wenigstens altbrüchige, mittelaltrige Sorte von italienischem Städtlein; andrerseits *Condamine*, meist unten am Meer, zwischen »Stadt« Monaco und der maison de jeu (i. e. Monte Carlo), erbaut und rasch sich vergrößernd. *Monaco*, in the strict sense, ist die »Politik«, der »Staat«, die »Regierung«; *Condamine* ist die ordinaire »kleinbürgerliche« Gesellschaft; aber Monte Carlo ist »the pleasure«, and, thanks to the banque de jeu, the financial basis of the whole trinity. Sonderbar, daß diese Grimaldi sich konsequent geworden; früher lebten sie von Piraterie, und einer von ihnen f. i. schrieb dem Lorenzo dei Medici, ihr Boden sei beengt, außerdem unfruchtbar; Natur weise sie deshalb auf Seeraub hin; Lorenzo sei daher wohl so großmütig, ihnen ein jährliches »Präsent« zu garantieren, da sie nicht »wagten«, Jagd auf florentinische Schiffe zu machen. Lorenzo zahlte ihnen, consequently, geringes Jahrgehalt. – Nach Sieg der Holy Alliance über Napoleon machte Talleyrand, der den Erzlump, den Extyrann von Monaco, unter den Emigrés sich zum Zeitvertreib als einen der Genossen erwählt, – also Talleyrand machte sich den Jux, ihn, den Vater »Florestans«, zu »restaurieren« »au nom du principe de la légitimité«. Diese 2 Restaurierten – der von Hessen-Kassel und der von Monaco – dies couple verdient zu figurieren in neuer Ausgabe des Plutarch; zugleich welcher Kontrast zwischen dem Genuesen (vor allem auf finanziellen Raub ausgehend) und dem deutschen »Patriarchen«.

Unser Dr. Kunemann hat doch stillen Gram, daß, bereits als des Serenissimus funktionierender Leibarzt des jetzigen (stockblinden) Charles III., er (Kun[emann]) seiner liberalen Prinzipien von wegen anstößig ward und einem Engländer (Dr. Pickering) Platz räumen mußte. The survival oft the best – i. e. als Duodeztyrannenleins Leibarzt – to a Britisher, of course, warranted by the nature of the beast! And that is the worst; this same Dr. Pickering, before being calles by natural selection, he had dangerously fallen ill at Monaco, was treated and cured by Dr. Kunemann. Solch kummervolle Verhängnisdramen gibt's in dieser Welt viele!

Sonderbarerweise hat dies heiße Wetter meinen Bronchialhusten eher verschlimmert als verbessert. Natürlich um so mehr »Vorwände« zur Verkältung! Im übrigen ist Kunemann (und der Mann ist ein ausgezeichneter Arzt, kennt englische, deutsche, wie französische medizinische Literatur, Spezialist mit Bezug auf Lungen- und Brustkrankheiten) nicht Deiner Ansicht wegen Rückreise nach Paris. Ich solle es nicht in Unterbrechungen machen. Das Wetter sei nun heiß, nicht nur bei Tag, sondern auch warm bei Nacht. Daß jetzt Hauptanlässe zur Verkältung auf den Eisenbahnstationen; je öfter ich die Reise unterbrechen würde, desto öftere Möglickeiten zu rechutes. Dahingegen solle ich zu Cannes für die Reise 2 Flaschen guten alten Bordeaux mitholen. Er, wie Dr. Stephann, basiert auf der Base: der Magen müsse *Grundlage* bei Behandlung wie der Pleuresie als Bronchitis etc. zu behandeln; gut und viel essen; auch wenn es gegen den Mann, es sich »angewöhnen«; »Gutes« »trinken« und sich zerstreuen durch Fahren etc., wenn man nicht viel gehn, steigen etc. dürfe; möglichst wenig denken etc.

So dieser »Anleitung« folgend, bin ich auf dem besten Weg zum »Idiotismus«, obgleich mit alldem den Bronchialkatarrh nicht los.

Der alte Garibaldi hat mir zum Trost an Bronchite »verewigt«. Natürlich, at a certain age, ist es durchaus indifferent, woran man »launched into eternity«.

Ich bin hier seit 3. Juni und reise heute abend fort. In Nizza und diesmal auch, wo es ausnahmsweis, zu *Cannes starker Wind (obgleich warmer) und Staubwirbel*. Einen gewissen Philisterhumor hat auch Natur (in der Art schon in dem »Alten Testament« die Fütterung der Schlange mit Dreck als von Darwins Würmern Dreckdiet humoristische Antizipation). So geht ein solcher Naturalwitz durch die ganze Lokalpresse der Riviera. Nämlich am 24. Mai war ein entsetzliches Orage namentlich zu *Mentone*; der Blitz schlug ein dicht auprès de la gare (von Mentone) ein und schlug einem daneben wandelnden Philister die Sohle eines Schuhs weg, ließ aber den sonstigen übrigen Philister intakt.

Mit besten Grüßen an alle.

Old Mohr

Friedrich Nietzsche

Briefe aus Nizza

An Heinrich Köselitz in Venedig

Nice (France), rue Ségurance 38 II
Dienstag, im Anfang [4.] December. [1883]

Ach, lieber lieber Freund, eben erst kommt Ihre Karte in meine Hände, es macht mich unglücklich, *wie* spät! – und namentlich, daß ich Genua verlassen habe und, nach längerem Zweifel, mich vorgestern für diesen Winter in *Nizza* festgesetzt und festgebunden habe! Im Jahr 220 vollkommen reine Tage – das entschied zuletzt: die Wirkung dieser herrlichen Lichtfülle auf mich *sehr gequälten* Sterblichen (und oft so Sterbenslustigen –) grenzt an's Wunderbare. Ich habe hier für die sechs Winter-Monate fast so viel Himmels-Tage als in Genua für das ganze Jahr. Damit sagte ich der geliebten Stadt des Columbus – etwas Anderes war sie mir *nie* – Lebewohl; und sie war zuletzt noch rührend-schön in ihrem Oktoberglanze.

Nizza, als *französische* Stadt, ist mir unleidlich und fast ein Flecken in dieser südländischen Herrlichkeit; aber es ist auch noch eine italiänische Stadt – da, im älteren Theil, habe ich mich eingemiethet, und wenn geredet werden muß, wird *italiänisch* geredet: dann ist es, wie in einer Genueser Vorstadt.

Freund, ich weiß Etwas, das ich Ihnen nicht verschweigen will. Eine deutsche Dame wünscht Pensionäre zu haben, in einer neu eingerichteten Villa (bestens eingerichtet und warm – wie ich bezeugen kann); und da sie diesmal anfängt, so hat sie einen unglaublich niederen Anfangs-Preis für diesen Winter gemacht (90 frs. für Zimmer und Kost). Es ist *nicht* nahe bei mir, sondern ein Halb-Stündchen weit; ungefähr die ganze Promenade des Anglais liegt dazwischen. Gesetzt aber, *Sie* wollten sich dort einlogiren, so wäre der letzte Gesichtspunkt vielleicht sogar in Ihrem Sinne *vortheilhaft*. – Ich selber zahle 25 frs. Miethe für den Monat; und auch billige Restaurationen giebt es, im Stile Ihrer Panada und der Pariser Etablissements Duval: es ist *besser* hier leben als in Genua. Wein sehr billig.

Jene Villa liegt still, im Garten; schöne Hügelland-Spaziergänge sind unmittelbar dabei. Das Meer etwa 10 Minuten weit.

Zuletzt, liebster Freund – ich weiß gar nicht mehr zu sagen, *wie sehr* ich Ihre Musik liebe und sehnsüchtig liebe. Die Zahl der Dinge, die mir ganz und gar wohl thun und die Seele heil machen, ist *so klein* für mich geworden, oh ich großer Narr!

In herzlicher Liebe Ihr
Nietzsche.

Ein Beweis, daß ich Sie gern in irgend einer Art bei mir haben möchte: ich habe dies Mal aus Naumburg Ihre *sämmtlichen Briefe an mich* mitgenommen.

F. N.

An Franz Overbeck in Basel

Nice, (France) Pension de Genève petite rue St. Etienne.
[25. Januar 1884]

Verzeihung, alter Freund, für dies Zettelchen – aber ich will eine *gute* Nachricht drauf schreiben. Seit vorigem Freitage ist »Also sprach Zarathustra« vollkommen *fertig* – und ich bin mitten im Abschreiben. Das Ganze ist somit genau im Verlaufe *eines* Jahres entstanden: im strengeren Sinne sogar im Verlaufe von 3 × 2 Wochen. – Die letzten zwei Wochen waren die glücklichsten meines Lebens: ich bin *nie* mit solchen Segeln über ein solches Meer gefahren; und der ungeheure Übermuth dieser *ganzen* Seefahrer-Geschichte, welche so lange dauert als Du mich kennst, 1870, kam auf seinen Gipfel. Wie es mit mir im auslaufenden Jahr stand, das gab mein letzter Brief zu verstehen. Auch mußte ich die völlige Fremdheit des Nizzaer Bodens reichlich büßen; sogar Geld-Verluste erheblicher Art hatte ich, indem meine Hauswirthin, der ich für Zimmer und Pension vorausbezahlt hatte, verschwinden mußte.

Jetzt habe ich mich in die stille zuverlässige Welt einer *Schweizer*-Pension zurückgezogen.

Die Vollendung meines Zarathustra hat meiner Gesundheit *sehr wohl* gethan. – Alter lieber Freund, das Nächste, was ich projektire, *zur Erholung!* ist ein großer *Front-Angriff* auf *alle* Arten des *jetzigen* deutschen Obscurantismus (unter dem Titel »Neue Obscuranten«) *Dazu* – habe ich Deinen Rath und Deine Beihülfe *nöthig!*

Von Herzen Dein N.

An Constantin Georg Naumann in Leipzig (Postkarte)

[Nizza, 22. Februar 1884]

Geehrtester Herr,
in Betreff des Drucks von »Also sprach Zarathustra« bitte ich angelegentlich um jeden Grad von möglicher *Beschleunigung*: denn ich kann nur noch kurze Zeit hier in Nizza bleiben.

Bis heute (Freitag) ist noch kein Bogen eingetroffen.

Hochachtungsvoll
Ihr
Professor Dr. Nietzsche.

Nice (France) pension de Genève petite rue St. Etienne.

An Resa von Schirnhofer in Genua

[Nizza, 30. März 1884]

Kommen Sie nur, mein verehrtes Fräulein! Und versuchen Sie es mit dem Hause, in dem ich jetzt wohne. – Sie werden es zutrauenswürdig und schweizerisch-brav finden. Es ist allmählich ziemlich leer geworden, die Winter-Vögel fliegen davon.

In Bezug auf mich selber haben Sie den günstigsten Zeitpunkt getroffen. Gestern wurde der letzte Correctur-Bogen meines letzten Theils »Zarathustra« fortgeschickt – nun bin ich frei, freier vielleicht als ich je war, und zu jedem »otium cum dignitate« *äußerst* bereit.

Also – ich werde Ihnen Nizza zeigen und auch, so gut es gehen will, mich selber, da Sie denn durchaus den alten Einsiedler »kennen lernen« wollen. Indessen! Jeder Einsiedler hat seine Höhle, nämlich in sich, und manchmal hinter der Höhle noch eine Höhle und noch eine – ich wollte sagen, es ist *schwer*, einen Einsiedler kennen zu lernen.

Nehmen wir an, daß Sie am 3ten April mit dem Morgen-Schnellzug von Genua abfahren; so sind Sie gegen Mittag in Nizza und finden mich am Bahnhofe, bereit Ihnen zu dienen und erkennbar an einem großen Schnurrbarte und an einem Briefe, den ich in der Hand halte.

Dies mag als abgemacht gelten. Nur für den Fall, daß es Ihnen nicht passen will, würde ich mir noch eine Zeile vorher ausbitten.

Bitte, seien Sie freundlich und fragen Sie vor Ihrer Abreise noch einmal auf der Post in Genua nach poste-restante-Briefen für mich! Diese alte Columbus-Stadt ist eine Art Heimat für mich gewesen: es macht mir Freude, Sie dort zu wissen.

Ihr ergebenster Dr. Fr. Nietzsche

An Franziska und Elisabeth Nietzsche in Naumburg (Postkarte)

[Mentone, 28. November 1884]

Meine Lieben, seit meiner letzten Karte bis jetzt heftiger Anfall. Heute erschöpft. – Corsica-Angelegenheit erledigt: – Herr Lanzky wird von dort *zurück*kehren und den Winter mit mir in Nizza, in der gleichen Pension, zubringen. (Resultat von Briefen und Telegrammen.) *Ich will und muß an Nizza festhalten*, zum Zweck *meiner* zukünftigen »Colonie«, welche mir jetzt möglicher erscheint (ich meine: sympathische Menschen, vor denen ich meine Philosophie doziren kann) So allein, wie hier, oder im Engadin, bin ich beständig krank. – Zwischen N⟨izza⟩

und Mentone handelt es sich um eine gewisse Luft-*Feuchtigkeits*differenz; ich bin ein *feines* Thier. Also die alte Adresse (bitte auch für Onkel Bernhard) Pension de Genève.

Euer F.

An Franziska Nietzsche in Naumburg

Nizza, den 29. Januar 1885

[...]

Das Wetter hat eine große Crisis auch hier bestanden, es gab drei Tage, wie man sie für Nizza nicht glauben möchte, und eine solche Sturmfluth des Meeres, daß die Promenade des Anglais bis heute jämmerlich an den Nachwirkungen leidet. Seit 50 Jahren hat man so eine Noth nicht erlebt. – Inzwischen ist aber der *vollkommen helle* Himmel von früh bis Abends zur Regel wieder geworden: was meiner Gesundheit sehr zu Hülfe gekommen ist.

Herr Lanzky ist von St. Raphael zu mir wieder zurückgekehrt und bliebt noch bis zu Ende des Februars. Daß wir uns viel in Gedanken damit beschäftigen, für mich eine bessere und würdigere Existenzform zu schaffen als meine jetzige es ist, und daß ich mich eigentlich fortwährend etwas schäme, *so wenig noch* auch im äußeren Leben ein Vorbild abzugeben, nach der Art meines Zarathustra, der doch seine Höhle hat und seine zwei Haustiere – das kannst Du Dir vorstellen. Ein Ort ist zwar schon gefunden, unweit Nizza's, wo ich später leben will, die Halbinsel St. Jean; aber da muß noch Viel geschafft und geglückt sein, bis es dazu kommt, daß ich dahin übersiedle. Ebenso ist meine Sommer-Existenz im Engadin auf eine ganz neue Basis zu stellen. Überall begreife ich, daß es mit dem Bisherigen vorüber ist, und daß ich jetzt ohne alle Übereilung *definitive* Zustände zu schaffen habe, zum mindesten ausreichend für 10 Jahre, um mein Lebenswerk mit der vollkommensten Ruhe in Angriff nehmen zu können. Eine Umgebung die zu mir *paßt*, ich meine zu meinem *Werke*! October bis Mai in St. Jean, Juli und August im Engadin, die Übergangs-Monate vielleicht in Zürich: so sieht einstweilen das Programm aus. – –

In St. Jean fanden wir vor 8 Tagen die schönsten grünen Geranium-Hecken mit den rothen Blüthen; da dachte ich Eurer und der traurigen Schnee-Welt. –

Abends trinke ich immer jetzt einen starken Grog – heute will ich's auf Dein Wohl thun!

Dein F.

An Heinrich Köselitz in Wien

Nizza, 24. Nov. 85.

Lieber Freund,

[...]

Dieser Tage erquickte es mich zu erfahren, daß diese Stadt, welche ich nicht mehr wechseln und eintauschen darf, in ihrem Namen etwas vom *Siege* hat. Und wenn Sie hören, wie der Platz heißt, wohinaus mein Fenster schaut (herrliche Bäume, in der Ferne röthliche große Gebäude, das Meer und die schön gewundene baie des anges), nämlich »Square des Phocéens«, so werden Sie vielleicht gleich mir über den ungeheuren Cosmopolitismus dieser Wort-Verbindung lachen – wirklich haben Phoceer einstmals hier sich angesiedelt – aber etwas Siegreiches und Über-Europäisches klingt heraus, etwas sehr Tröstliches, das mir sagt *»hier bist du an deinem Platze«*.

Inzwischen nämlich prüfte ich München, Florenz, Genua, – aber es schickt sich für meinen alten Kopf nichts Anderes als dies Nizza, abgerechnet ein paar Monate Sils-Maria: obgleich der Sommer sogar hier erquicklicher sein soll als an irgend einem Binnen-Orte Deutschlands (die Abende frische Meerbrisen, die Nächte kühl). Die Luft ist unvergleichbar, die anregende Kraft (ebenso die Lichtfülle des Himmels) in Europa nicht zum zweiten Male vorhanden. Ich erwähne endlich, daß man hier billig, *sehr billig* leben kann, und daß der Ort umfänglich genug ist, um jeden Grad einsiedlerischer Verborgenheit zu gestatten. Die ganz ausgesuchten Dinge der Natur, wie die Waldwege am nächsten Berge, wie die Halbinsel Saint-Jean, hat unsereins für sich; ebenso ist die ganze herrlich-freie Promenade am stark brandenden Meere (ca. dreiviertel Stunde lang –) nur für ein paar Stunden des Tages besucht. Vergeben Sie mir, daß ich mich öfter im Geiste mit ihrem Loose beschäftige und dabei nicht selten zu dem Schlusse komme: Sie sollten es einmal mit diesem Nizza versuchen und Deutschland Deutschland sein lassen. Wir selber, als arbeitsame und solitäre Thiere, werden uns hübsch aus dem Wege gehn, aber hier und da ein kleines Fest des Zusammenseins veranstalten. Zuletzt bin ich einer der besten Liebhaber Ihrer Musik – es würde mir im letzten Theile meines Lebens etwas Nicht-zu-Ersetzendes fehlen, wenn Sie und Ihre Kunst mir gänzlich abhanden kämen. (Gefällt es Ihnen hier nicht, so ist jeden Sonnabend Abend ein Schiff bereit, Sie nach Ajaccio zu führen. Sie schlafen die Nacht durch und finden sich früh morgens im Hafen von A⟨jaccio⟩.) Von Genua bis Nizza fährt man präcise 5 Stunden (7 Uhr Morgens ab, Ankunft um 12). Es ist nicht nur Neugierde, welche mich fragen macht, wie auf Sie gerade dies Clima wirken möchte; es ist ebenfalls nicht nur das Verlangen eines Freundes. Man ist hier so »außerdeutsch« – ich kann es nicht stark genug ausdrücken.

Behalten Sie lieb Ihren Freund N.

Adresse: *Nice* (France), poste restante.

An Bernhard und Elisabeth Förster in Naumburg

[Nizza, gegen Ende Dezember 1885]

Meine Lieben,
es ist herrliches Wetter, da muß auch Euer Thier wieder ein fröhliches Gesicht machen, ob es schon recht melancholische Tage und Nächte gehabt hat. Weihnachten gerieth aber zu einem Festtage. Mittags bekam ich Eure liebe Sendung zu Hände⟨n⟩, und geschwind hing die Kette um den Hals, und das artige Kalenderchen kroch in die Westentasche. Darüber ist nun freilich das »Geld« entschlüpft, wenn nämlich Geld in dem Briefe war (unsre Mutter schreibt davon) Verzeiht es Eurem blinden Thiere, das seinen Kram auf der Straße auspackte: da mag wohl etwas daneben gerutscht sein, denn ich suchte sehr

eifrig nach dem Briefe. Hoffentlich ist ein armes altes Weibchen in der Nähe gewesen und hat auf diese Weise ihr »Christkindchen« auf der Straße gefunden. Dann fuhr ich nach meiner Halbinsel St. Jean, lief einen großen Weg um die ganze Küste ab und setzte mich endlich unter junge Soldaten, die Kegel schoben. Frische Rosen und Geranien in den Hecken, und alles grün und warm: gar nicht nordisch! Da trank denn Euer Thier *drei* ganz große Gläser eines süßen Landweins und war beinahe a bitzeli betrunken; wenigstens sagte ich nachher zu den Wellen, wenn sie gar zu heftig heranschnoben, wie man zu den Hühnern sagt »Butsch! Butsch! Butsch!« Dann fuhr ich wieder nach Nizza und aß in meiner Pension zu Abend, fürstlich; auch brannte ein großer Weihnachtsbaum. Denkt euch, ich habe einen boulanger de luxe gefunden, welcher weiß, was »Quarkkuchen« ist: er erzählte, daß der König von Würtemberg sich einen solchen zu seinem Geburtstage bestellt hat. Das fällt mir bei dem Worte »fürstlich« ein.

[...]

In alter Liebe Euer F.

An Reinhart und Irene von Seydlitz in München

Nice (France)
rue St. François de Paule 26 II
am 2ten Januar 1886

Meine sehr lieben Freunde,
außer für zwei *so* gute Briefe habe ich heute auch noch dem angenehmen Schalk Zufall allerschönstens zu danken, dafür daß er mich, ganz unverdientermaaßen, bei meinen Freunden in »guten Geruch« – Blumen-Geruch! gebracht hat. Möchte ich doch im Stande sein, etwas von unserem unverwüstlichen Sonnen-Wetter (ein Tag wie der andre) unter Kreuzband zu senden, am besten ein gutes Stück blauen Himmels, an dem wir hier Überfluß haben – Nizza rechnet im Jahre auf 220 absolut wolkenlose Tage und hat damit in Europa keinen Nebenbuhler, auch an dieser Küste nicht. Es ist das *belebendste* Klima, das sich denken läßt, das »Paradies der Kranken und Greise« (folg-

lich der heutigen Philosophen, welche, in irgend einem Sinne, etwas von Beidem zu sein pflegen)

Meine lieben Freunde, eigentlich sind hier alle Bedingungen zusammen, um sehr gesund, sehr gut beleuchtet, sehr kosmopolitisch, ja sogar sehr billig zu leben (letzteres in Folge des rapiden Niedergangs der Wohnungspreise und der allgemeinen Hôtel-Calamität, welche keine Aussicht hat bald zu verschwinden.) Dank den großen Liquidationen kann man hier zu sehr hübschen Meubles und Einrichtungen kommen. Die Fremden-Welt, wie sie hier lebt, scheint mir zuletzt für einen Künstler und Impresario »in Japonicis« mehr vorbereitet als vielleicht die Gesellschaft irgend einer europäischen Großstadt. Das slawische Element (Polinnen, Russinnen) überwiegt.

– Was Alles nur ausdrücken soll, daß ich eine herzliche Sehnsucht habe, Euch *hier* zu haben.

Nehmt, wenn ich bitten darf, Euren Freund mit in Eure Zukunftspläne, Zukunftsträume, Zukunftsschlösser auf –, ich, wie ich eben verrathen habe, thue das Gleiche. Wer weiß, was da noch Gutes einmal herauskommt! Man soll hübsch zum Gotte Zufall beten: mitunter schickt er Blumen. –

Aber der Magen, der Vater der Trübsal auch bei mir! Jetzt will er, daß ich von Milch, Eiern, Feigen und Grahambrod lebe – ich glaube, so hat Epicur gelebt, der auch am Magen litt. Das Glück, wie es jener Weise verstand, ist das Glück eines Dyspeptikers ... Und behaltet lieb Euren Freund

Nietzsche.

An Franz Overbeck in Dresden

Nice, 25 Dezember 1886

Lieber Freund,
Dir ist dies Mal ein *betrübtes* Weihnachten bescheert worden: was ich von Herzen bedauere. Auch bei den Nachrichten über die ungewöhnlichen Schneefälle, die aus Deutschland kamen, dachte ich Deiner Reisen dorthin mit Besorgniß. Hoffentlich bist Du nirgendswo hängen geblieben; ich glaube, daß noch niemals zu gleicher Zeit eine so große Zahl von Eisenbahnzü-

gen vom Schnee festgesetzt worden ist; auch in Frankreich, auch in der Schweiz. Wir Nizzarden genießen von dem Allen die gute Kehrseite: nämlich die inperturbable Heiterkeit des Himmels. Dabei ist es kalt, in meinem persönlichen Falle sogar *sehr kalt*. Ein Nordzimmer ohne Ofen: habituelle blaue Finger. Was habe ich in den 7 Wintern meiner Existenz im Süden schon gefroren! Im Grunde bin ich nicht bemittelt genug, um hier zu leben; die Pensionspreise mit Südzimmern sind viel zu hoch für mich, insgleichen die gut gelegenen Privatwohnungen. Rechne ich noch meine Engadiner Sommer dazu mit 10, 11 und 7 Grad Celsius im Monatsdurchschnitt (letzteres im September), so ergiebt sich die *frostigste* Existenz, die man sich in diesem Leben herstellen kann. Die üble Folge ist, daß ich vom Frühling und Herbst in einer Weise zu leiden habe, daß sie mir fast das ganze Jahr jetzt verleidet: nämlich an den erschlaffenden entmuthigenden entnervenden Consequenzen der wärmeren Jahreszeit. Der letzte Frühling in Naumburg war eine vollkommene Marter für mich.

[...]

Dein Freund Nietzsche

An Reinhart von Seydlitz in München

Nizza, Donnerstag den 24. Febr. 87.
rue des Ponchettes 29
au premier

Glücklicher Weise, lieber Freund, bewies in Deinem eignen Falle Dein Brief ganz und gar nicht quod erat demonstrandum: sonst aber gebe ich Dir Alles zu, die verhängnißvollen Einwirkungen des bedeckten Himmels, der langen feuchten Kälte, der Nähe von Bajovaren und von bairischem Bier – ich bewundre jeden Künstler, der diesen Feinden die Stirn bietet, gar nicht zu reden von der deutschen Politik, welche nur eine andre Art permanenten Winters und schlechten Wetters ist. Mir scheint Deutschland in den letzten 15 Jahren eine förmliche Schule der Verdummung geworden zu sein. Wasser, Quark und

Mist weit und breit: das blödsinnige Lächeln des alten Wilhelm über diesen Wassern schwebend – so sieht sich das aus der Ferne an. Ich bitte tausend Male um Entschuldigung, wenn ich damit Deine edleren Gefühle verletze, aber vor diesem gegenwärtigen Deutschland, so sehr es auch igelmäßig in Waffen starrt, habe ich keinen Respekt mehr. Es repräsentirt die stupideste verkommenste verlogenste Form des »deutschen Geistes«, die es bisher gegeben hat – und was hat dieser »Geist« sich schon Alles an Geistlosigkeit zugemuthet! Ich vergebe es Niemanden, der mit ihm seinen Compromiß macht, heiße er selbst Richard Wagner, und namentlich nicht, wenn es so schändlich zweideutig und vorsichtig gemacht wird, wie dies der kluge, allzukluge Verherrlicher der »reinen Thorheit« in seinen letzten Jahren bewerkstelligt hat ––

Hier, in *unserm* Sonnenlande – was für andre Dinge haben wir im Kopfe! Eben noch hatte Nizza seinen langen internationalen Carneval (mit Spanierinnen im Übergewichte, beiläufig gesagt) und dicht hinter ihm, sechs Stunden nach seiner letzten Girandola, gab es schon wieder neue und seltener erprobte Reize des Daseins. Wir leben nämlich in der interessantesten Erwartung zu *Grunde zu gehn* – Dank einem wohlgemeinten Erdbeben, das nicht nur alle Hunde weit und breit heulen macht. Welches Vergnügen, wenn die alten Häuser über Einem wie Kaffeemühlen rasseln! wenn das Tintenfaß selbständig wird! wenn die Straßen sich mit entsetzten halbbekleideten Figuren und zerrütteten Nervensystemen füllen! Diese Nacht machte ich, gegen 2–3 Uhr, comme gaillard, der ich bin, eine Inspektionsrunde in den verschiedenen Theilen der Stadt, um zu sehn, wo die Furcht am größten ist – die Bevölkerung campirt nämlich Tags und Nachts im Freien, es sah hübsch militärisch aus. Und nun gar in den Hôtels! wo Vieles eingestürzt ist und folglich eine vollkommene Panik herrscht. Ich fand alle meine Freunde und Freundinnen, erbärmlich unter grünen Bäumen ausgestreckt, flanellirt, denn es war scharf kalt, und bei jeder kleinen Erschütterung düster an das Ende denkend. Ich zweifle nicht, dies macht der Saison ein plötzliches Ende, alles denkt ans *Abreisen* (gesetzt, daß man fortkommt und daß die Eisenbahnen nicht zu allererst »abgerissen« sind) Schon gestern Abend waren die Gäste des Hôtels, wo ich esse, nicht dazu zu bringen, ihre table d'hôte im Innern des Hauses einzunehmen – man aß und trank im Freien; und abgesehn von einer alten sehr frommen Frau, welche überzeugt ist, daß der liebe Gott ihr Nichts zu leide thun *darf*, war ich der einzige *heitre* Mensch unter lauter Larven und »fühlenden Brüsten«.

– Eben erwische ich ein Zeitungsblatt, das diese letzte Nacht bei weitem malerischer als Dein Freund vermag Dir zu Gemüthe führen wird. Ich lege es bei, lies es, bitte, Deiner lieben Frau vor und behalte mich in gutem Angedenken!

Treulich

Dein Nietzsche

(Verzeih die Eile und Hastigkeit meiner Schrift, aber der Brief soll mit dem nächsten Zuge fort.)

An Emily Fynn in St. Moritz

Nice (France) rue des Ponchettes 29
[um den 4. März 1887]

Hochverehrte Frau,
indem ich Ihnen meinen allerherzlichsten Dank für eine so warm geäußerte Theilnahme ausdrücken möchte, darf ich nicht verschweigen, daß es eine *unverdiente* Theilnahme ist: denn so wunderlich es klingen mag, ich bin viel zu gut bei der ganzen Katastrophe weggekommen als daß ich irgend ein Anrecht auf Theilnahme hätte. Die ganze Sache war äußerst interessant –, noch mehr *absurd*; und nicht weniger oder mehr gefährlich als etwa eine Fahrt mit einem train rapide des Nachts. Die Zeitungen haben schrecklich übertrieben; umgekehrt scheint es mir, daß die wirklich herzzerreißenden Vorgänge, die in den kleinen Küstenorten zwischen Genua und San Remo sich abspielten, viel zu wenig die öffentliche Theilnahme erregt haben. In Nizza lag das Centrum der Bewegung jedenfalls nicht unter der Erde, sondern in den Nerven: man hat hier einen Lärm gemacht, daß ganz Europa sich für unser »Schicksal« interessiert! Wie viel

Briefe bekam ich! Wie viel Aufforderungen zur Flucht! Aber in meinem persönlichen Falle muß ich bekennen, daß ich es nicht einmal zum Schrecken gebracht habe und zum Beispiel an jenem Morgen, wo das ganze Nizza ins Freie stürzte und einem Tollhause glich, in der ungestörtesten Gemüthsruhe auf meinem Zimmer arbeitete; es ist mir passiert, in zwei Briefen, die ich an jenem Tage schrieb, das Ereigniß des Tages zu *vergessen*!

Sie sehen, wie unwürdig ich Ihres Mitgefühls bin!

– In der ersten Nacht darauf, wo Alles im Freien campirte, schlief ich ruhig bis 2 Uhr zu Hause: da kam ein stärkerer Stoß wieder, die Hunde heulten rings, ich kleidete mich an und machte eine Wanderung durch die verschiedenen Theile Nizzas um zu sehen, zu welchen Thorheiten die Furcht die Menschen treiben kann. Dies war die *interessanteste* Wanderung, die ich bisher in Nizza gemacht habe: hinterdrein schlief ich so gut als vorher. –

Anbei folgt die einzige objektive Darstellung des Vorgangs, die ich bisher entdecken konnte – gemacht auf dem Cap des Vorgebirgs von Antibes, welches Sie kennen. –

Ich bleibe noch bis zum 3. April hier und hoffe auch noch über die zu erwartenden schlimmen Tage des Monats (März) den 9ten, den 22ten, und 23ten hinwegzukommen. Jener deutsche Gelehrte nämlich, der mit seiner Prophezeiung (von vorigem November) bis auf den Tag Recht bekommen hat, wird, fürchte ich, auch noch für die weiteren Prophezeiungen Recht bekommen. Doch verspricht er *schwächere* Stöße – Sonne und Mond sind die Bösewichte, welche unsere arme kleine Erde so beunruhigen. –

(Das Haus, in welchem zwei meiner Werke entstanden sind, ist dermaaßen erschüttert und unhaltbar geworden, daß es abgetragen werden muß. Dies hatte den Vortheil für die Nachwelt, daß sie eine Wallfahrtsstätte weniger zu besuchen hat.)

– Sagen Sie, bitte, Ihrer verehrten Freundin, daß ich diesen Winter über die Gemüths-Eigenschaften des russischen Volks viel nachgedacht habe, dank dem eminenten Psychologen Dostoiewsky dem, was Schärfe der Analyse betrifft, selbst das modernste Paris Niemanden zur Seite zu stellen hat. Man lernt die Russen durch ihn lieben – man lernt sie auch *fürchten*. Das ist ein Volk, das seine Kräfte noch nicht verbraucht hat, wie die meisten europäischen Völker, weder die Kräfte seines Willens noch die seines Herzens. –

– Uns Allen bessere Gesundheit wünschend und mir selbst die Fortdauer einer so gütigen Gesinnung – die ihr Licht selbst über philosophische Einsiedler und Höhlenbären leuchten läßt – verbleibe ich Ihnen und Ihrem verehrungswürdigen Kreise treulich zugethan

als Ihr ergebenster Diener

Prof. Dr. Nietzsche

An Reinhart von Seydlitz in Cairo

Nizza, pension de Genève,
den 12. Februar 1888.

Lieber Freund,
das war kein »stolzes Schweigen«, das mir inzwischen den Mund fast gegen Jedermann verbunden hat, vielmehr ein sehr demüthiges, das eines Leidenden, der sich schämt zu verrathen, wie sehr er leidet. Ein Thier verkriecht sich in seine Höhle, wenn es krank ist; so thut es auch la bête philosophe. Es kommt so selten noch eine freundschaftliche Stimme zu mir. Ich bin jetzt allein, absurd allein; und in meinem unerbittlichen und unterirdischen Kampfe gegen Alles, was bisher von den Menschen verehrt und geliebt worden ist (– meine Formel dafür ist »Umwerthung aller Werthe«) ist unvermerkt aus mir selber etwas wie eine Höhle geworden – etwas Verborgenes, das man nicht mehr findet, selbst wenn man ausgienge, es zu suchen. *Aber man geht nicht darauf aus*... Unter uns gesagt, zu Dreien – es ist nicht unmöglich, daß ich der erste Philosoph des Zeitalters bin, ja vielleicht noch ein wenig mehr, irgend etwas Entscheidendes und Verhängnißvolles, das zwischen zwei Jahrtausenden steht. Eine solche absonderliche Stellung büßt man *beständig* ab – durch eine immer wachsende, immer eisigere, immer schneidendere Absonderung. Und unsre lieben Deutschen! ... In Deutschland hat man es, obwohl ich im 45. Lebensjahr stehe und ungefähr fünfzehn Werke herausgegeben habe (– darunter ein non plus ultra, den Zarathustra –) auch noch nicht zu einer einzigen *auch nur*

mäßig achtbaren Besprechung *auch nur* eines meiner Bücher gebracht. Man hilft sich jetzt mit den Worten: »excentrisch«, »pathologisch«, »psychiatrisch«. Es fehlt nicht an schlechten und verleumderischen Winken in Bezug auf mich; es herrscht ein zügellos feindseliger Ton in den Zeitschriften, gelehrten und ungelehrten – aber wie kommt es, daß nie Jemand dagegen protestirt? daß nie Jemand sich beleidigt fühlt, wenn ich beschimpft werde? – Und Jahre lang kein Labsal, kein Tropfen Menschlichkeit, nicht ein Hauch von Liebe –

Unter diesen Umständen muß man in *Nizza* leben. Es wimmelt auch dies Mal von Nichtsthuern, Grecs und anderen Philosophen, es wimmelt von »Meinesgleichen«: und Gott läßt, mit dem ihm eigenen Cynismus, gerade über *uns* seine Sonne schöner scheinen als über das so viel achtbarere Europa des Herrn von Bismarck (– das mit fieberhafter Tugend an seiner Bewaffnung arbeitet und ganz und gar den Aspekt eines heroisch gestimmten Igels darbietet.) Die Tage kommen hier mit einer unverschämten Schönheit daher; es gab nie einen vollkommneren Winter. Und diese Farben Nizza's: ich möchte sie Dir schicken. Alle Farben mit einem leuchtenden Silbergrau durchgesiebt; geistige, geistreiche Farben; nicht ein Rest mehr von der Brutalität der Grundtöne. Der Vorzug dieses kleinen Stücks Küste zwischen Alassio und Nizza ist eine Erlaubniß zum Africanismus in Farbe, Pflanze und Lufttrockenheit: das kommt im übrigen Europa nicht vor.

Oh wie gern säße ich mit Dir und Deiner lieben verehrten Frau zusammen unter irgend einem homerisch-phäakischen Himmel... aber ich *darf* nicht mehr südlicher (– die *Augen* zwingen mich bald zu nördlicheren und stupideren Landschaften) Schreibe mir, bitte, noch einmal über die Zeit, wo Du wieder in München bist und vergieb mir diesen *düsteren* Brief!

Dein getreuer Freund Nietzsche.

Seltsam! Ich habe drei Tage Deine Ankunft hier im Hôtel erwartet. Es war Besuch aus München angemeldet, man wollte mir nicht sagen, *wer*; man machte zwei Plätze neben mir bei Tisch frei – Enttäuschung! Es waren alte Spieler und Montecarlisten, welche mir zuwider sind...

An Franziska Nietzsche in Naumburg

Nizza, Sonnabend vor Ostern [31. März 1888]

Eben, meine liebe Mutter, ist Dein so herzlicher Brief eingetroffen: ich beantworte ihn sofort, weil es der letzte Augenblick ist, noch ein paar Worte zu schreiben und weil ich Dir für die nächsten Monate meine Adresse geben muß. Ich reise Montag Morgen ab, nach *Turin* dies Mal: ein neuer Versuch, die für mich so bedenkliche und schädliche Zeit den Frühling auszuhalten. Turin wird von Nizza in Einem Tage erreicht: Morgens um 6 Uhr fort, Abends um ½7 Ankunft. Turin ist eine große Stadt, mit prachtvollem Pflaster und weiten stillen Straßen: da kann ich Stunden lang, geschützt vor der Sonne spazierengehn, und in einem kräftigen Clima: denn die Alpen sind nicht weit davon, und die Winde kommen von dort. Auch liegt es etwas hoch. Hoffentlich mißräth der Versuch nicht.

[...]

Dein altes Geschöpf

Rainer Maria Rilke
Briefe

An Sidonie Nadherný von Borutin

Paris, 77 rue de Varenne,
am 5. August 1909.

Habe ich Ihnen, da ich zuletzt schrieb, von meiner provençalischen Reise erzählt, von dem Ort Les Saintes Maries am äußersten Meerrand der flachen silberflorigen versalzten Carmague? Ich denke jetzt viel daran zurück an jenen Wallfahrtstag und jene lange Pilgrimsnacht, die ganz in der alten festen Kirche verging. Aus dem Kapellen-Fenster hoch über dem Hauptaltar war am Nachmittag der kleine bemalte Doppelsarg der beiden heiligen Marieen langsam herabgesenkt worden, auf die erhobenen Gesichter, auf die vielen glänzenden Augen zu, in die Erwartung, in das Anrufen und Ansingen hinein; und lange noch eh er aufruhte auf dem bereiteten Tisch, hatte man kleine Kinder mit immer gestreckteren Armen dem schwankend abwärtskommenden Behältnis entgegengehalten: sehr welke kleine Kinder, damit das wunderfähige Reliquär erst an ihre schweren unreifen Köpfchen rühre, die wie halbgeknickt auf das Wickelkleid absanken. Und dahinter drängten Erwachsene und hoben die leeren Hände, und drüben hielt einer krampfhaft eine Krücke hinauf, damit durch sie das heiße Wunder in ihn einstürze, das trostlose Holz zerstörend, das warm war von seiner Schulter und dürr von seiner mürrischen Last. Unten aber im Kirchenschiff oder wo es mitten zur Krypta hinunterging, hatte sich etwas losgelöst mit einem Schrei; und nun bohrte es sich durch das volle Nebeneinanderstehn: die Menge stülpte sich auf wie Erde über dem Maulwurf, der Gang pflanzte sich seltsam gewunden fort und da, am Choraufgang, konnte man, den Anfang eines Momentes lang, sehen was es war: nicht länger; denn gleich darauf verschwand es wieder, tauchte weg, sank hin mit einem schwachen abseufzenden Schlußton in einen Kreis Umstehender, die es verdeckten. Wer aber den Augenblick vorher die Stelle, von oben schauend, gefunden hatte, der hatte ein Mädchen gesehen, eine grade junge Zigeunerin, aufwärtsgespannt und mit dem aufgerissenen Gesicht empfangend, was ihr da irgendwo wiedererschien, blauauftauchend vielleicht, und hinüberblühend ins Weiß und weißglühend und blendend zuletzt, so daß sie es nicht mehr ertrug und im feurigen Glück der Vision aufbrannte mit allen Sinnen. Aber schon war die Wegsinkende vergessen; nur eine alte wirrgraue Zigeunerfrau stieß sich zu ihr durch. Man sah noch, wie sie an einer der dünnen Opferkerzen (von denen Hunderte, sich gegenseitig anschmelzend, den ganzen Chorrand entlang lichterten) eine Cigarrette anbrannte, um der Ohnmächtigen das scharfe Geräuch in den Mund zu athmen. – Man sah es kaum: denn inzwischen glitt und glitt das Herabschwebende an den ersten einzelnen Berührungen hin ins Erreichbare, ins Überall-berührt-sein. Und bevor es noch im Aufruhn sich seiner Schwere bewußt geworden war, häufte man schon Kinder, schreiende oder lachende, wie es kam, in die eingeschrägte Mulde, die der Zwillingsdeckel mit seinen beiden Dächern bildete. Und legte Gegenstände dazu, Kerzen, Flaschen mit im nächsten Moment schon geweihtem Wasser, kleine Photographieen in Pelüsche gerahmt, ein Buch, ein Bündel Blumen, irgend ein abgenutztes Lieblingsding...

Hab ich gut erzählt? Ich wollte gerne erzählen, nicht schreiben, um die liebe Einbildung zu erzeugen, daß ich vor Ihnen stünde wie damals in dem Erkerzimmer, wo ich Ihnen von der Dame à la Licorne sprechen durfte. Erinnern Sie? Und den Rest der Wallfahrt, den Abend, die Nacht, den Morgen (denn alles das verging weiter in der alten feste Dorfkirche) soll ichs nicht wirklich lassen bis einmal zum Erzählen?

Sparen *Sie* aber, bitte, nicht zu viel bisdahin auf und vergessen Sie nicht, welche ganz und gar liebe Freude es jedesmal für mich ist, auf einem Umschlag Ihre Schrift zu erkennen.

Ihr RM Rilke

(Viele Grüße und herzliche für Ihre Brüder.)

An Lou Andreas-Salomé nach Göttingen

Paris, 77 rue de Varenne,
am 23. Okt. 1909 ⟨Sonnabend⟩.

Liebe Lou,
nun mag ich es nicht mehr hinausschieben, Dir zu schreiben, und wo Du auch bist, ich will Dich finden und Dir diese zwei Seiten lang erzählen. Lizzie Gibson schrieb mir einmal, daß sie Dich vielleicht in Furuborg erhoffen: ist es dort, wo Du diesen Brief liest, in der Herbstwald-Luft, die sich vom See heraufhebt zu dem wohnlichen Landhaus, darin meine »Goldene Stube«, wie es heißt, oft auf mich wartet?

Wie war Dein Sommer, wie vergeht Dein Herbst: ich habe es oft gedacht.

Ich war seit September auf Reisen. Erst im Schwarzwald, an den alten Mineralquellen von Rippoldsau, wo ich eine Art Kur gebraucht habe (Fichtennadel-Luftbäder, gute Ernährung, vorzüglich aber die einfache Fichtenluft selbst und der Klang und die Kühle lauterer Quellen von allen Hängen: das war ein starker Wechsel, der wirken sollte). Der dortige Arzt (Dr. van Oordt) beschäftigte sich ein wenig mit mir; aber nicht genug, auch nicht ganz in der rechten Art. Zum Schluß, den ich ziemlich bald machen mußte, empfahl er mir ein nervenstärkendes Mittel: *Phytinum liquidum*, das ich nun, dreimal täglich, seit etwa zehn Tagen nehme; ist es eines von den beiden Mitteln, die Du mir nanntest? (Möchtest Du einmal mir aufschreiben, wie sie hießen; ich habe es vergessen.) Von meinem Befinden will ich nur sagen, daß mich seit Monaten eine Spannung quält, die bald da bald dort in den Muskeln auftritt, bei der geringsten Leseermüdung in der Stirn, in den Wangen, an der Zungenwurzel, im Halse; dort oft auch mechanisch hervorgerufen durch den geringsten Druck des Kragens; es ist nur eine Dummheit, aber lästig, und es wundert mich, daß alle Veränderung, die sonst immer so viel bei mir abschließt und erneut, mich diesen Übelständen nicht überhoben hat. Das Gefühl im Rücken und in der Speiseröhre, davon ich Dir hier sprach, war derselben Art. Es ist, als ob eine Alaunlösung in die Muskelbänder gerathen wäre: sie ziehen sich bis an den Beginn eines Schmerzes, gleichsam bitter, zusammen, und ich könnte mir von dieser Mißempfindung den Verlauf aller Muskeln diktieren lassen, so zeichnen sie sich ab in ihrer Gezerrtheit. Ich schreibe Dir das für den Fall, daß Du Deinen Arzt (von Föhr) sehen solltest. Er wüßte gewiß, wie so etwas zusammenhängt und wodurch man es erträglicher und seltener macht. Ich gehe nun schon so lang dagegen an –. Aber genug davon; im Allgemeinen bin ich besser und hoffe, bei guter Stundeneintheilung gleichwohl zu arbeiten.

Die letzten Wochen, bis vor etwa zehn Tagen, hab ich in der Provence gewohnt, in Avignon; das war eine meiner merkwürdigsten Reisen. Fast täglich, während 17 Tagen, hab ich den immensen Papstpalast gesehen, diese hermetisch verschlossene Burg, in der die Papstschaft, da sie sich am Rande anfaulen fühlte, sich zu konservieren gedachte, sich selber einkochend in einer letzten echten Leidenschaft. Sooft man dieses verzweifelte Haus auch widersieht, es steht auf einem Felsen von Unwahrscheinlichkeit, und man kommt nur hinein mit einem Sprung über alles Bisherige und Glaubhafte. Vom anderen Rhoneufer, von Villeneuve, gesehen, ließ mich die Stadt, Gott weiß warum, an Nowgorod, den Großen, denken, und da ahnte ich noch nicht, daß ich in dieser Landschaft, ein paar Stunden weiterhin, den wunderlichen Ort finden würde, der vielleicht Deine früheste Heimat war. Hast Du nie von Les Baux gehört? Man kommt von Saint-Remi, wo die Provence-Erde lauter Felder von Blumen trägt, und aufeinmal schlägt alles in Stein um. Ein völlig unverkleidetes Thal geht auf und, kaum der harte Weg drin ist, schließt es sich hinter ihm zu; schiebt drei Berge vor, schräg hintereinander aufgestemmte Berge, drei Sprungbretter sozusagen, von denen drei letzte Engel mit entsetztem Anlauf abgesprungen sind. Und gegenüber, fern in die Himmel eingelegt wie Stein in Stein, heben sich die Ränder der seltsamsten Ansiedlung herauf, und der Weg hin ist so von den immensen Trümmern, (man weiß nicht, ob Berg- oder Thurmstücken) verlegt und verstürzt, daß man meint, selber auffliegen zu müssen, um in die offene Leere dort oben eine Seele zu tragen. Das ist Les Baux. Das war eine Burg, das waren Häuser um sie, nicht gebaut, in die Kalksteinschichten hineingehöhlt, als wären die Menschen durch eigensinniges Wohnenwollen dort zu Raum gekommen, wie der Tropfen aus der Traufe, der erst abrollt, wo er auffällt und nicht nachgiebt und schließlich mit seinesgleichen wohnt und bleibt. Die dort vor allem blieben, das waren die ersten jenes fast schon legendischen Geschlechts der Herrn der Baux, das mit einem Sonderling in Neapel im 17. Jahrhundert, unruhig und zuckend verlischt, wie ein Kerzenrest, der merkwürdig Abgetropftes ansetzt und qualmt. Aber der das Haus begründete, dereinst, von dem wurde bis auf den Letzten überliefert, daß er der Urenkel des Königs Balthasar aus dem Morgenland gewesen sei und eines heiligen Drei-Königs echter Erbe. Und noch der alte verrückte *Marchese* in Neapel siegelte mit seinem sechzehnstrahligen Stern.

Von dem harten Lager der Baux erhob sich dieses Geschlecht, für Jahrhunderte ausgeruht. Sein Ruhm hatte Mühe, ihm zu folgen und, bei dem Ungestüm des Aufstiegs, blieben an seiner Krone die glänzendsten Namen hängen. Sie wurden Herren von 79 Städten und Ortschaften; sie waren Grafen von Avellin, *Vicomtes* von Marseille, Prinzen von Orange und Herzoge von Andria und hatten kaum Zeit, zu merken, daß sie (dem Titel nach) Könige von Jerusalem wurden. Ihre Wirklichkeit ist so phantastisch, daß die Troubadours es aufgeben, zu erfinden; sie drängen sich an diesen Hof den sie schildern und, gereizt von ihren Liedern werden die Herren immer kühner und die Frauen bringen es zu jener beispiellosen Schönheit, die in Cécile des Baux, um 1240, so groß geworden war, daß man in den entferntesten Gegenden von ihr wußte und übereinkam, sie *Passe-Rose* zu nennen, – die, die Rosen übertrifft. / Aber damals war die erste Giovanna, Königin von Neapel, die bestrittene Erbin der Provence; das Geschlecht, bald für, bald wider sie, zog sich dahin. Es schleuderte sich so hoch und so weit, daß es nicht mehr zu sich zurückfiel. In Neapel zehrte der Hof an ihm und die Eifersucht der San Severini; es warf nur noch einzelne wilde Ranken aus, Stachelranken, an deren Ende Rebellen aufgingen, giftige Blüten ohne Fruchtlust, deren Geruch selbst den Kaiser schwindlich machte. Aber klammernd und unverwöhnt wie der Feigenbaum, kam es besser fort, wo es härter gefallen war: in Dalmatien und Sardinien bildete es stämmige Dynastieen.

Auf Les Baux aber saßen nur noch Gouverneure, erst der Provence, dann Frankreichs, nachdem die Landschaft dem König zugefallen war. Man weiß alle ihre Namen und behält unwillkürlich die aus dem Hause Manville, unter denen der Protestantismus sich in Burg und Stadt festsetzte. Claude II de Manville schützte die Reformierten noch, als es schon gefährlich war, sich ihrer anzunehmen: er erhält ihnen eine Kapelle in seinem Palast. Doch schon sein Nachfolger steht vor der Wahl, seine Religion oder seinen Posten zu verlassen. Er entschließt sich zu dem äußeren Verzicht und mit ihm vertreibt man (1621) alle Protestanten aus den Baux. Unter diesen Verjagten nun waren wahrscheinlich Salome's: Enkel oder Söhne des Notars André Salomé, der unter dem ersten manville'schen Gouverneur seine Denkwürdigkeiten geschrieben hat; Aufzeichnungen, die vielfach seither benutzt worden sind und die jetzt ein Notar zu Mouriès, M^{e}. Laville, (so versicherte man mir) aufbewahrt. /

Nun verstehst Du, liebe Lou, beim Schluß, den Sinn meiner ganzen Erzählung, die so umständlich geworden ist. Ich war einen Tag in Les Baux. Die Ferne von dort oben, von der mir der Führer sprach, hab ich nicht gehabt: sie soll unendlich groß und schön vertheilt sein und bis ans Meer reichen und bis zum Kirchthurm von Saintes-Maries. Aber die Nähe war umso großartiger, jemehr der Tag eingraute und sich um sie schloß. Den Custoden war ich bald los, auch den Wirt, nachdem ich gefrühstückt hatte. Und von da ab ging ich nur noch mit einem Hirten um, der wenig sagte. Wir standen nur nebeneinander und schauten beide immerzu auf den Ort. Die Schafe weideten auseinander auf dem raren Boden. Zuweilen aber, wenn sie die festen Kräuter streiften, kam Duft vom *Thymian* auf und blieb eine Weile um uns. Und ich dachte an Dich!

Rainer.

An Marie Taxis nach San Remo

Hotel Marienbad, München
am 12. März 1914 ⟨Donnerstag⟩

Meine liebe Fürstin,
komm ich zu spät? Ich fürchte. Ach und dann ich müßte doch dort sein, um wirklich rathen zu können, denn das machts ja nicht, daß man die Dinge nennt, sagt: dies und dies, – man muß sich zusammen hin versuchen und alles Unerwartete des Weges zum Erwartbaren hinzugeschenkt bekommen, damits ganz, damits heil, lebendig sei, nicht nur eine Voreingenommenheit und Pedanterie. Straßennamen vergaß ich auch, ja sogar die Kirche fällt mir nicht ein, an der man zunächst vom Hôtel l'Europe vorüberkommt: es bleibt vorzuschlagen: das *Palais des Papes*, darin, *vor allem*, das Gemach in der *Tour de la Garderobe* mit dem Fischweiher, der Jagd –; aber auch den schmalen Weg rechts vor dem Palais nicht übersehen, unter dem hochgespannten *Contrefort*, das sich hinüber stützt auf den Fels, durchgehen und langsam zurück ... – Geht man diesen Weg ganz weiter, kommt man in leere Straßen, am Ende der einen die Kapelle der *Pénitents* (*gris? ou noirs*) – aber das läßt mich gleich ans fast Wichtigste denken, mir Wichtigste, die *rue des Teinturiers*, getheilt wie ein doppeltes Fahnentuch in Wasser und Weg, alte Platanen an der Steinbrüstung, vielleicht muß es Sommer sein, damit man den Zauber jener Straße recht empfände: das Grün der Platanen muß da sein, ihr durchscheinender Schatten –, und dann müssen die alten Wasserräder, eines hinter dem anderen, (ihr wunderbares Sich-rühren, fast thierhaftes Aufstehen) die Kühle des Baches gelassen heraufheben und vertheilen in den halbschattigen Sommertag. Dort liegt, leicht zu finden, eine andere Penitenten-Kapelle, drei dunkle Innenräume, wie drei Beeren einer dunklen Traube zusammenhängend –.

Dann, dies: Blick auf Avignon. Über die Brücke gegen *Villeneuve-lès-Avignon* fahren, an der Barthelasse-Insel halten lassen, den kleinen ländlichen Fußweg rechts den Fluß entlang nehmen, bis zur Stelle, wo man das Brückenfragment in voller

Verkürzung gegenüber hat, aufgebäumt gegen sich und dahinter *les rochers du Dôme*, die Stadt –

Und das andere müssen die Zufälle fügen, Antiquare werden sich finden; ja noch eins: die Fresquen im *Beffroi* des Rathhauses, in dem ehemaligen *Violon* für die kleinen Diebe; wenns nicht zu viel wird, je nach dem Wetter, bis zur Plattform des Thurmes steigen, zu dem lustigen Glockenschlägerpaar. –

Und was mögen Sie sonst noch in Ihre Straße einbeziehen? –, ich rathe: Tarascon, bitte, und Beaucaire (dort ein alter schöner Palast, heute *Mairie*,) dann *Aix*, *Carpentras*, bitte, wenn sichs thun läßt: das Alteleutehospiz dort, von einem der Bischöfe herrlich aufgebaut, mit lauter ganz klein gewordenen alten Leuten, um die herum das Haus immer größer wird –, eventuell auch die alte schöne Synagoge dort –; der Blick vom Balkon des Hospitals auf den Ventoux... und Les Baux – – – aber hier muß ich aufhören, denn mir scheint, der Brief muß schnell schnell fort, wenn er wenigstens das ganz Wenige wirken soll, das in seiner geringen Macht steht, sonst erreicht er Sie auf dem Heimweg und erweist sich als völlig unnütz. (Orange: das Theater; das Triumphthor vor der Stadt, besonders wenn eine Schafheerde auf dem offenen Platz herum weidet: zuletzt fuhr ich mit Píerro dort durch –)

[...]

Und bin, liebe Fürstin, jeden Tag mit vielen Gedanken bei Ihrer Reise und bei Ihnen.

Ihr

D. S.

III. SÜDFRANZÖSISCHE EINDRÜCKE

Friedrich Nietzsche

An den Mistral.

Ein Tanzlied.

Mistral-Wind, du Wolken-Jäger,
Trübsal-Mörder, Himmels-Feger,
Brausender, wie lieb' ich dich!
Sind wir zwei nicht Eines Schooßes
Erstlingsgabe, Eines Looses
Vorbestimmte ewiglich?

Hier auf glatten Felsenwegen
Lauf' ich tanzend dir entgegen,
Tanzend, wie du pfeifst und singst:
Der du ohne Schiff und Ruder
Als der Freiheit freister Bruder
Ueber wilde Meere springst.

Kaum erwacht, hört' ich dein Rufen,
Stürmte zu den Felsenstufen,
Hin zur gelben Wand am Meer –
Heil! Da kamst du schon gleich hellen
Diamant'nen Stromesschnellen
Sieghaft von den Bergen her!

Auf den eb'nen Himmels-Tennen
Sah ich deine Rosse rennen,
Sah den Wagen, der dich trägt,
Sah die Hand dir selber zücken,
Wenn sie auf der Rosse Rücken
Blitzesgleich die Geisel schlägt –

Sah dich aus dem Wagen springen,
Wogen peitschen, Meere zwingen,
Sah dich wie zum Pfeil verkürzt
Rückwärts mit der Ferse stoßen,
Daß dein Wagen in die Rosen
Erster Morgenröthen stürzt.

Tanze nun auf tausend Rücken,
Wellen-Rücken, Wellen-Tücken –
Heil, wer neue Kunst schafft!
Tanzen wir in tausend Weisen,
Frei – sei unsre Kunst geheißen,
Fröhlich – unsre Wissenschaft!

Raffen wir von jeder Blume
Eine Blüthe uns zum Ruhme
Und zwei Blätter noch zum Kranz!
Tanzen wir gleich Troubadouren
Zwischen Heiligen und Huren,
Zwischen Gott und Welt den Tanz!

Wer nicht tanzen kann mit Winden,
Wer sich wickeln muß mit Binden,
Angebunden, Krüppel-Greis,
Wer da gleicht den Heuchel-Hänsen,
Ehren-Tölpeln, Tugend-Gänsen:
Fort aus unserm Paradeis!

Wirbeln wir den Staub der Straßen
Allen Kranken in die Nasen,
Scheuchen wir die Kranken-Brut!
Lösen wir die ganze Küste
Von dem Odem dürrer Brüste,
Von den Augen ohne Muth!

Jagen wir die Himmels-Trüber,
Welten-Schwärzer, Wolkenschieber,
Hellen wir das Himmelreich!

Brausen wir – – oh aller freien
Geister Geist, mit dir zu Zweien
Braust mein Glück dem Sturme gleich!

– Und daß ewig das Gedächtniß
Solchen Glücks, nimm sein Vermächtniß,
Nimm den *Kranz* hier mit hinauf!
Wirf ihn höher, ferner, weiter,
Stürm' empor die Himmelsleiter,
Häng' ihn – an den *Sternen* auf!

Hugo von Hofmannsthal

Südfranzösische Eindrücke

Ich habe einmal ein chinesisches Bilderbuch gesehen. Auf jeder Seite waren alle möglichen Dinge gemalt, durcheinander und mit der unabsichtlichen Anmut, die das Leben hat. Denn die Bilder des Lebens folgen ohne inneren Zusammenhang aufeinander und ermangeln gänzlich der effektvollen Komposition. Besonders eine Seite aus dem Bilderbuche ist mir im Gedächtnisse geblieben; da hingen hübsche fliegende Hunde zwischen roten Weinblättern, darunter standen graziöse emailblaue Vasen; daneben war ein friedlicher grasgrüner Garten mit weißen Gänsen und Orchideen, Spinnen, Kolibris und Affen mit traurigen Augen, und neben dem Garten war ein Fluß; am Ufer stand eine weiße junge Frau, und über dem Flusse schwebten Dämonen, haarige, lichtblaue Riesen mit Vogelköpfen, grinsende Köpfe und rotgrüne Schlangen.

Das Ganze hatte den seltsamen, sinnlosen Reiz der Träume.

Ich glaube, so ungefähr sollten Reisebeschreibungen gemacht werden, so erlebt man sie; und es ist zwischen diesen aufgefangenen Sensationen nicht mehr Zusammenhang wie zwischen den Vasen, den Affen und den Dämonen in dem Bilderbuch.

Darum haben auch Reiseerinnerungen nachher für uns selbst diesen sonderbar traumhaften Charakter, so fremd, wie nicht wirklich gewesen. Die hübsche Art zu reisen, die empfindsame, die des Sterne und des Rousseau, ist uns verlorengegangen. Das war noch eine Reise nach Stimmungen. Man reiste sehr langsam, im humoristischen Postwagen oder in der galanten Sänfte; man hatte Zeit, um in Herbergen Abenteuer zu erleben und wehmütig zu werden, wenn ein toter Esel am Wege lag; man konnte im Vorbeifahren Früchte von den Bäumen pflücken und bei offenen Fenstern in die Kammern schauen; man hörte die Lieder, die das Volk im Sommer singt, man hörte die Brunnen rauschen und die Glocken läuten.

Unser hastiges ruheloses Reisen hat das alles verwischt, unserem Reisen fehlt das Malerische und das Theatralische, das Lächerliche und das Sentimentale, kurz alles Lebendige. – – –

Chambéry ist die Hauptstadt des alten Savoyen; gerade seit hundert Jahren gehört es zu Frankreich, und zum Angedenken dessen steht seit ein paar Wochen auf dem Marktplatz eine junge Savoysienne und umarmt die Trikolore. Die Stadt ist wahrscheinlich, wie die meisten Städte, in sehr verschiedenen Stilarten gebaut; bei Nacht aber, im Mond, ist sie ganz Rokoko mit schnörkligen Giebeln, geschweiften Balkonen und stilvoll bevölkert mit vielen Katzen. Es gibt winzig kleine, übermütige, die betrunken im Mondlicht kugeln und schmeichelnd kokettieren; und große sitzen in stilisierter Würde heraldisch steif auf Balkonen; und andere gleiten lautlos, mit mattleuchtenden Augen, im tiefsten Dunkel längs der Mauern hin.

Nahe der Katzenstadt liegen im Hügelland mit reicher lauer Luft und großen Lauben dunkelglühenden Weins viele kleine Landhäuser. Eins davon sind die Charmettes der Frau v. Warens, wo Rousseau seine große Liebe erlebte. Sie war eine wohlerzogene, schöne Dame mit blonder Güte und Anmut und einem eleganten und herzlichen Briefstil; er war ein halberwachsener Parvenu, mit bitterem Hochmut und starker Sehnsucht nach Liebe, bös und rücksichtslos und mit glühenden rhetorischen Antithesen im Herzen. Er nannte sie »maman«, und sie nannte ihn »petit«. Es ist noch alles da: ihre Bilder, ihre Betten, das Fenster, an dem sie Arm in Arm in den Sonnenuntergang hinaussahen, das Immergrün, das sie zusammen pflückten...

Hier wäre Gelegenheit, eine Banalität zu sagen, die noch dazu sehr traurig ist. –

In *Grenoble* aber ist Henri Stendhal geboren. Henri Beyle, genannt Stendhal, der große Psycholog unter den Romanschreibern dieses Jahrhunderts, groß neben Balzac und vor allen übrigen, den seit 1880 wieder viele Leute in Frankreich lesen und auch einige in Deutschland.

In Grenoble haben sie eine Straße nach ihm genannt, eine häßliche, halbfertige, nach Kalk und Ziegel riechende, charakterlose Bourgeoisstraße, nach ihm, der immer wunderbare und außerordentliche Menschen schuf, hochmütige, sehr »anders als die andern«; übrigens konnte er seine Vaterstadt nicht leiden und starb nach unruhigem Wandern in seiner Adoptiv-Heimat, dem Mailand der Restaurationszeit, mit den Melodien des Cimarosa und der lieblichen Plastik des Canova, mit weißmarmornem Domdach und lächelnder Anmut wohlerzogener kosmopolitischer Menschen. Auf seinen Grabstein aber ließ er, in dichterischer Ostentation, die Worte setzen: Arrigo Beyle, Milanese.

Grenoble liegt mitten im lichtgrünen, hügeligen Delphinat. Auf breiten Landstraßen, die durch helle Waldtäler laufen, begegnet man viel großen Viehherden, und es ist ungefähr die friedliche Natur der Gauermann und Waldmüller. Das geht so fort, in runden Hügeln und freundlichem Laub, bis Valence. Da, in der Stadt des Cäsar Borgia und der Diane de Poitiers, im Valentinois, hört französische Natur und französische Sprache auf, und es beginnt die Provence, mit gelben sonnverbrannten Hügeln, mit Oliven und Feigen und mit der eigenen Sprache, die wenig vom Französischen hat und viel vom Spanischen, manches auch vom verschollenen Italienisch der Divina Commedia und vom Griechisch der Phokäer und vom Arabisch der Mauren. In Rhythmus und Klangfarbe ist sie, wilder und dunkler als die übrigen romanischen Sprachen, dem Spanischen am nächsten. Sie hat viele Dichter und Dichterkongresse und Dichterkrönungen; es ist aber etwas meistersängerlich Pedantenhaftes in dieser Dichterei, etwas Galvanisiertes und Gekünsteltes, und die Epigonen der Bertran de Born, der Peire Cardinal und der Raimon von Toulouse sind Schuster, Barbiere und Buchhändler.

Ihr berühmtestes Werk ist bekanntlich die »Mireïo« des Mistral, ein Idyll in preziösen künstlichen Strophen, halb Homer, halb Berthold Auerbach, ein viel zu langes Gedicht, in dem die wunderschönen Dinge der Vergangenheit steif und tot herumstehen, wie in einem ungemütlichen Provinzmuseum.

Und doch ist die Vergangenheit in diesem Land minder tot

als überall anders; es ist eine so klare, stille, trockene, erhaltende Luft. Frauen von Arles haben noch immer die feierliche römische Schönheit, die Kameenprofile und den königlichen Gang und die königlichen Gebärden; und andere haben die griechische Grazie im Stehen und Lehnen, wie die Tanagrafiguren, und griechische Koketterie in der leichtbeflügelten Rede; und andere haben den mattgoldenen maurischen Glanz und das weiche, biegsame Gleiten, »wie Palmen im Wind«. Und sie sitzen mit ruhig-heißen Augen auf den Stufen der Arena: da ist Stiergefecht; schwarze, rotäugige Stiere und Banderilleros und Toreadores mit schönen langen Namen, aus Saragossa und Valencia, mit elegantem Gladiatorenanstand und grünseidenen Mänteln; und Musik aus Carmen statt der Tuben und Flöten. Das ist ihr Theater. Und wenn die Straßen in grellem Licht glühen, so gehen sie in dämmernden Klostergängen spazieren, zwischen maurischen Ornamenten und byzantinischen Säulen, oder auf den »Alyscampo«, wo im Zypressenschatten uralte Sarkophage liegen, der vornehmste Begräbnisplatz der Erde.

Oder sie gehen beten in die große Kathedrale von Saint-Trophime, und im Halbdunkel zwischen steingrauen Aposteln und Greifen, Engeln und geflügelten Stieren atmet junge griechische und sarazenische Schönheit.

Viele aber treiben den anmutigsten Beruf, den Handel mit schönen und altertümlichen Dingen. Müßig und graziös sitzen sie auf verblichenen Thronsesseln, zwischen zerbrochenen Statuetten, fanierten Goldstoffen und altmodischen Kupferstichen und warten. Sie haben ein so seltsames, verträumtes Lächeln; es ist, als warteten sie immer darauf, daß von irgendwo Blumen auf sie herunterfielen. Denn sie sind sehr eitel; sie haben eine ernsthafte, fast religiöse Eitelkeit und sind gewohnt, sich von allen Dichtern den Hof machen zu lassen.

. . . . ô jours
De ma jeunesse, quand serrant d'un long velours
Le tour de mes cheveux, la taille souple et fine,
Les seins mi-cachés sous la claire mousseline,
Nous descendions, riant au rire des galants
Sous le porche du grand Saint-Trophime à pas lents!

Diese Verse sind nicht aus der »Arlésienne« des Daudet, aber es gibt eine Menge Stücke, die alle »l'Arlésienne« heißen könnten. Die Heldin darin hat immer diese rätselhafte, antike Schönheit, ist immer unwiderstehlich und wird meistens auf einem weißen, windschnellen Pferd entführt.

Diese weißen Pferde kommen aus der Camargue. Das ist eine große Rhône-Insel, unfern von Arles beginnend und bis dorthin gedehnt, wo die Rhône mündet. Eine weite, baumlose Fläche, graugrün, von vielem Heidekraut violett schimmernd, nicht gefärbt, nur schimmernd (violacé); darüber der blaßlilafarbene Himmel. Da weiden in Herden die weißen Pferde und die schwarzen Stiere und rosenrote Flamingos.

Es ist eine ägyptische Landschaft, totenstill, und auf kleinen zweiräderigen Wagen rollt man lautlos hindurch.

Wo die Camargue aufhört, beginnt das Meer, »das lichtblaue Meer, mit Delphinen und Möwen«. Es hat wirklich nicht das goldatmende glänzende Blau des Claude Lorrain und auch nicht das düstere Schwarzblau des Poussin, sondern ein ganz helles Blau des Puvis de Chavanne.

Es ist keine zufällige Besonderheit, daß ich soviel von Farben spreche. Man kümmert sich in diesen hellen Ländern vielmehr um Farbe als in unserer grauen und braunen Welt. Sogar das Menü wird pittoresk. Schon in Savoyen hatte das Frühstück die heitere Farbengebung der Huysum und Hondekoeter: unter der Weinlaube stand auf reinlich weißem Tuch der Fayencekrug mit hellem Wein und gelbe Butter, rote Krebse; grüner Spinat und blaue Trauben waren so erfreulich als erfrischend. Hier aber, am rollenden, phosphorschimmernden Meer, ist das Dejeuner in den Fischerherbergen eine große Orgie von Farben. Der rotflossige Fisch schwimmt in einer Saffransauce, andere flimmern silberschuppig, und die grellroten Langusten sind von mattgrünen Oliven umrahmt. Es fehlt nur der Pfau mit vergoldetem Schnabel zu einem farbigen Essen der Renaissance. Dazu das blaue Meer und am weißen Strand Pinien und Zypressen. Das ist längs der Küste, von den Pyrenäen bis zur Riviera. Im Innern aber ist die provenzalische Landschaft eintönig, wie die griechische. Graugelb, mit graugrünen Olivenhainen. Dann und wann auf der staubigen, alten, königlichen

Straße eine Schafherde, die lautlos weitertrippelt. Dann ein ausgetrocknetes Flußbett. Dann, in schweigender Einsamkeit, Ruinen; ein verfallener Aquädukt, ein Triumphbogen. Dann weite, schattenlose Haine der mageren Oliven. So hat es rings um den Engpaß ausgesehen, wo Ödipus dem Vater begegnete. So um den Hügel, wo Antigone den Leichnam des Bruders besuchte. Hier hat der heutige Tag kein Eigenleben. Die Vergangenheit ist noch immer. Und es war ganz im Stile der Natur, als vor ein paar Jahren die Comédie Française nach Orange kam, um in provenzalischer Natur und auf dem steinernen Gerüst einer antiken Bühne den König Ödipus zu spielen...

Loris

Annette Kolb

Marseille

La patrie c'est la terre, c'est l'Univers, ce sont les étoiles, c'est l'air, c'est la pensée elle-même.
Flaubert
Correspondence

I

Dezember 1923

Ich habe von der Vogelperspektive aus noch keine schönere Stadt gesehen als Marseille. Die sehr nennenswerte Kälte und ein strömender Regen beeinträchtigten den Eindruck nicht. Freilich, das Meer war tonlos bis in alle Fernen. Doch um so berückender leuchteten inmitten des Dunstes die Dächer und die schmalen Fronten der Häuser. Eines stand ganz allein für sich in seiner Feinheit, von einem rührenden Garten umzogen, der ein flaches Viereck bildete. Sonst nirgends ein grüner Fleck. Aber durch geheimnisvolle Vorgänge der Sonne und der Luft war hier im Laufe der Zeiten ein Werk von Menschenhänden selber zur Natur geworden. Diese Dächer, diese Steine überboten die Natur.

Als wir zu Tale fuhren, dem alten Hafen zu, blieben wir in dessen handbreiten Gassen natürlich hängen. Es dunkelte. Schon brannten die Lichter überall. Ich sprang aus dem Wagen hinter einem grauen Kater her und erhaschte ihn. Doch ich war der französischen Katzensprache nicht mehr mächtig, und er riß mir aus. Trotz des Regens setzte ich mich zum Chauffeur. Wir blieben lange festgefahren. Ein wunderhübsches junges Mädchen schlug im Vorübergehen leise auf seine Hand, sah sich dann um und lächelte. Auf der andern Seite schwang sich ein kleiner Junge herauf, starrte mich an und wartete, daß ich lachte über seinen Spaß. Dann erst sprang er wieder ab. Diese schwarzäugigen, grauäugigen Gesichter unter dem nächtlichen Haar waren alle auf der Lauer. Auf ein Lächeln, ein lustiges Wort des Nächsten lauerten diese dunkeln und verspielten Gesichter. Im Restaurant, in dem wir aßen, servierte nicht, es zelebrierte der Kellner.

Ich fuhr am nächsten Morgen wieder auf den Berg, um die Stadt noch einmal von der Höhe aus zu sehen. Aber die Dächer lagen wie entkräftet im Sonnenlicht. Dafür schlug das Meer tiefblaue Pulse zu ihm auf. In den Gassen des alten Hafens baumelten bis zu den obersten Mansarden hinauf farbenfrohe Kleider übereinander und wehten bunte Schürzen hin und her.

Fasse dich, Leser, Geduld. Ich komme bald zu dem, was ich sagen will. Sieh, schon verlasse ich Marseille.

Paris–Lyon–Méditerranée hieß mein Zug. Im Mittagglanze dampfte er los.

Wieviel Inspiration niedrigen Bergen innewohnen kann, ahnte ich nicht, bevor das weiße, lebhafte Arles vor mir aufblitzte, bevor ich die niedrigen Berge um Arles, die einfachen Terrainwellen der schaukelnden Erde um Tarascon, die unaufdringliche und wunderbare Schönheit der Provence gewahrte.

Freunde. Eure Hände. Wie oft schwur ich mir, keine Betrachtungen mehr über Frankreich anzustellen. Denn es ist mir nicht gegeben, sie anders als auf Deutschland zu beziehen. Aber heute ist man verwachsen mit seinem Kreuz. Und die Unkenntnis wahrzunehmen, die ein Stockwerk um das andere dem Turm Babel anreiht, zwingt uns immer wieder, unsere nie vernommenen Stimmen zu erheben.

Laßt uns ganz unsentimental sein. Auch ohne Liebhaberei müßte uns der Anblick Frankreichs die Worte: »Es lebe Frankreich!« entreißen. Denn Frankreich mit seinem rar gewordenen Blute ist unser Wein. Sein Leben ist der Welt notwendig. Deutschland – denn immer nur um diese beiden geht es –, Deutschland wäre aller Brot, wenn es doch endlich die Dinge gehen ließe. Die Stärke seiner geistigen Existenz ist eine Großmacht geblieben, intangibel und der Welt notwendig.

II

Nicht wie eine Dichterin, wie eine Schwerkapitalistin, in einem Coupé erster Klasse, durchfuhr ich Frankreich der ganzen Länge nach. So etwas will ausgekostet werden. Allein, ich war zu krank. Und welche Not, Arles mit seinen kleinen Bergen vor sich zu sehen, ohne auszusteigen. Denn die mir zuerteilte Jungfer kam aus ihrem Abteil hervor und parlamentierte so eindringlich dagegen, daß ich im Zuge blieb. Aber in Avignon sprang ich doch heraus und ließ meine Suite vorausreisen.

Ich fuhr – denn sobald ich zu Fuße ging, neigten sich die Häuser höflich vornüber und der Boden beschrieb unsichere Kurven –, ich fuhr also die lange Straße, die zum Palast der Päpste führt. Er war geschlossen. Was blieb mir da, als die Zeit mit einer Rundfahrt auszufüllen in dieser gewesenen Stadt mit ihrem Vorgeschmack des Nordens, ihrer herbstlichen Sonne, ihrer kälteren Luft und ihrer Schwermut? Wie eine Orgel nach allen Richtungen braust, so erfüllte der Palast der Päpste überallhin den Raum. Als ich mit dem nächsten Zuge weiterfuhr, glühte er feenhaft im Abendschein in seiner Weitläufigkeit wie zum Tanze geschlossen, gebot er über die Rhone, die breiten Laufes sich dem Meer entgegenwand. Der Gang, von dem aus ich zu ihm hinüberschaute, war leer. Auch kein Schaffner zeigte sich, und die Bangigkeit des Abends umspann mich ganz. Mein einziger Reisegefährte war ein Herr, der sehr viel Zeitungen mit sich führte. Aber die Dämmerung kam schnell, das Licht war zu trübe, um dabei zu lesen, und so gerieten wir in ein Gespräch. Langsam und beschaulich war manch ein Wort gefallen, als in Valence eine fremdsprachige Familie, mit starken Nüstern, hereinbrach. Ein ungebärdiges, der hintersten kleinen Entente entstammendes Französisch um sich werfend, zog sie gleich darauf wieder ab, größere Ausbreitungsmöglichkeiten zu suchen.

»Que de mines étrangères quand on traverse la France, nous ne sommes plus chez nous.«

Ich war es, die so gesprochen hatte, und ob ich auch alsbald über meine Worte sehr erschrak, so war es doch zu spät, um sie zurückzunehmen. Dieser Tag, bisher so stumm verbracht, hatte mich in seine Falten eingeschlagen, bis ich, voll eines sanftes Übermutes, heimisch in ihm wurde, geborgen und betäubt. Nun war er zu Ende. Es war Nacht. Der Fluß zog im Dunkeln hart an uns vorbei. Das Rauschen des Zuges glich einem Monolog, wir aber waren eines Sinnes, und mit sepulchraler Melancholie unterhielten wir uns über Frankreich. Beide, weit zurückgelehnt, sahen wir einander nicht. Ich sehnte Lyon herbei, denn eine grauenvolle Erschöpfung kam jetzt zu ihrem Recht. Der Wagen schien mir hin und her gestoßen wie ein Schiff, das im Sturm auf Grund gerät. Wir sprachen von der Notwendigkeit, sich zu vertragen, und daß wir alle nur eine einzige Aufgabe hätten, einen neuen Krieg zu verhindern. Alles andere sei unwichtig. Wann aber kam Lyon? Wenn ich bewußtlos wurde, bevor wir es erreichten, was dann? Als erstes würde man suchen, mich zu identifizieren. Gleich zuoberst in meinem Täschchen aber lag mein Paß. So so; ei ei. Ich rieb mir die Schläfen mit Kölnischem Wasser, saß jetzt mit gefalteten Händen und schwieg. Wann kam Lyon? Hinter meiner Lehne verschanzt, sprach ich mir Mut zu. Endlich gab ich es auf und bat ihn, das Fenster zu öffnen. Nebel und Kälte strömten herein. »*Nous voilà*«, sagte er, und kramte seine Zeitungen zusammen. Wir waren in Lyon.

Joseph Roth

Tarascon – Beaucaire – Marseille

Tarascon und Beaucaire

Das großartige Fest der *Tarasque* beschreibt Frédéric Mistral sehr genau. Es wird von den »Chevaliers de la Tarasque« gefeiert. Diesen Orden hat der gute König René am 14. April 1474 gegründet. Seine Statuten lauten:

1. Ehrerbietigste Wahrung der *Tarasque*-Spiele, die mindestens siebenmal in einem jeden Jahrhundert gefeiert werden müssen.
2. Der große Jubel, die Feste und die *Farandolen* sollen 50 Tage dauern. Es darf nichts gespart werden, um die Spiele so festlich als möglich zu feiern.
3. Die Fremden sind gut aufzunehmen und während der ganzen Dauer der Feste so zu behandeln, daß sie sich wohlbefinden und nichts von ihrer Laune und Freiheit einbüßen.

Die Ritter von der *Tarasque* marschieren zu den Klängen des provençalischen Marsches durch die Stadt, trinken, essen dabei eine *Tortilade*, und dann können die *Farandolen* beginnen. Am Sonntag vor Himmelfahrt gehn die Ordensritter die alte Statue der Mutter Gottes aus der Schloßkapelle holen, an der Spitze einer ebenso langen wie festlichen Prozession. Das ganze Volk von Tarascon, Beaucaire, St. Rémy, Maillane und der andern Städte und Ortschaften ist anwesend. Die Schiffer von der Rhône erwarten die Muttergottes mit Pfeifen und Tamburins vor der Stadt. Am Himmelfahrtstag, vor Sonnenaufgang, sieht man zum erstenmal die *Tarasque*. Sie hat einen Löwenkopf und den Panzer einer Schildkröte, den Bauch eines Fisches, und im Innern dieses Ungeheuers sitzen sechs Männer. Am Pfingstfeiertag findet wieder ein großes Mahl statt, das alle Ritter an einer langen Tafel vereinigt. In der Kirche Ste. Marthe befinden sich die Bewohner aller näheren und ferneren Ortschaften. Dort werden das Banner und die Lanze geweiht. Am Pfingstmontag aber beginnt erst das eigentliche Fest. Nach der feierlichen Messe ein Paradezug des Volkes, die Ritter an der Spitze, durch die Straßen der Stadt. Die Rhône-Schiffer marschieren hinter der Fahne des heiligen Peter. Dann kommt die *Tarasque*. Ihr gegenüber stehen die Ritter in Kampfstellung. Die *Tarasque* sprüht Feuer aus den Nüstern. Der Kampf beginnt. Sie unterliegt. Und die Ritter marschieren ab, um noch einmal einen tiefen Trunk zu tun.

Dieses sagenhafte Untier, die *Tarasque*, ist in Tarascon zu Hause. Sie ist in der ganzen Provence sehr populär, oft abgebildet, in vielen Museen aufgestellt und ein dankbares Objekt der Ansichtskartenindustrie. Die Bewohner von Tarascon nennen sie »Großmutter«. Man sieht daraus, wie harmlos sie ist. Sie ist der durch die Sonne des Südens gemilderte, durch den Witz des Südens karikierte Drache der germanischen, slawischen und skandinavischen Welt. Sie wird nur zum Spaß bekämpft und eigentlich geliebt und verehrt. Die mythologischen Ungeheuer täten gut daran, im Norden zu bleiben, wo der Nebel sie isoliert und ihre Schrecklichkeit vergrößert. Wenn sie nach dem Süden kommen, verlieren die Leute die Distanz und den Respekt. Die blutigsten, mörderischsten Tiere werden nicht nur zahm, sondern auch komisch. Und das Heldentum der Menschen ist nicht mehr furchtbar und tragisch, sondern ein weinseliger, grotesker Traum. Aus der Blut- ist eine Alkoholrünstigkeit geworden.

Seitdem ich in Tarascon war und die Geschichte von der *Tarasque* kenne, wundere ich mich nicht mehr über Tartarin. In dieser Stadt, in der mindestens siebenmal in einem Jahrhundert ein Drache bekämpft wird, der eine Großmutter ist, kommt mindestens einmal in einem Jahrhundert ein Tartarin zur Welt, der gegen die zahmen Löwen zu Felde zieht und der ganz Afrika in ein großes Tarascon verwandelt. Hier lebt das einzige Heldentum, das noch erträglich ist unter allen schauerlichen Heldentümern, die durch ihre Häufigkeit in der letzten Zeit in Mißkredit geraten sind. Tartarin ist die Negierung des Heldentums überhaupt. Lange noch, bevor alle Begriffe ihre Inhalte geändert haben, hat Tartarin den Begriff des Helden verwandelt. Jeder Held geht ein bißchen nach Afrika, zahme Löwen jagen. Die Größe dieses Buches beruht nicht darin, daß ein ewiger Typus geschaffen wird, ein »komischer Held«. Sondern daß der Typus »Held« komisch wird.

Tartarin ist die Fortsetzung der *Tarasque*-Spiele. Die *Tarasque*-Spiele sind die Folge dieser Sonne, die so strahlend ist, daß sie die Phrase schmelzen läßt, bis ihr wahrer, ein wenig lächerlicher Kerninhalt zum Vorschein kommt.

Es spricht für die Größe des Buches, daß es der Stadt eine eigene Physiognomie verleiht. Ich sehe immer nur das Tarascon Daudets, das Tarascon Tartarins. Es ist eine helle, kleine, freundliche, gutmütige, ein bißchen kümmerliche, ein bißchen komische Stadt. Ihre angesehenen Bürger träumen heute noch von Löwenjagden. Ihr Bahnhof schon ist außerordentlich, wie eigens für Tarascon erfunden. Der Eingang zur Halle ist im ersten Stock. Wenn man unten vor dem Portal steht, weiß man nicht, ob man schon im Bahnhof angelangt ist. Die Straße, die zur Stadt führt und aus der eigentlich die Stadt besteht, ist breit, behaglich, voll Sonne, aber auch nicht ohne Schatten. Einfache, weiße, einstöckige Häuser stehen friedlich nebeneinander, bescheidenes Bürgertum bergen sie. Hier ist auch schon das Eckhaus, das Daudet Tartarin zuschreibt. Lauter wohlbeleibte und selbstbewußte Männer gehen durch die Straßen, die gelungenen Nachkommen des großen Helden. Auf einigen hundert Ansichtskarten vor allen Papier- und Buchläden sieht man das Bild Tartarins. Das große Schaufenster der einzigen großen Buchhandlung enthält die Werke Daudets in verschiedenen Ausgaben. Wie ist diese Stadt dankbar, daß man sie berühmt gemacht hat! Schon drohte ihr der dunkle Schatten der bedeutungslosen Jahrhunderte, der auf einigen Städten von großer Vergangenheit ruht. Ach, auch Tarascon hat eine Vergangenheit, die älter ist als Tartarin. Es war im Mittelalter die Hauptstadt eines Rhône-Arrondissements. Im Schloß an der Rhône wohnten die noblen und tapferen Herren. Das Schloß ist heute ein Gefängnis. Aber die Kirche Ste. Marthe ist heute noch schön, wie ehemals. Sie stammt aus dem Ende des XII.

Jahrhunderts, und man baute an ihrer Vervollkommnung noch durch das halbe XIV. Jahrhundert. Sie enthält schöne, sanfte Bilder, darunter Szenen aus dem Leben der heiligen Martha von Vien, Pierre Parrocel, C. Vanloo und anderen Malern. In dieser Kirche ruht der Seneschall des guten Königs René, in einem herrlichen Sarg, eine italienische Renaissancearbeit, die man Franz Laurana zuschreibt. Und auch die heilige Martha, die Schutzpatronin der Stadt, deren Leichnam nach der Legende in Tarascon gefunden wurde, ruht in dieser Kirche. Sonst haben die bescheidenen Tarasconer keine Sehenswürdigkeiten. Ganz Tarascon ist eine Sehenswürdigkeit. Es liegt, wie ein gelungener, freundlicher, behaglicher Scherz, zwischen den erhabenen Kapiteln der Weltgeschichte, ein verlorenes Lächeln zwischen pathosgefüllten Begriffen. Es hat keine Denkmäler. Es hat keine Arena. Es hat nur Tartarin.

Die Brücke ist noch immer da.

Diese Brücke führt nach Beaucaire. Das war einmal der größte Jahrmarkt des Orients und des Okzidents. Beaucaire war die lauteste europäische Messestadt, jedes Jahr, zwischen dem 21. und dem 28. Juli. Hierher kamen die Griechen, die Phönizier, die Spanier, die Türken, die Franzosen, die Italiener und die Deutschen. Hier lebten reiche jüdische Kaufleute. Hier flossen die verschiedensten Blutströme zusammen, und hier bildete sich die großartige kosmopolitische Rassenmischung, die den europäischen Süden kennzeichnet.

Ja, Beaucaire war eine große und wichtige Stadt. Sie ist heute düster, verbittert, säuerlich, erfüllt vom kleinmütigen Mißtrauen gegen Fremde, das man oft bei heruntergekommenen Händlern findet. Hier wohnen die kleinen Nachkommen großer Kaufleute. Nichts lastet so schwer auf den Menschen wie eine berühmte Ahnenschaft, derer man nicht mehr würdig sein kann. Wäre es eine Stadt der Fürsten, der Dichter, der Denkmäler und der Wissenschaft gewesen – es hätte heute die stolze Trauer verlorenen Adels. Aber es war nur eine Stadt des Geldes. Und es hat heute die kümmerliche Trauer, die ein verlorenes Vermögen ausmacht.

Zurück nach Tarascon, obwohl dort wenig zu sehen ist! Die

Schildastädte des Nordens, der Schweiz, der deutschen und slawischen Länder (es gibt viele slawisch-jüdische Schildas) haben außer ihrem literarischen Leben noch ein anderes, nüchternes Geschäftsleben. Aber in diesem südfranzösischen Land kann sich Schilda erlauben, nur Tarascon zu sein und nichts mehr. Hier führt man nicht nur siebenmal im Jahrhundert, sondern siebenmal in der Woche den fröhlichen Krieg gegen den großmütterlichen Drachen.

Tarascon ist ein gesteigertes Schilda. Denn alle Tarasconer haben genug Selbstironie, um zu wissen, daß sie Tarasconer sind. Jeder Tartarin ist sein eigener Daudet. Jeder Händler verkauft die Karikatur Tartarins, dem er wie ein Bruder ähnlich sieht. Wo noch sonst kann diese Behaglichkeit wuchern, friedlich an der Seite der Ironie? Wo noch sonst findet der Mensch das nötige Gleichgewicht, um Objekt und Autor eines und desselben Witzes zu sein? Hier ist die bürgerliche Seele, wie eine Schaukel, an deren einem Ende die Lächerlichkeit, an deren anderm der Spott sitzt. Das ist das lustigste Auf und Ab der alten Schalksnarren-Seelen, die nirgends mehr zu finden sind.

Welch profunde Sicherheit des gesellschaftlichen Grundes gehört dazu! Wie wenig muß man hier von den Erschütterungen Europas fühlen! Wie selig das Behagen einer Welt, die sich so gelungen vorkommt, daß sie witzig wird vor Sicherheit, statt, wie wir es zu sehen gewohnt sind, platt zu werden!

Es gibt in Tarascon keine großen römischen Denkmäler! Ich glaube aber, daß hier noch der helle, schalkhafte, mit den heidnischen Augen zwinkernde Geist der spätrömischen Humoristen lebt. Nur ist seine Epigrammatik epischer geworden, breiter, gemächlicher. Das kommt von Spanien und Frankreich.

Tartarin ist die lustigste, die andere Seite der ernsten mit Historie gefüllten Welt. Er ist das private Gesicht des Offiziösen. Er ist der Held in Pantoffeln. Er gibt mir die tröstliche Gewißheit, daß der Mensch im Panzer nicht stirbt. Gesegnet sei Tartarin!

Marseille

Tartarin war in Marseille ratloser, als später in Afrika. Zwischen Tarascon und den Ländern der wilden Abenteuer ist der Unterschied nicht erschreckend. Aber Marseille ist eine Welt, in der das Abenteuerliche alltäglich und der Alltag abenteuerlich ist. Hier kann man ratlos sein. Marseille ist das Tor zur Welt, Marseille ist die Schwelle der Völker. Marseille ist Orient und Okzident. Von hier schwammen die Kreuzritter ins Heilige Land. Durch diesen Hafen strömten viele Märchen von Tausendundeiner Nacht nach Europa. Hier landeten orientalische Motive, hier warfen sie die Anker aus, hier betraten sie den Boden europäischer Literatur und Kunst. Von hier aus drangen, einige Jahrhunderte vor Christi Geburt, die Forscher Pytheas und Euthymenes bis zum Baltischen Meer, von hier aus entdeckten sie Island. Das ist die Erbin und die alte Feindin Karthagos, die schöne Freundin Roms, die griechische Stadt, das »gallische Athen«. Hier versanken Visigoten, Lombarden, Sarazenen und Normannen, besiegte Eroberer, in lateinisch-griechisch-phönizischer Kultur. Hier wurde die große Revolution mit Jubel begrüßt, hier fand sie ihre zweite Heimat, ihre eigentliche, ihren Text und ihre Melodie. Marseille ist die Heimat von Pierre Puget und Thiers, und – Edmond Rostand.

Marseille ist New York und Singapur, Hamburg und Kalkutta, Alexandria und Port-Arthur, San Franzisko und Odessa. In Marseille erzeugt man Zucker, Stearin, Seife, Chemikalien, Essig, Schnäpse, Keramik, Zement, Farben. In acht Stunden macht der Schneider einen Anzug fertig. In 24 Stunden ist das Gesicht der Straße verändert. In den Straßenecken, in hölzernen Buden hausen die Winkelschreiber. In einer halben Stunde haben sie Testamente und Heiratsurkunden verfaßt und Prozesse erledigt. Vom Reichtum zur Armut ist weniger als ein Schritt. Der Obdachlose schläft auf der Schwelle des Palastes. Die Lebensmittel verkauft man in einem, die Liebe im andern offenen Laden. Das Boot der armen Schiffer schwimmt hart neben dem großen Ozeandampfer. Muscheln liegen neben den Auslagen der Brillantenhändler. Der Flickschuster verkauft korsische Messer. Der Ansichtskartenhändler bietet Schlangengift feil. Den ganzen Tag spielen die Kinos im alten Hafen. Jede Stunde läuft ein Schiff ein. Jede zehnte Welle spült Fremde an Land wie Fische. Der algerische Jude macht im Kaffeehaus Geschäfte mit dem Chinesen. Der Dollarkönig amüsiert sich in der Spelunke. Jede zweite Nacht ereignet sich ein Totschlag, ein Mord, ein Überfall, ein Familiendrama. Das Leben tanzt auf der Klinge eines Rasiermessers, das im Hafen als Waffe beliebt ist. Das Elend ist tief wie das Meer, das Laster ist frei wie die Wolke.

Alle Geräusche haben einen und denselben Takt. In allen Geräuschen ist etwas vom Lärm einer Schiffsmaschine. Der Stiefelputzer kündet sich an, indem er mit dem Bürstengriff auf den Deckel seines Utensilienkastens trommelt. Auch das Ende seiner Arbeit begleitet ein Trommeln. Die Straßenbahnen und alle Wagen tuten wie Automobile. Jeder macht Geräusch. Jeder schlägt den Takt der Stadt. Jeder übersetzt die Musik der Welle in seine eigene Sprache. Der Kolporteur ruft mahnend seine Zeitung, wie eine Kirchenglocke. Und die Glocken der Türme vermengen sich populär mit den profanen Geräuschen von unten.

Greifbar, sichtbar, körperlich und nahe ereignet sich in jeder Stunde die große unaufhörliche Blutmischung der Völker und Rassen. Schon wachsen die Palmen, noch rauschen die Kastanien. Nach Norden und Westen führt der Rhônekanal, nach Süden und Osten das Meer. Da pfeift die Lokomotive, da heult die Sirene. Wasser bespült Land, und Land streckt sich vor in Wasser. Die schmalste, dunkelste Gasse mündet in den breiten leuchtenden Boulevard. Man sieht den riesengroßen Zeiger der historischen Uhr wandern. Die »Entwicklung« und das »Werden« sind keine abstrakten Begriffe mehr. Man sieht den Fuß der Geschichte und zählt ihre Schritte.

Das ist nicht mehr Frankreich. Das ist Europa, Asien, Afrika, Amerika. Das ist weiß, schwarz, rot und gelb. Jeder trägt seine Heimat an der Sohle und führt an seinem Fuß die Heimat nach Marseille. Alle Erden aber segnet dieselbe nahe, sehr heiße, sehr helle Sonne, und über alle Völker wölbt sich dasselbe blaue Porzellan des Himmels. Alle trug das Meer auf seinem breiten schwankenden Rücken hierher, jeder hatte ein anderes Vaterland, jetzt haben alle ein einziges Vatermeer.

Die Geschichte läßt hier keine steinernen Zeugen stehen. Sie spült sie schnell hinweg. Nur der Atem ihrer Vergangenheit bleibt in ihrem Wehn. Vor einer Woche waren hier Phönizier, vorgestern die Römer, gestern die Germanen, heute die Franzosen. Wie alle Riesenmeilen der Erde auf einigen Quadratkilometern Platz finden, so drängen sich hier die Zeiten zusammen, als gäbe es keinen Platz in den weiten Räumen der Ewigkeit. Wer nicht an Gott glaubt, spürt hier irgendeinen gewaltigen Treiber der Jahrhunderte und ahnt einen tiefen Sinn in der Regellosigkeit der Wanderungen. In einem zweiten ebenso elementaren, ebenso unerklärlichen Wechsel von Ebbe und Flut rauschen die Völker heran und rauschen wieder zurück.

Wie schwarze Fäden gegen den blauen Himmel spannen sich die Taue an den wartenden Segelschiffen. Der neue Hafen ist eine Stadt aus Schiffen. Auf dem Meer schwimmt Öl. Ich sehe vor lauter Mastbäumen nicht das Meer. Es riecht im Hafen nicht nach Salz und Wind, sondern nach Terpentin, Öl schwimmt an der Oberfläche der See. Boote, Barken, Flöße, Fußböden sind so eng nebeneinander gepflastert, daß man trockenen Fußes durch den Hafen spazieren könnte, wäre nicht die Gefahr, in Essig, Öl und Seifenwasser zu ertrinken. Ist hier das unermeßliche Tor zu den unermeßlichen Meeren der Welt? Das ist vielmehr das unermeßliche Magazin für die Bedarfsartikel des europäischen Kontinents. Da sind Fässer, Kisten, Balken, Räder, Hebel, Bottiche, Leitern, Zangen, Hämmer, Säcke, Tücher, Zelte, Wagen, Pferde, Motore, Autos, Gummischläuche. Da ist der berauschende kosmopolitische Gestank der entsteht, wenn tausend Hektoliter Terpentin neben tausend Zentner Heringen lagern; wenn Petroleum, Pfeffer, Tomaten, Essig, Sardinen, Juchten, Guttapercha, Zwiebeln, Salpeter, Spiritus, Säcke, Stiefelsohlen, Leinwand, Königstiger, Hyänen, Ziegen, Angorakatzen, Ochsen und Smyrnateppiche ihre warmen Dünste ausatmen; und wenn schließlich der klebrige, fette und lastende Rauch der Steinkohle alles Tote und Lebende umhüllt, alle Gerüche eint, alle Poren tränkt, die Luft sättigt, die Steine umflort und endlich so stark wird, daß er die

Geräusche dämpfen kann, wie er längst schon das Licht gedämpft hat. Ich habe hier die Grenzenlosigkeit des Horizonts erwartet, die blaueste Bläue des Meers und Salz und Sonne. Aber das Meer des Hafens besteht aus Spülwasser mit riesenhaften graugrünen Fettaugen. Ich besteige einen der großen Passagierdampfer und hoffe, hier einen leisen Duft jener Fernen zu erhaschen, die das Schiff durchfahren hat. Aber hier riecht es wie zu Hause vor Ostern: nach Staub und gelüfteten Matratzen; nach Lack für die Türen; nach feuchter Wäsche und Stärke; nach angebrannten Speisen; nach geschlachtetem Schwein; nach gesäubertem Hühnersteig; nach Schmirgelpapier; nach einer gelben Pasta für Messing; nach einem Mittel gegen Ungeziefer; nach Naphthalin; nach Bohnerwachs, nach Eingemachtem.

In dieser Stunde stehen mehr als siebenhundert Schiffe im Hafen. Das ist eine Stadt aus Schiffen. Die Bürgersteige bestehen aus Booten und die Straßenmitten aus Flößen. Die Einwohner dieser Stadt tragen blaue Kittel, braune Gesichter und harte, große, schwarzgraue Hände. Sie stehen auf Leitern, streichen die Rümpfe der Schiffe mit frischem, braunem Lack an, tragen schwere Eimer, wälzen Fässer, sortieren Säcke, werfen eiserne Haken aus und angeln Kisten, drehn an Kurbeln und ziehn auf eisernen Rollen Waren in die Höhe, polieren, hobeln, säubern und verursachen neuen Mist. Ich möchte zurück in den alten Hafen, wo die romantischen Segelschiffe stehn und die knatternden Motorboote und wo man die frischen, triefenden Muscheln verkauft, das Stück zu dreißig Centimes.

Weiß leuchtet die Stadt, sie ist aus demselben Stein wie das Schloß der Troubadours in Les Beaux und der Palast der Päpste in Avignon. Aber sie ist nicht festlich. Sie ist betriebsam. Millionen zertrümmerter Existenzen birgt sie. In Avignon waren noch die Bettler stolz. Im alten Hafen von Marseille ist die Armut mehr als eine Not. Sie ist eine unausweichliche Hölle. Aufgeschichtet in herrlicher Unordnung lagern die menschlichen Wracks aufeinander. Die Krankheit blüht gelb und giftig aus den verstopften Kanälen. Räudige Hunde spielen mit Kindern in den Pfützen. Die Zerlumpten kämpfen mit den Tieren um weggeworfene Knochen, Tausende Frauen und Männer sammeln Zigarettenstummel, der Hund belauert den Menschen, die Katze den Hund, die Ratte die Katze, und alle lauern auf dasselbe Stück faules Fleisch im Misthaufen.

Die Gasse der Liebe hat ihren bürgerlichen Namen abgelegt und trägt keine Schilder. Man kennt und findet sie. Wer von der großen Kathedrale nach dem alten Hafen geht, hört die metallene Musik von fünfzig unaufhörlich spielenden Automaten aus fünfzig kleinen und schmalen Läden. Vor den Läden sitzen die Frauen, die ältesten und dicksten der Welt. Sie verkaufen Leiber den ganzen Tag, die ganze Nacht. Männer, von den Schiffen kommend, durchziehen die Gasse in losen Trupps zu zehn und fünfzehn. Sie verlieren sich unterwegs in den Läden. Dann verstummt ein Automat, ein Vorhang aus Glasperlen fällt vor ein graues, düsteres Kanapee, und in der geraden Reihe der Verkäuferinnen vor den Türen entsteht eine Lücke.

Nichts mehr ereignete sich als Liebe und Musik. Manche Frauen halten ihre Kinder auf dem Schoß. In dieser Gasse wachsen viele Kinder heran, die traurigsten Kinder der traurigsten Mütter. An ihrer Wiege spielt ein Musikautomat. Seit dem Augenblick, in dem sie die Finsternis der Welt erblickten, kennen sie das Lager der billigen Liebe. Die Rätsel der Welt werden ihnen mit der banalen Auflösung zugleich geliefert. Das Leben beschenkt sie verschwenderisch mit Erfahrungen. Die Spielgefährten ihrer ersten Jahre sind kranke Katzen, die Glück bringen, und das Spielzeug der Rinnstein, eine Muschel oder ein Kiesel. Über die Strenge eines Vaterhauses brauchen sie nicht unglücklich zu sein. Statt der guten Sitten der menschlichen Gesellschaft lernen sie deren echte kennen. Nichts Schlimmeres kann ihnen zustoßen als ihre Geburt.

Der Morgen, der Mittag, der Vorabend, der Abend, die Nacht, alle Tageszeiten sind hier gleich. Vom Himmel sieht man nur einen Streifen, von der Sonne nichts. Auch diese Liebe ist zeitlos. Auch ihre Trägerinnen haben kein Alter. Vor vierzig Jahren waren sie schon alt und häßlich. Vierzig Jahre noch können sie jung und schön sein. Vor vierzig Jahren rasselte der Automat schon dieselben Melodien. Vierzig Jahre noch treibt er göttliche Musik für die Ohren betäubter Menschen. Vor vierzig Jahren schon trieb er Lauscher in die Flucht. Und noch vierzig Jahre wird er Hörer anlocken. Was ist alt, was ist jung, was häßlich, was schön, was ein Lärm und was Musik? – Wenn der Tag aus lauter Liebesnächten besteht und ein Moment eine Liebesnacht ist? Wenn die Ware aus einer Verkäuferin besteht, die Liebe einen Groschen wert ist und ein Groschen die Liebe enthält? Wenn die Nacht ein betriebsamer Tag ist und der Schlaf ein Geschäft?

In dieser Gasse gelten nicht die Gesetze der Welt. Mit stieren Atropinaugen, die Brauen bis zu den Schläfen gemalt, mit falschem Haar, das niemals grau wird, mit einem geschminkten Alter, das von der ewigen Jugend nur die Stupidität besitzt, starren die Frauen, alle wie Zwillingsschwestern und also ohne Konkurrenzneid, immer auf denselben Rinnstein, dieselbe Katze, dasselbe Pflaster – und denselben Mann, den der Zufall in zehntausend Exemplaren durch die Gasse treibt. Wenn eine ihre Arme ausbreitet, verstummt der Automat, denn durch einen Mechanismus voller Kunst ist die Maschine mit der Maschine verbunden.

Der Kasten verschleudert Musik wie seine Besitzerin Liebe. Und alles für einen Groschen. Für einen Groschen.

Hier löst sich alles scheinbar Bleibende auf. Hier schließt es sich zusammen. Hier ist fortwährender Aufbau und Zerstörung. Keine Zeit, keine Macht, kein Glaube, kein Begriff ist hier ewig. Was nenn' ich Fremde? Die Fremde ist nah. Was nenn' ich Nähe? Die Welle trägt es fort. Was ist das Jetzt? Schon ist es vergangen. Was ist das Tote? Schon schwimmt es wieder heran.

Während ich dies schreibe, sieht Marseille schon anders aus. Und was ich in tausend Worten berichte, ist ein kleiner Tropfen aus dem Meer des Geschehens, mit dem freien Aug' nicht zu sehn, zitternd auf der dünnen Spitze einer Feder.

Kurt Tucholsky

Wandertage in Südfrankreich

Daß man den lieben Herrgott um seine Jahreszeiten betrügen kann –!

Bestimmt schickt jetzt in Berlin Herr Prokurist Protzekuchen zum Wirt hinunter und läßt fragen: wann er denn nun endlich und ob er denn nun nicht endlich zu heizen gedächte – es sei immerhin November! Hier, vor Toulon, ist es Sommer.

Allerdings eine eigene Art von Sommer. Die Sonne scheint den ganzen Tag schräg, und am Nachmittag gegen fünf Uhr gibt sie es auf, dann wird es lila, dann hellblau, dann dunkelblau – und dann ist es aus. Aber am Vormittag brät man auf dem kleinen Strändchen, das die zwei Inseln miteinander verbindet, und spielt: Badeleben. Ich und noch fünf andere.

Das hier heißt Les Sablettes und liegt vor Toulon, wo die großen, grauen Kriegsschiffe liegen. Toulon, wo Farrères ›*Petites Alliées*‹ spielen, dieses amüsante Buch von den Schiffsoffizieren und ihren kleinen Freundinnen, Toulon ist eine freundliche Stadt mit ein paar wunderschönen alten und krummen Gassen, einem winzigen, überdachten Fischmarkt, Kirchen, in Häuser eingemummelt... Auch die alte Stadtmauer ist noch da, nur ist die Stadt – wie alle alten Städte – aus den Fortifikationen herausgequollen, weil sie ihr zu eng geworden sind. Aber wir drehen Toulon den ganzen Tag über den Rücken – denn was ist Toulon gegen diese Sonne!

Sie wärmt. Sie strahlt. Sie vergoldet die Bucht und macht das Wasser blau, weil sich der Himmel darin spiegelt, der rein ist von Wolken. Lange habe ich nach einem solchen stillen Ort gesucht. Die tripots an der Mittelländischen Küste, wo sie am feinsten ist, sind noch leer; und ich habe noch nicht heraus, was mir unangenehmer ist: Nizza, wenn es voll ist, oder Cannes, wenn es leer ist. Westlich davon war Sanary-sur-Mer und Bendol – kleine Nester, aber sie waren nicht das richtige. Diese ganze Küste hat nur einen Fehler: längs des Meeres führt die große Automobilstraße von Marseille bis nach Nizza, und aus ists mit Ruhe, Abgeschiedenheit und Stille, die nichts hören und nichts sehen und nichts riechen will. Hier in Les Sablettes liegt der Strand, durch die Badeanstalt und die Mauern des Parks abgetrennt von der Straße; sie wird noch nicht allzu oft befahren.

Überall lungern Hunde herum und Katzen. Es sind sehr feine Herrschaften dabei. In Sanary lag ein Hund quer über die Straße gestreckt, offenbar der pensionierte Angestellte einer Schlächterei. Er stand nicht einmal auf, als das Postauto herangebummert kam – er sah kaum auf. Der Chauffeur fuhr auch brav um ihn herum. (Was folgt daraus über das Verhältnis romanischer Völker zu den Haustieren sowie... Gar nichts.)

In Les Sablettes muß einmal etwas anderes gewesen sein als ein Hotel. Eine Tür steht halb auf, unter der Lackschicht lese ich im Sonnenlicht: Chef Médecin. Ein Hospital? Ein Hospital im Kriege. Draußen, auf der Terrasse, da, wo der warme Wind über die Palmen streicht, die man gepflanzt hat, und über die Bäume, die dort wachsen, da haben sie gelegen, die Rekonvaleszenten: Lagerstatt an Lagerstatt. Engländer. Als Soldaten verkleidete Engländer. Nach einem Fußballspiel um Menschenköpfe.

Und eines Morgens, als ich an den kleinen Strand hinuntergehe, ist die Bucht und das Meer und der Strand und der ganze Tag verzaubert. Der Mistral weht. Er hat den Himmel reingefegt, silberne Konturen gesetzt, vielleicht wirbelt er weiter drinnen im Lande die Staubwolken zusammen – hier ist die Luft glasklar, das Ferne ist nah, alle Häuser am Meer leuchten, der Wind ist Champagner, eine Art frischer Wärme, die Natur aus flammend blauem Stahl. Die Lungen atmen tief.

Manchmal zieht am Horizont ein großes Schiff vorbei auf seiner Seeroute von Marseille nach dem Suezkanal, nach China – das gibt dann für die alte Engländerin am Nebentisch unerschöpfliche Gesprächsthemen. Sie ist ganz aufgeregt über das Schiff, überhaupt über Schiffe, sie kürzt sogar ihr ewiges Wettergespräch aus dem großen Plötz um einige Feuchtigkeitsgrade ab. Sie spricht eine Art Französisch ... aber es hilft alles nichts – es ist ja doch Englisch. Ja, gnädige Frau, es ist ein großes Schiff! Nein, gnädige Frau, heute werden die Passagiere keine stürmische Fahrt haben. Augenscheinlich ... gewiß, gnädige Frau ...!

Untrügliches Merkmal für gute Erholung: die Tage fangen an zu laufen. Ein ängstlicher Blick auf den Kalender sagt jeden Tag: Es ist Zeit! Es ist hohe Zeit! Die Provence wartet und die ›*Weltbühne*‹ auch. Aber noch einen Tag – noch einen einzigen – und noch einen – es ist zu heiter und sonnig und warm.

Zwischen Les Sablettes und Toulon liegt La Seyne, ein kleiner Hafenort. Sein Häfchen sieht aus wie ein Enkel von Marseille – auch hier die kleinen Häuschen, die unmittelbar um das Hafenbassin herumstehen, ganz nahe. Am Sonntag spielen alle Männer Boules; wie die Spielregeln sind, weiß ich nicht – aber es scheint Haupterfordernis zu sein, daß man sich dazu wie beim Kegeln die Jacke auszieht. Und alle haben so weiße Hemdsärmel. (Das kommt daher, weil das Spiel hauptsächlich sonntags gespielt wird.) Wie beim deutschen Kegeln? Aber ich sehe an keiner Stelle, daß dabei getrunken wird. Neulich haben sie versucht, die Boules in einen richtigen Sport zu verwandeln. Turnier, Preise, Schiedsgericht, Zeitschriften, ›Wie man ein Champion der Boules wird‹ ... Für diesen Stumpfsinn ist das Spiel sicherlich zu schade; fällt es erst einmal dem Sport in die Finger, so hört es auf, ein Sonntagsspiel zu sein. Es wird sich dann mehr um ›Spitzenleistungen‹ handeln. Weil aber diese Südfranzosen gar nicht so große Sehnsucht haben, sich in tausend Organisationen und Gruppen zusammenzuschließen, bei denen der gesellschaftliche Vorgang des Zusammenschlusses mit seinen Komplikationen die Hauptsache und der Stoff Nebensache ist, und weil sie ihre kleine Sehnsucht danach anderswo befriedigen, wird es wohl so bald keinen ›Boules-Sport‹ geben.

Ist es schon Herbst –? Die Luft sagt: Nein. Aber eine Partie Bäume ist da, die feiert, weil sie orthodox ist und nicht von der südlichen Gegend, Herbst: ihr helles Braun und flammendes Gelb stehen gegen den leuchtend blauen Himmel. Ewig stumpfgrün, stehen die silbrigen Olivenbäume dabei und spielen den Herbst nicht mit. Es ist Sommer. Mitten im November ist Sommer! Man kann also um den Herbst herumkommen. Das ist keine ›Entdeckung‹. Was könnte man denn auch heute noch auf der weiten Welt entdecken? Aber so scharf habe ich noch nie gewußt, daß man sich warme Jahreszeiten kaufen kann. Gletscher im heißen Sommer und warme Küsten im Herbst und weiche Luft im Winter – wem gehören die –?

Aber nun jagt mir der Kalender einen Schreck ein, und ich fahre ab.

Die große Eisenbahnlinie an der französischen Südküste hat streckenweise einen kleinen Konkurrenten – dieser Konkurrent fährt von Toulon aus näher am Wasser entlang. Hin zu ihr! Die Bahn ruckelt davon.

Die Küste wird immer schöner, je weiter man ostwärts kommt. In geschwungenem Bogen schäumt das blaue Wasser um bebuschte Felsen, um kahle Steine, in flache Buchten. Einmal weht der Wind vom Lande her, er rauht die glatte Wasserfläche auf, daß sie stäubt – die Wellen sind ganz klein, Embryowellchen...

St. Tropez steht auf allen Karten als Winterkurort aufgemalt. Bei aller Liebe – aber dann schon lieber Neuruppin! Es ist dunkel, als ich ankomme – der Wind durchheult den Ort, stößt sich an den Häuserkanten wund und heult noch mehr... Dunkel sind die Gassen, ein Betrunkener durchschimpft sie, aus einem braunen Hause hört man einen Zank... Die Laternen brennen trübe. Am Hafen liegt ein Gewirr von Tauen und Segelleinewand, überall drücken sich Männer herum, es ist schmutzig und dürftig.

Am Morgen sieht es schon besser aus. Vor der kleinen Stadt liegt auf einem Hügel die alte Zitadelle – jetzt erholen sich dort skrofulöse Kinder. Ich klettere die Anhöhe hinauf. Ringmauer, Festungstor und dicke Wälle – dahinter bleiche Kindergesichter, dünne Ärmchen, ein kleines Mädchen auf Krücken. Sie zeigen mir den Hof und die ganze Befestigung. Sie warten, daß ich aus dem Hof hinausgehe – da gibt es doch nichts zu sehen. Ich kann mich nicht losreißen. Welches Wunder, immer wieder:

Burg- und Klosterhof! Wie die Wände einschließen und zurückwerfen! Wie man immer wieder sich und seine Welt vor Augen hat! Wie geschlossen alles ist! Hier kann man nachdenken; hier ist man geborgen, hat Distanz zu den andern, die draußen sind und nicht hereinkommen dürfen. Oben leuchtet der Himmel in die Hofstille. Und ganz oben auf der Plattform, wo die dicken Türme stehen, hat man einen Rundblick über Meer und Land. Drüben liegt Sainte-Maxime.

Das ist ein ander Ding. Durch die Berge vor dem Mistral sanft geschützt, sehr sauber und adrett und freundlich. Unten am Hafen ein kleiner Kai mit überdachten Gaststätten und Segelbooten, die im Wasser schwanken.

Auch hier ist noch Sommer, tagsüber strahlender, warmer, im Winde nadelduftender Sommer. Es ist wenig Laubwald da – der Wald liegt hoch – immer sieht man das Meer. Unten wohnt Victor Margueritte, der Mann der *›Garçonne‹* – wir erzählen uns etwas, und er zeigt mir sein ganzes Besitztum: vom Strand aus reichts bis oben zu einer kleinen Anhöhe, wo er sich ein winziges Belvedere, eine neue Ruine, gebaut hat. Ich bekomme Nußwein zu trinken und seine Frau zeigt eine Übersetzung von Rilkes *›Malte Laurids Brigge‹*, die sie zärtlich liebt. Er spricht über Deutschland. Auf seinem Arbeitstisch liegen die historischen Quellenwerke des deutschen Zusammenbruchs, Material für ein neues Buch, *›Les Criminels‹* wird das heißen. Er ist voll guten Glaubens, hofft zuversichtlich auf die deutsche Demokratie und zeigt sich als ein Mann von umfassender Bildung und Geschmack. Um ihn herum stehen und hängen gute Sachen: auch ein paar lustige bunte Bilder von Kießling, der im Sommer drüben in St. Tropez malt.

Heute ist Sonntag, es muß etwas geschehen. Es geschieht, daß ich unten am Quaiwasser in dem kleinen Restaurant esse. Die Sonne brennt auf das buntgestreifte Dach, die kleinen Hunde bellen herum und betteln, manche Leute sitzen an Tischen mitten auf dem freien Platz unter den Palmen, alle sind beim Kaffee, munter-träge. Manchmal fährt ein Automobil vorbei und lädt ein Rudel lärmender und lachender Menschen ab. Es ist so warm, beinahe heiß... Hautes-Sauternes ist ein schwerer Wein, wenn man ihn mittags trinkt. Man wird müde danach. Ans Klavier des Saales drinnen im Haus hat sich ein junger hübscher Bursch gesetzt, im gestreiften Hemd der Cowboys, mit aufgekrempelten Ärmeln. Er spielt nicht laut. Er spielt, was man weder von ihm noch hier erwarten sollte: ganz moderne Musik. Puccini wirkt in der Melange wie ein Gassenhauer. Er holt aus dem alten Restaurationskasten, auf dem nachmittags eine Jazzband rackert, die gleitenden Nuancen der neuen Musiker heraus, keine Melodie, kaum Ansätze dazu. Wie kompliziert diese Freude ist! Aber diese Musik ist wahrer als Waldesrauschen und Symphonieroutine. Die Töne plätschern über den kleinen Platz, ein paar Leute klatschen gedämpft. Der junge Mann lächelt und spielt weiter, für sich allein. Alles ist getaucht in Musik, Sonne und eine mittägliche Schläfrigkeit.

Sonnig sind die Tage und so schön – wie mag das in den Bergen aussehen?

Plan-la-Tour liegt ein paar Kilometer entfernt vom Meer – das ist der erste Ort, den ich durchwandere. Es ist Montag, gestern war Totensonntag, alle Arbeiter machen noch einen so, wie soll ich sagen, ergriffenen Eindruck. Die Wirtin hat auch kaum etwas zu essen, aber dreihunderttausend Fliegen und alle minderbemittelten Hunde des Dorfes zu Gast. Wir essen, Fliegen, Hunde und ich, essen alle eine Kleinigkeit, ich bezahle, und dann geht es in die Berge. Oben auf den Höhen läuft ein Weg, an dem noch gebaut wird. Erst ist er glatt und fahrbar, dann nur gangbar, dann wird er steinig und steiniger, holprig und mündet schließlich in die Holzpantinen der Arbeiter, die da hacken, man muß durch Geröll und Steinbrocken hindurch. Die Sonne sticht. Ich bleibe stehen und sehe mich um.

Da liegen die Täler. Menschenleer, kein Dorf ist zu sehen, manchmal ein Gehöft. Und endlich, endlich ist hier das, was ich so lange und so vergeblich gesucht habe: Stille. Hier ist es still. Die Uhr hört man ticken. Wohlig lassen die Nerven nach und entspannen sich. Welche Wohltat! Wie hatte neulich Willibald Krains kleiner Proletarierjunge im Walde der Ferienkolonie gesagt? »Ach, Frollein, hier riecht et so scheen – nach jahnischt!« Glück, sagt schon der Weise, ist etwas Negatives. Vollkommene Stille ringsum. Und ich bin so glücklich-dankbar für das, was nicht da ist.

Und denke so im Weitergehen nach: Was haben sie mit uns in den letzten zehn Jahren gemacht! Wie zerrauft! Wie ausgeschlossen von aller Welt! Wie zerprügelt! Wie abgestumpft! Und wofür –? Alles, damit am Wannsee und in Dahlem neue Herren einziehen konnten, wahre Gewinner des Mordes, Plusmacher aus einem allgemeinen Defizit... Es ist nicht schön, zurückzublicken – aber vergessen ist so schwer. Und es ist sehr, sehr schwer, sich wieder in den Zustand des alten Glücks einzufühlen, wenn man einmal den Boden unter sich hat schwanken fühlen. Es ist da etwas geschehen, was nicht mehr ausgelöscht werden kann, für uns wenigstens nicht. Die Welt hat übrigens schon vergessen.

Sacht geht der Weg hinab. Und während ich so ausschreite, singe ich laut und kräftig unsere guten alten deutschen Marsch- und Wanderlieder, und die französischen Kiefern und Tannen bewegen erstaunt die Köpfe, haben sie doch noch nie so markige... Nein, das ist aus einem Leitfaden für einen Reichswehrunterricht. Oder aus einem republikanischen Lesebuch.

In La Garde-Freinet haben sie offenbar die ganze Stadt in Salz verzaubert. Die Fensterläden sind alle zugeklebt, die Straßen sind leer, meine Tritte klappen. Vor mir wackelt ein Hund, ein runder, fetter, mit langen Wollfäden bekleideter Hund, ein Prachtexemplar von einem Hund. Es ist ein älterer Herr, vom Leben gereift und zu gar keinen Späßen mehr aufgelegt. Er geht so fürbaß, dreht nicht einmal den Kopf, als ich ihm einen guten Tag wünsche. Er wünscht dergleichen nicht. Der würdige Greis stellt sich schließlich vor eine Haustür und bellt. Total heiser, um drei Töne zu tief und im letzten Winkel seiner Magengrube um irgend etwas tief gekränkt und schwer beleidigt. Dann rollt er ins Haus.

Bewohner hat diese Stadt nicht. Aber ein Automobil kann man mieten. Eine halbe Stunde später trudelt der alte Wagen (Ford Nummer 1) aus dem Städtchen, die glatte, absteigende Chaussee hinunter. Das Auto war redlich verdient: achtundzwanzig Kilometer sind genug für einen beleibten Herrn.

In Grimbaud hält der Mann. Es ist schon halb dunkel – aber man kann noch alles sehen. Ich klettere durch die winzig kleine Stadt, auf die Burg.

Das ist eine wahrhafte Ruine –! So eine, wie sie immer auf den Bildern in den alten schweizer Hotels abgemalt ist, und vor denen man sich vergeblich fragt, wo in aller Welt denn solche pittoresken Ruinen vorkämen. Das ist sie. Ich stapfe in den Trümmern herum und sehe ins Tal. Unser Zeitalter liebt keine Ruinen. Heiße ich Herr Biedermeier –? Also. Aber hübsch ists doch.

Wir fahren ab, die Scheinwerfer sind schon angezündet. Immer, wenn uns ein anderer Wagen entgegenkommt, blinzeln sich die Autos an, beide Chauffeure blenden die Lichter ab, es ist wie ein Gruß im Dunkel. Durch die schwärzlich verhüllten Straßen rollt der Wagen. Ich bin müde.

(»Sagen Sie mal – apropos: Ich meine ... so ... mit den Weibern ... Die Französinnen sollen ja dolle Nummern sein!« Hm. »Erzählen Sie mal!« Ja, also in Toulon, in einem ... puschpuschpuschpusch ... »Ah! Wirklich! Hat sie ganz einfach ...? Großartig! Faaabelhaft!« Das möchte Ihnen so passen, Sie altes Ferkel! Kein Wort wahr! »Schade. Man hörts doch immer wieder gern.«)

Über eine Bahnstrecke springen die Räder, eine weiße Frau taucht am Wege auf, mit einem Kinderwagen ... dann bin ich zu Hause. Noch einen Tabak ... Alle Sterne blitzen und der Mond auf dem Meer. Man sieht noch das regelmäßige verlöschende Blinkfeuer am Horizont und einen stillen weißstrahlenden Leuchtturm, milchigen Schein auf dem Wasser, Glitzern, den hauchigen Glanz am Himmel – dann gar nichts mehr.

René Schickele
Vence – Saint Paul

In Cagnes-sur-mer, einer kleinen Station vor Nizza, wo ich ausstieg, äugte ich vergeblich nach *l'Amico*, der mich hier erwarten sollte. Als ich mich schließlich hinter zwei Engländern auf die ramponierte Trambahn setzte, brach diese unversehens mit betäubendem Gepolter auf, so daß wir alle erschraken. Aber auch der Schaffner erschrak, denn dicht vor uns bremste ein Auto, in das wir um ein Haar hineingefahren wären. Eine Frau lächelte mir ins Gesicht. »Madam«, flüsterte in ehrfürchtigem Tone der eine Engländer, er sprach das Wort *englisch* aus, worauf der andre, der sich mit einem farbigen Seidentuch die Stirn trocknete, einen bemerkenswerten Fluch ausstieß.

Das Auto war ein starker Wagen, breit und geräumig, mit blauem Polster, worin die Dame in einem narzissenweißen Brokatkleid die Umwelt zur Cour empfing. Ein rundes, nicht sonderlich hübsches Gesicht, hellaschblonde Haare, ein geschwungener Hals, dessen Fülle, sich hemmungslos erweiternd, zu den Schultern abglitt, breit in die Brust verströmte – hütende, brütende Augen. Diese Augen, ich sah sie nicht zum erstenmal. Das im Fleisch geschwungene Lächeln dieses Mundes flog mir, wie mein Blick auf ihm verweilen wollte, in ferne Vergangenheit davon. Da war ein Obstgarten, Hühner pickten, am Kopf, Rücken oder Schwanz von einem Sonnenstrahl, der durch das Laub stach, grell gefärbt, verschlafen schlug die Uhr einer Dorfkirche. Die Kirchenuhr Rheinweilers, die Kirchenuhr Breuschheims? Oder jenes weltentlegenen Dorfes eine Stunde hinter Paris, wo mein Onkel Albert-Léo ein Obstgut besaß? Oder war es in der Touraine? In diesem Falle lag Tante Mary, in wollene Schals gehüllt, fröstelnd auf der Terrasse, während ich mit den Buben zwischen dem Fluß und dem halbverwilderten Garten des Pächters in Badehosen herumstreifte. Hatte man jene mit den hütenden, brütenden Augen nach mir ausgesandt? Oder war es einfach nur eine Fremde, hinter einem Zaun erblickt, wie sie sich auf die Zehen hob, um einen Apfel zu pflücken? Wo hatten diese Augen auf mir geruht, wo meine unklaren Wünsche auf diesem Mund? Aus großer Tiefe in mir kam das Erinnern, doch meine Kindheit war voller Gärten, in denen Frauen gingen. Diese hier fand ich nicht wieder.

Und nun fuhr der Zug, barbarisch klappernd, in eine wie vom Himmel zurückgeworfene, wie fernher gespiegelte, im Traume vielleicht vorhergesehene Landschaft... Ich aber sprach zu mir: »Wie unterwartet, nie geschaut, nie erdacht«, und geriet außer mir, so sprangen meine Gedanken, von den äußeren Eindrücken gejagt, kreuz und quer vor dem Neuen. Bei einer Biegung, wo man auf die Heerstraße der himmlischen Küste zurücksah, stieß ein letzter Mimosenbaum sein ›Lobet die Sonne!‹ aus. Das sinkende Gestirn färbte ihn kupfern.

Für die Rosen der Gärten nahte indessen die Stunde, wo sie am schönsten sind, die große Klarheit, die der Dämmerung vorangeht, wenn eine jede von ihnen wie auf einer Geisterhand ruht. Am Ende des weiten, von der Olive bewohnten Tales, rund und fest auf seinem Gipfel schwebte St. Paul. Zu ihm stieg das Tal auf, in Mulden und Hängen, die mit zahllosen Mäuerchen bewehrt waren, auf daß der Regen die kostbare Erde nicht entführte, die all den Reichtum nährte: Orangen, Mandarinen, Rosen, äckerweit niedere Rosen, Levkoien, Spargel, Artischocken und wiederum Rosen. Kleine Hügel, mit kastellartigen Häusern, die Pinie als Sonnenschirm, die Zypresse als Blitzableiter neben sich, wachten über dem bewegten, in der Tiefe unübersichtlichen Aufmarsch. Seine gewaltigen Mauern in den Abhang gegraben, von Wällen gegürtet, eine Front von Häusern zeigend, von denen jedes eine Festung schien, den viereckigen Kirchturm in den Himmel gereckt, so erwartete St. Paul die dem Meere entstiegenen Vasallenvölker, die früchtebeladen und blumengeschmückt zu ihm emporstrebten. Ein wenig abseits, doch auf gleicher Höhe, hielt eine Gruppe Zypressen die Hauptwache: das Gros der über das Land verteilten Aufseher. Das war der Kirchhof, wie ich von meinem englischen Nachbar erfuhr. Nun, da war also vorgesorgt, daß man in den hundert Mulden und in der Ebene dieses Reiches selbst die Toten St. Pauls nicht vergaß! Plötzlich begannen die Olivenbüsche, die jungen Olivenbäume von einem unsichtbaren Leben zu erzittern, ein Rieseln ging durch ihr Laub, silberne Dämmerung umfloß ihr Dunkel – gewiß doch, die Luftgeister des Tages gingen in ihnen mit den Vögeln zur Ruhe! Die alten Bäume standen auf den Gräbern von Helden.

Ein Frohgeläute in der Brust, sprang ich auf. Kindliche Arme breitete ich, kindliche Rufe sprangen mir von den Lippen, ich drehte mich um mich selbst, nur, um das alles zu verlieren und in der nächsten Sekunde wiederzufinden, nur, um *mit* in dem großen Umzug zu sein, der im Abend angehoben! Da erblickte ich in der Ferne das Meer.

Es dämmerte. Ein Leuchtturm flitzte. Den beschmutzten Purpur des Ertrunkenen mit Füßen tretend, kam die Nacht über das Wasser. Jeden dritten Herzschlag flitzte der Leuchtturm, in sinnloser, rundum schweifender Angst.

Doch hier oben glühten tiefer die Orangen, meiner Hand erreichbar. Doch goldklare Äcker entsandten Levkoiendüfte. Doch in Filigranlaub musizierten zahllose kleine Rosen, vom Himmel gefallen, auf ihren Drähten gereiht. Der Zug hielt. Dicht über mir thronte die Stadt, in einer Wolke rosigen Wohllauts, und Bob schloß mich in die Arme.

[...]

L'Amico und ich beschlossen, uns noch eine Stunde unter den Sternen umzutun. An den laut belebten Hotels vorbei schlugen wir die Straße nach Vence ein, der Stadt auf dem Hochland, das ich vom Hotelhof am Abend erblickt hatte, wie es, emporgerissen, unter dem feurigen Felsen des Baou erblaßt war. Bob erzählte mir von der Stadt. Ein Lieblingsaufenthalt für pensionierte englische Kolonialbeamte, Lungenkranke und Maler, lag sie eine Stunde von St. Paul entfernt, wir konnten sie von der Straße nicht sehn, ebensowenig wie den Baou, wohl aber zahlreiche weiße Villen am Rande der Hochebene. Bob sprach, und aus den Worten, die ich vernahm, machte ich im gleichen Atemzuge Märchen... Zarte, junge Frauen, die auf der Terrasse der Villen lasen, erhoben sich vom Liegestuhl, beugten sich über das Geländer, griffen mit weißem Arm in das dunkle Laub des Orangenbaums. Die Frucht funkelte in ihrer Hand, sie bissen hinein wie in einen Apfel. Im Garten übte ein kleines Mädchen, den Rücken der Sonne zugewandt, mit Mandarinen das Ballspiel der Gaukler. Vor ihr stand ein weißgekleideter Mann, schmal, ein wenig gebückt, mit müde hängenden Armen, und schaute zu. Sein Schatten lag neben ihm wie ein Bündel Lumpen. Er war unheilbar krank. Aber er lächelte zufrieden... Gegen Abend befiel sie alle dort droben ein leichtes Fieber. Die Rosen wuchsen in die Fenster. Nachts rief ein mondsüchtiges Meer die Erwachten zu Ufern, die zu fern waren; sie waren zu nah... In der Stadt selbst gab es Volk, das hatte seine einfachen Gewohnheiten, von der Geburt bis zum Tod – lachte über die Fremden, wenn sie komisch waren, und staunte die Erhabenen an. Ein Bischof residierte in Vence. Man war nicht wenig stolz darauf, obwohl man bei den Wahlen für die Freimaurer stimmte. Starb der Bischof, so kamen viele andre Bischöfe zum Begräbnis, und man hätte glauben können, man sei in Rom. Blühende Frauen, man hatte sie soeben mit einem Arm voll Nelken über den Platz kommen sehn – Herren, die noch kürzlich um vier Uhr vor dem Café die Zeitung gelesen hatten, reisten in der Nacht plötzlich ab auf einem schwarzen Wagen. Manchmal lag ein Blumenkranz auf dem Sarg. Neben dem Kutscher saß ein Mann im Gehrock und umflortem Zylinder, er war betrunken und machte im Halbschlaf jeden Sprung des Wagens mit... Die ansässigen Maler holten an der Kleinbahn schöne Pariserinnen ab. Sie kamen und gingen. Die meisten kamen nicht wieder. Die Kinder hatten Schwärmereien, die einen Frühling dauerten; dann versteckten sie sich in der Umgebung der Hotels, um die Geliebten ungesehn zu erblicken. Die Vergänglichkeit war kein Makel... Wenn ich bald sterben sollte – so hier! Nicht in Breuschheim, wo mein Sterben zwischen lauter Gesunden so einsam gewesen wäre wie das eines Tieres im Wald.

Rudolf Rahn

Pomponiana Olbia

Von dem gastlichen Entgegenkommen der süßen Côte d'Azur erhielt ich gegen Ende unseres Aufenthaltes in Cannes noch einen weiteren eindrucksvollen Beweis. Beim Überschlag der Kosten sah ich mit Schrecken, daß meine Barschaft bei weitem nicht ausreichen würde für eine ehrenvolle Abfahrt. So mußte ich einen Eilbrief an meine Genfer Bank schreiben, um mich telegraphisch auslösen zu lassen. Mit diesem Brief schlenderte ich nach Tisch barhaupt und im Abendanzug gemächlich zur Bahn, als sich aus der Ferne der Expreßzug nach Mentone ankündigte. Ich hatte keine Verabredung, mein altes Fräulein war schlafen gegangen, nach Carneras Gesellschaft hatte ich kein Verlangen, der Vollmond stand in voller Pracht über den schwingenden Palmenzweigen, die Luft war düfteschwer und süß, und ich hatte noch nie die Küste zwischen Cannes und der italienischen Grenze gesehen. Bevor ich mir selbst über meinen Entschluß recht im klaren war, saß ich schon, mit einer Rückfahrkarte nach Mentone ausgestattet, in einem bequemen Abteil am offenen Fenster und schaukelte die sanft gewellte Küste entlang. Der gleichmäßige Hauch der warmen Nacht, das Geflimmer der Sterne, der milchige Widerschein des Mondes auf dem glatten Wasser und von fernher anschwellende und abklingende Musik wiegten mich halb in den Schlaf. Daraus wurde ich plötzlich durch den anhaltenden Ruck des Zuges und den Ausruf »Monte Carlo« aufgeschreckt. Monte Carlo – das klang doch ganz anders in den Ohren als Mentone. Ich konnte dem Reiz nicht widerstehen, und der Zug fuhr ohne mich weiter. Die Uhr zeigte zwanzig Minuten vor Mitternacht.

Der hellerleuchtete Spielsaal blendete mich, und beim Anblick der bleichen und gierigen Nachtgespenster an den Tischen hatte ich ein höchst unbehagliches Gefühl. Doch mußte ich nun wohl auch spielen. Ich wechselte meine restliche Barschaft gegen Spielmarken ein – es kam schließlich nicht mehr darauf an. Die Rückfahrkarte gab mir ein Gefühl der Sicherheit. Das Spiel selbst war mir ein Rätsel, und ich war zu scheu, um zu fragen. So setzte ich eben 100 Franken auf eine beliebige Zahl – und bekam an die 4000 zurück. Zum zweiten Mal 100 Franken mit dem gleichen Ergebnis. Zum dritten Mal 100 Franken – weg waren sie. Zum vierten Mal – wieder weg! Ach so, das gab es auch. Ich ging zu der großen Terrasse und schaute den Hügel hinab über die Mondscheinlandschaft hin. Da blinkten mich ganz in der Ferne die feurigen Augen des Gegenzuges an: Das ist ein Wink der Götter, sagte ich mir, rannte zum Wechselschalter, dann eilenden Fußes die Treppen hinab auf den Bahnsteig und in letzter Sekunde noch in den anfahrenden Zug. Es war zwölf Uhr vier Minuten.

Den Brief nach Genf habe ich dann nicht mehr eingeworfen, mich aber auch nie wieder ernstlich im Glücksspiel versucht. Es war mir doch ein wenig unheimlich bei der Sache. Mademoiselle war am nächsten Tag erstaunt über meine Schlafsucht, noch mehr über meine plötzliche Reiselust. Doch traf sie wie ein geübter chinesischer Messerwerfer haarscharf neben das Ziel mit ihrer nachsichtig tadelnden Bemerkung, meine Bewunderung für die blasse, verschlossene Russin mit dem Madonnenscheitel habe ihr gleich nicht gefallen. Das habe schlecht enden müssen. Nein, Monte Carlo war es, das hatte den Zauber gebrochen; ich mußte fort von Cannes, fort von dieser allzu schönen Küste mit ihrer allzu süßen Luft. Dafür wollte ich noch ein paar Örtchen im hügeligen Hinterland besuchen und mir ein Quentchen von der bukolischen Verträumtheit dieser geruhsam hindämmernden Landschaft mitnehmen nach dem von Völkerbundsdebatten widerhallenden Genf. So fuhren wir nach Hyères, und damit begann das kleine rührende Abenteuer, dessentwegen ich die Geschichte dieser Reise erzähle.

Die Tage waren fast unerträglich heiß geworden. Die Straßen dampften vor Staub, und die weiß getünchten Häuser spien ganze Glutwellen aus. Meine geduldige Mademoiselle zog den

Schatten von Haus und Garten vor. So konnte ich nach Herzenslust allein durch die engen Gassen streichen und über die heißen Mäuerchen spähen. Im kleinen Klosterteich lärmten die Frösche mit dröhnender Inbrunst. Die Bewohner des Städtchens dösten in den Fenstern oder unter den offenen Türen, nur oben auf dem platanenbedeckten Kirchplatz spielte eine Schar schwarzäugiger, fünf- bis zehnjähriger Kinder. Ein Mädchen darunter hatte es mir besonders angetan. Sie trug als viel zu schwere Last für ihre dünnen braunen Beinchen ein Brüderchen auf dem Arm. Das Gewicht drückte ihren Leib nach vorn, so daß sie aussah wie die kleine Madonna von Bourg. Aber trotz großer ernster Augen und eines ausdrucksvollen, traurigen Mundes zappelte ihr ganzer Leib von Lebenslust. Immer wieder mußte sie ein paar Tanzschritte machen, so daß das zerfranste Röckchen zu fliegen begann. Je länger ich hinschaute, desto holder schien mir das Bild. Am liebsten hätte ich das ganze Madönnchen samt Brüderlein gestohlen und mitgenommen. »Wie heißt du?« fragte ich sie. »Ariette«, sagte sie, und machte wieder ihre Tanzschrittchen. Ariette – Liedchen, kleines Liedchen, daß man dich nicht auf ein Notenblatt schreiben und immer wieder singen kann!

Beim Abstieg vom Kirchberg fiel mir das »Musée Lapidaire« ein. Wo waren bloß meine Gedanken geblieben? Ganz schuldig und pflichtvergessen kam ich mir vor. Dreimal fragte ich vergebens danach, beim viertenmal wies ein alter behäbiger Spaziergänger mit dem Stock auf ein großes, graues Haus: »Darin gibt's vielleicht so etwas.« Vor der groben Eichentür saß ein Invalide auf dem Schemel und streckte sein Holzbein auf die Straße. Er ließ sich ungern aus seinem Halbschlaf wecken. Mit dem »Musée Lapidaire« sei es hier nichts, meinte er, aber eine bedeutende Bibliothek sei im Haus. Doch diese sei am Nachmittag geschlossen. Ob man nicht gegen eine angemessene Entschädigung den Schlüssel finden könne, fragte ich. Ja, das ließe sich wohl machen, gab er zur Antwort und zog einen unförmigen, vielzackigen Schlüssel aus der Tasche. Dann stand ich in dem halbdunklen Raum. Der Wächter stelzte über den hallenden Bretterboden in eine Ecke und zeigte mir den »lokalen Teil«. Das erste und einzige Buch, das ich zur Hand nahm und vorsichtig von dem dicken Staub befreite, trug den Titel: Le Lt. Colonel de Poitevin de Maureillan; Pomponiana Olbia San-Salvadour. Auf dem ersten Blatt war ein Bild des Verfassers, das gar nicht zu dem gelehrten Gegenstand passen wollte. Ein grimmiges, schnauzbärtiges Offiziersgesicht mit einer gewaltigen Ordensschnalle darunter schaute mir entgegen. Dann fing ich an zu lesen. Mit rührend schwungvollem Pathos berichtete der alte Oberst von seinem »Lebenswerk«, dem leider nur unvollkommen geglückten Versuch, die von ihm näher bestimmte griechisch-phokäische Siedlung Olbia auszugraben. Die Illustrationen des Buches zeigten ein recht mageres Ergebnis seiner Bemühungen: ein paar Krüge, Schlösser, Waffen, Hausgeräte und eherne Zierate. Für meine augusteischen Studien war hier nicht viel zu finden. Aber das Buch hätte ich doch gerne besessen. »Das finden Sie bei keinem Buchhändler«, meinte der Invalide, »doch kann Ihnen der alte Poitevin vielleicht noch eins geben.« Der alte Herr lebte also noch. Den mußte ich sehen. In einer Apotheke, wohin ich verwiesen wurde, erfuhr ich, der Oberst lebe im fünften Stock desselben Hauses, sei aber maueralt – »archivieux« – und außerdem vor kurzem vom Schlagfluß getroffen worden. Nicht ganz ohne Zagen – denn im Jahre 1927 war der Krieg in Frankreich noch nicht ganz vergessen und mein Französisch noch unvollkommener als heute – stieg ich die engen, knarrenden Hühnerstiegen hinauf. Eine Klingel gab es nicht, und ich mußte dreimal klopfen, bis ein schlurfender Schritt hörbar wurde. Die mit einer Kette gesicherte Tür öffnete sich zu einem Spalt, und ein altes Weibchen ließ sich vernehmen: »Qui est là?« Ich fragte nach dem Herrn Oberst. Ja, der sei krank und nicht zu sprechen. Aber ich käme doch wegen Olbia, sagte ich laut. Das Zauberwort wirkte. Eine donnernde Stimme erdröhnte von innen: »Qu'il entre!« »Die Offiziere oder die Archäologen oder beide stehen nicht hoch im Kurs bei den Franzosen«, dachte ich, als ich die Wohnung betrat. Noch kümmerlicher und bescheidener konnte man nicht leben. Das einzige Prunkstück war ein breites Eichenbett. Das stand im Eckzimmer gegen das offene Fenster gerichtet, durch das der Blick weit über das hügelige Land bis zu dem öden sandigen Küstenstreifen reichte. In dem Bett lag mein alter Oberst, in der Tat »archivieux« und sichtlich vom Tode gezeichnet. Nur Augen und Stimme waren noch mächtig und von überraschender Kraft. Der Alte schnitt meinen Gruß kurz ab, griff nach einem schwarzen Krückstock und zeigte durchs Fenster auf die flache Düne hinab. »Dort liegt sie«, sagte er laut und schaute mich erwartungsvoll an. »Wer liegt da?« fragte ich leicht beklommen. »Olbia natürlich«, und fast drohend fügte er hinzu, »deshalb bin ich doch in diese elende Mansarde gezogen.« Sein Blick ging aufmerksam, wie forschend durchs Fenster, er schien meine Gegenwart fast vergessen zu haben. Und dann fing er plötzlich an zu erzählen: »Als junger Leutnant wurde ich hierher kommandiert. Es waren geruhsame Zeiten, mein Herr, und mehr aus Langeweile interessierte ich mich für die Reste der römischen Siedlung Pomponiana. Dabei habe ich entdeckt, daß es das berühmte griechisch-phokäische Olbia gewesen sein muß. Ich kaufte mir Bücher über Archäologie und fing an auszugraben. Bald dachte ich Tag und Nacht nur noch an Olbia. Aber es fehlte mir an allem. Mein kleines Vermögen war bald verbraucht. Dann machte ich Berichte an die Verwaltung des Louvre. Es kam nicht einmal eine Antwort. Auch bei der Regierung habe ich Eingaben gemacht. Die wurden höflich abgewiesen. Nun, Sie wissen ja, wie die Regierungen sind. So habe ich eben selbst weiter gegraben und weiter geforscht. Jeden Centime habe ich für Olbia ausgegeben. Die Ergebnisse habe ich später in einem Buch zusammengestellt. Aber es war nichts. Man kann eine große Stadt nicht allein ausgraben. Meine Liebe, meine Mühe, meine Träume, alles war umsonst. Meine Arbeit hatte keinen Sinn. Sehen Sie, dort liegt Olbia! Jeden Tag schau ich es mir an, stundenlang. Die anderen freilich sehen nur Sand. Was wollen Sie, so ist das Leben! Aber Sie?« fragte er plötzlich auffahrend – »wer sind Sie eigentlich, und woher wissen Sie etwas von Olbia?«

Ich hatte mit wachsendem Staunen zugehört und war mir dann mit einem Male bewußt, daß mir das Schicksal eine echte Aufgabe gestellt habe. Langsam fing ich an: »Der große Krieg ist vorbei, Herr Oberst, und in Genf haben sich die Völker zu einem umfassenden Werk des Friedens zusammengeschlossen.

Da dürfen Kunst und Wissenschaft nicht fehlen. Wir suchen nach bedeutenden Werken und Forschungen, die vergessen oder vernachlässigt sind und Förderung verdienen. Bei dieser Untersuchung, Herr Oberst, sind wir auf Ihren Namen und Ihr Werk gestoßen, und nun bin ich hierher gesandt worden mit dem Auftrag, Erkundigungen einzuziehen und einige Exemplare Ihres Buches zu neuer und sorgfältiger Prüfung zu erwerben.« – –

Auch in Ariettes kleinem Gesichtchen war die Sonne aufgegangen, als ich ihr und dem Brüderlein Schokolade schenkte. Aber was in dem Gesicht des alten Mannes vorging, hat mich tief bewegt. »Olbia«, rief er aus, »man hat uns doch nicht vergessen, dich und den alten Poitevin. Dann habe ich ja nicht umsonst gelebt und gegraben! Mein Herr, Sie haben einem alten Mann das größte Glück beschert vor seinem Tode!« Und dann rief er wieder mit seiner alten Kommandostimme, die diesmal fast übermütig klang: »Marie, Marie, holen Sie dem Herrn ein paar Bände von unserem Buch, schnell, Marie, schnell!« Die Alte kam angeschlichen und zupfte mich am Ärmel. Als ich ihr zur Tür folgte, flüsterte sie mir zu: »Die gibt's doch nicht mehr, ich hab sie ja alle im Kamin verbrennen müssen letzten Winter. Der Herr war so krank, und wir hatten doch kein Geld.« Ebenso leise flüsterte ich zurück: »Schauen Sie noch einmal nach, und wenn Sie keines mehr finden, dann schlagen Sie mir ein Brett oder irgend etwas in diese Zeitung, damit es der Herr Oberst nicht merkt.« Aber der kümmerte sich nicht mehr um mich. Strahlend lag der Alte im Bett, sprach halblaut vor sich hin und winkte mit der Hand zum Fenster. Als ich leise die Tür zugemacht hatte, kam das krumme Weiblein wieder. Zwei Exemplare hatte sie doch noch gefunden. Die kosteten 24 Franken, und mehr wollte sie nicht annehmen. »Der Preis ist draufgedruckt«, sagte sie. Als ich die knarrende Treppe hinunterging, mußte ich doch wirklich den Göttern von Olbia eine kleine lächelnde Träne opfern: Singe, Herz, du hast einem heiligen Narren die letzte Ölung gegeben, kein Priester wird dich ob der frommen Lüge tadeln.

Mademoiselle war schon recht in Sorge, als ich mit großer Verspätung im Hotel ankam. Sie hat, glaube ich, die Geschichte von Olbia nie erfahren, aber die Rückreise habe ich ihr wie ein fürsorglicher Sohn verschönt, und wir trennten uns fröhlich vor ihrem Genfer Haus.

Egon Erwin Kisch

Das Verlies des Grafen von Monte Christo

Wie sich der Leser wohl erinnert, wird Edmond Dantès, nachmals Graf Monte Christo, von einem ehrgeizigen Berufskollegen verleumdet, von einem eifersüchtigen Nebenbuhler angezeigt und von einem um seine Karriere besorgten Staatsanwalt eingekerkert in den Kasematten des Schlosses If bei Marseille, durch einen Gang, den ein Zellennachbar, der Abbé Faria, in jahrelanger Mühsal gräbt, erlangt Dantès das Geheimnis eines Schatzes und schließlich die Freiheit, indem er sich anstelle des verstorbenen Priesters in den Totensack einnähen und als Leichnam in das Meer werfen läßt.

Unwahr ist, daß es je einen Edmond Dantès, vulgo Monte Christo, gegeben, unwahr die ganze Denunziationsgeschichte, unwahr der Abbé Faria und der Schatz, unwahr (und kitschig) der ganze weitläufige Racheplan des Freigekommenen. Wahr aber, fürchterlich wahr die Kerkerhölle im Schlosse If, Alexandre Dumas hat schaudernd die Verliese gesehen und sich, ein Sohn der Bastillestürmer, die Tragödien ihrer Bewohner auszumalen vermocht; ein enges Loch, das zwei Zellen verbindet, war der Anlaß zu seinem Roman, dem gelesensten der Weltliteratur – das Scherzwort, man müsse, um eine Kanone herzustellen, ein Loch nehmen und mit einem Lauf umgeben, war allen Ernstes sein Rezept, um das Loch herum schrieb er sein Buch... Angesichts dieses von einem Lebendigbegrabenen zum Leidensgefährten gebahnten Weges, angesichts einer kahlen Felseninsel von stöhnendem Kalk, angesichts erbarmungsloser Wälle und finsterer Wölbungen und vergitterter Luken, angesichts einer dreihundertjährigen Vergangenheit von Qualen geschichtsbekannter Kerkersträflinge begann er das Leben eines zu erzählen, der niemals gelebt...

Um dieses Phantoms willen wallfahrten Menschen in Barkassen zu dem Eiland ihres Lieblings aus dem Roman und dem Kino. Fröstelnd stehen sie in seiner Zelle, die es nie war, und nur nebenbei, da ja das Eintrittsgeld bereits bezahlt und die Kerze noch nicht niedergebrannt ist, schweifen sie in die anderen Räume und erfahren, daß Frankreich im Mittelmeer eine zweite Bastille besaß, ihrer Pariser Kollegin würdig.

Der Romanschreiber läßt seinen Helden nach vollbrachtem Rachewerk die ehemalige Zelle zwecks Reflexion besichtigen, denn seit 1830, der Julirevolution, ist der Kerker aufgehoben, und Neugierige können ihn anschauen kommen. Das aber ahnten Dumas-Vater und Monte Christo, der Sohn seiner wüsten Phantasie, nimmermehr, daß sich diese Schauderstätten wieder mit zwangsweiser Bewohnerschaft bevölkern und noch im *Jahre 1919* Menschen in den Festungswänden von Schloß If festgehalten würden. Während des Weltkrieges saßen deutsche und österreichische Zivilgefangene darin.

Dreieinhalb Jahrhunderte lang wurde hier ausgesetzt, wer gegen Kirche, König und Staat aufzumucken wagte, nur die Minderheit fand aus dem Felsengrab den Weg ins Leben zurück. Den ersten Häftling, den Wundertäter Alberto del Campo, holte das Ketzergericht selbst heraus, um dem Volk das Schauspiel eines Autodafés zu bieten: Am Weihnachtstage 1588 wurde in Aix der falsche Abbé verbrannt und seine Geliebte, Margarita Sachetti, nackt vom Henker ausgepeitscht. Einer seiner Nachfolger, der wegen oppositioneller Haltung gegen den Kardinal Richelieu eingekerkerte Marseiller Kaufmann Bernardot, ist in der Kriminalgeschichte als Urheber der verzweifeltesten und am meisten Energie erfordernden Methode zur Abkürzung der Haft bekannt: des *Hungerstreiks*; in den zehn Tagen seines freiwilligen qualvollen Fastens schrieb er mit einem Stück Kohle und mit Blut die Schilderung seiner Torturen an die Wand, und am elften Tage sank er tot zusammen.

Illustre Herren hatten im Laufe der Zeiten in den »Cachots« Wohnung zu beziehen, so *Prinz Kasimir von Polen*, der auf spanischer Seite Kriegsdienste nehmen wollte, trotzdem sein

Bruder, König Ladislaus VII., mit Ludwig XIII. ein Waffenbündnis abgeschlossen; durch Schiffskatastrophe zum Landen gezwungen, durch Verrat verhaftet, endete seine Absicht in der Kasematte im Mittelländischen Meer. Ein noch erlauchterer Bruder, der *Mann mit der eisernen Maske*, dessen Geheimnis seinen Tod überdauerte, kam, vom Gouverneur der Pariser Bastille, Herrn von Cinq-Mars, begleitet, 1686 hierher; seine Zelle im ersten Stock wölbt sich höher und geräumiger als die anderen, aber auch sie ist kalt und nackt und feucht, und im Louvre oder in Versailles ließ es sich besser wohnen – in den Schlössern, die ihm wohl gehörten.

Die Rache, die der phantasieentsprungene Graf von Monte Christo hier ausbrütet – ein wirklicher Häftling, ein wirklicher Graf hat sie wirklich genommen. Wegen leichtfertigen Schuldenmachens wurde am 23. August 1774 eingeliefert Gabriel Honoré de Riquetti, Comte de *Mirabeau*. Er hat später seine Leidensgenossen beschrieben, deren Verbrechen zumeist darin bestand, eine schöne Frau oder eine schöne Tochter zu besitzen, mit welcher der oder jener Machthaber ungestört leben wollte. Auf Château d'If verfaßte Mirabeau seinen »Essay über den Despotismus«, eine der großen Werbeschriften für die große Revolution, die Mirabeau an ihrer Spitze sah und die die Türen auch dieser Verliese öffnete –

– um sie unter der Herrschaft Napoleons hinter neuen Opfern ins Schloß fallen zu lassen. Deserteure, Attentäter, Royalisten, Spione, Meuterer und Frondeure werden von Sbirren und Gendarmen hinübergerudert, der erste Tag der ersten Restauration macht sie frei, der erste Tag der Hundert Tage überliefert sie wieder dem Donjon au Château d'If, der erste Tag der zweiten Restauration füllt alle Löcher der Festung mit Bonapartisten. Das ist die ewige Raserei der Justiz, sie glaubt gerecht zu peitschen und wird selbst gepeitscht von der Politik, heut von dieser, morgen von jener, Macht geht vor Recht, ohnmächtig schlagen Fäuste gegen Eisentüren. Verschwörungen und Fluchtversuche der Häftlinge enden auf dem Galgen. Einer schlägt den Kerkermeister nieder und wird gehängt. Einer stürzt sich in die Zisterne, die unter den Meeresboden reicht, ins Gebiet des Süßwassers. Bei jedem Wellenschlag ächzen die porösen Felsen, als erwachten in ihnen die längst verhallten Seufzer.

Die Julirevolution hebt das Inselgefängnis auf, doch die Niederwerfung der Revolution von 1848 liefert ihm an einem Tage zweihunderteinundsechzig Personen, fast jede von ihnen hat ihren Namen auf einer Platte der Terrasse gemeißelt; der Staatsstreich vom 2. Dezember 1851 – »der 18. Brumaire des Louis Bonaparte« – stopft die Höhlen mit festgenommenen Republikanern voll, und nach der Commune von 1871 sind fünfhundertdreizehn Gefangene da, Frauen darunter, sie werden verurteilt, meist zum Tode (unter anderen stirbt Gaston Crémieux auf der Guillotine) oder zur Verbannung. Dann sind's Araber, die einen Aufstand in Algier unternahmen, und die deutschen und österreichischen »Zivilinternierten« von 1914 bis 1919 werden die ersten Nachfolger Monte Christos im zwanzigsten Jahrhundert und die letzten – bis jetzt.

Walter Benjamin

Les Cahiers du Sud

Marseille ist das strahlende gewürfelte Wappen, das die Provence dem Mittelmeer entgegenhält. Hinter ihr liegt die alte Landschaft der Troubadoure und der Félibres. Bei Aix beginnt sie – steckt schon mitten drinnen in diesem Irrgarten bemooster Steinfontänen. Wasserzauber zieht sich durch die ganze Provence. Nirgends ist seine Inkantation so unwiderstehlich wie im Jardin des Fontaines du Nîmes. Arles ist die Schallmaske der provençalischen Fama. Von hier ging mit dem Ruhme Mistrals ihr erneuerter Name aus. All dem ist man in Marseille weit entrückt. Die Brandung eines Lebens, das hier durch Jahrhunderte, pausenlos wie das ozeanische, anschlägt, macht die griechische Landschaft um Aix vergessen. Wie immer stimmt das Hafenbild am Mittelmeer zur Muße, doch nicht zu träumender und dichtender, sondern zu selig dumpfer Betrachtung. Begreiflich, daß man hier wenig Buchläden findet. Wenige werden sie suchen – und dann vielleicht um einen Band der Marseillaiser »galéjades« zu kaufen, denkwürdiger Dicta des Marius und anderer Typen vom vieux port. Oder jemand kommt auf Eugène Montfort und nimmt mit irgendeinem seiner Romane (etwa der immer noch unübersetzten schönen »Belle Enfant ou l'Amour à quarante ans«) ein Bild dieser strahlenden Stadt in sich auf. Dies alles aber zeichnet nur Marseille und prägt es nicht. Darum bewirbt, in dem erneuerten Bewußtsein ihrer Leiter von diesem Hafen als dem größten Frankreichs, als eines europäischen Umschlagplatzes (wo selbst die neue Kathedrale bei der Mole von außen eher als einem Gotteshause einem Bahnhof ähnelt) sich eine neue Zeitschrift – die »Cahiers du Sud«. Eine alte Zeitschrift. Denn neu ist nur der Name und die Richtung. Im Jahre 1914, als sie anfing zu erscheinen, hieß sie »Fortunio«, und heut wie damals ist Jean Ballard, der mit der Zeitschrift selber groß geworden ist, ihr Herausgeber. Er sagt mir: »Wir sind jetzt auf dem Wege zur großen Revue. Wir arbeiten nicht gegen Paris, sondern im Einvernehmen mit den Kameraden dort, doch unabhängig von dem modischen Betrieb der Hauptstadt. Wir lieben unsere Stadt mit Leidenschaft, aber wir pflegen nicht das Provençalische als solches. Uns geht es darum, für die wirtschaftliche Signatur der Stadt den Ausdruck in dem geistigen Bezirk zu finden. Die Formen dieses Ausdrucks können nicht von uns, den Eingesessenen, ganz allein geschaffen werden. Marseille ist eine höchst europäische Stadt. Europa wird an seinem Geistesbilde mitarbeiten, wie es das seit Jahrhunderten an seinem topographischen getan hat.« Und nun schlägt er die Hefte auf, in denen deutsche und englische, italienische und spanische Namen häufig den Ehrenplatz an erster Stelle haben. Nicht immer allbekannte Namen – denn ein Unternehmungsgeist, der gegen die Pariser Saturiertheit angenehm sich abhebt, hält nach dem »inédit« der Namen und Gedanken Ausschau. Und wie gewissenhaft dabei, bis in das Technische, verfahren wird, ersah ich aus der mustergültigen (und dabei anonymen) Übertragung von Ernst Blochs bedeutendem Versuche »Über das noch nicht bewußte Wissen«, mit dem das August[/September-]heft [1926] eröffnet wurde. Alsbald erschien darauf der Essay auszugsweise in den »Nouvelles littéraires«, und so könnte denn eines Tages vielleicht der Name eines deutschen Philosophen sich von Marseille bis nach Berlin herumgesprochen haben. Im gleichen Sinne und weitab von binnenländischem Snobismus halten sich Referate über fremdes Schrifttum. Dicht neben seiner Rezension des Brechtschen »Baal« bespricht Marcel Brion die neuesten Reclambände. Und in Gemeinschaft mit Sauvage vom Pariser »Intransigeant« eröffnet er in den »Cahiers du Sud« eine Umfrage an die Leser im Ausland. »Wie stehen Sie zu den bisherigen Übertragungen von Werken Ihrer Muttersprache ins Französische? Und welche Werke wären, Ihrer Meinung nach, zu übertragen?« Von alledem war unter uns die Rede, während dicht neben uns der eine Korrektur las, ein anderer Briefe tippte und ein dritter, vierter, fünfter mit Fragen oder Manuskripten zur

Redaktionssitzung kamen, deren Zeuge ich dergestalt wurde. So lernte ich den Stab des Leiters kennen: den Romancier Gabriel d'Aubarède, Pierre Humbourg, dessen große Studie über Giraudoux jetzt in allen Pariser Buchläden liegt, Bourguet und manchen anderen. Dies alles in dem hohen schönen Zimmer Jean Ballards, in das ich über düstere Treppen mich nicht leicht gefunden hatte. Ein Haus im alten Hafenviertel, 10 Quai du Canal: ein steinern eingerahmtes Stückchen Mittelmeer spiegelt die Fenster der Redaktion.

Marseille

La rue ... seul champ d'expérience valable.
André Breton

Marseille – gelbes, angestocktes Seehundsgebiß, dem das salzige Wasser zwischen den Zähnen herausfließt. Schnappt dieser Rachen nach den schwarzen und braunen Proletenleibern, mit denen die Schiffskompagnien ihn nach dem Fahrplan füttern, so dringt ein Gestank von Öl, Urin und Druckerschwärze daraus hervor. Der ist vom Zahnstein, der an den wuchtigen Kiefern festbackt: Zeitungskioske, Retiraden und Austernstände. Das Hafenvolk ist eine Bazillenkultur; Lastträger und Huren menschenähnliche Fäulnisprodukte. Im Gaumen aber sieht es rosa aus. Das ist hier die Farbe der Schande, des Elends. Bucklige kleiden sich so und Bettlerinnen. Und den entfärbten Weibern der rue Bouterie gibt das einzige Kleidungsstück die einzige Farbe: rosa Hemden.

»Les bricks«, so heißt das Hurenviertel nach den Leichtern, die hundert Schritt davon an der Mole des alten Hafens vertaut sind. Ein unübersehbarer Fundus von Stufen, Bögen, Brücken, Erkern und Kellern. Er scheint auf seinen richtigen Gebrauch, die zweckentsprechende Verwendung, noch zu warten. Allein er hat sie. Denn dies Depot von ausgedienten Gassen ist das Hurenviertel. Unsichtbar verlaufen die Striche, die das Terrain scharf und eckig wie afrikanische Kolonien unter die Berech-

tigten abteilen. Die Huren sind strategisch placiert, auf einen Wink bereit, Unschlüssige zu umzingeln, den Widerspenstigen wie einen Ball von einer Straßenseite zur anderen sich zuzuspielen. Wenn er sonst nichts bei diesem Spiele einbüßt, ist es sein Hut. Ist einer schon so tief in diesen Häuserkehricht eingedrungen, um auf das Innerste im Gynezeum, die Kammer zu geraten, wo die erbeuteten Embleme der Männlichkeit: Canots, Melonen, Jägerhüte, Borsalinos, Jockeimützen auf Konsolen gereiht oder an Rechen geschichtet hängen? – Durch Kneipen hindurch trifft der Blick auf die See. So zieht die Gasse durch eine Reihe unbescholtener Häuser wie von schämiger Hand gegen den Hafen gedeckt sich dahin. An dieser schämigen, triefenden Hand aber glänzt, ein Siegelring am harten Finger eines Fischerweibs, das alte hôtel de ville. Hier haben vor zweihundert Jahren Patrizierhäuser gestanden. Ihre hochbusigen Nymphen, ihre schlangenumwundenen Medusenhäupter überm verwitterten Türrahmen sind jetzt erst deutlich, Zunft- und Gildezeichen geworden. Es sei denn, man hätte Schilder darüber gehängt, wie die Hebamme Bianchamori das ihre, auf dem sie, an eine Säule gelehnt, allen Kupplerinnen des Viertels die Stirne bietet und lässig auf ein stämmiges Bübchen weist, das im Begriff steht, sich aus einer Eierschale zu befreien.

Geräusche. Oben in den menschenleeren Straßen des Hafenviertels sitzen sie so dicht und so locker wie in heißen Beeten die Schmetterlinge. Jeder Schritt schreckt ein Lied, einen Streit, Klatschen triefenden Leinzeugs, Brettergerassel, Säuglingsgejammer, Klirren von Eimern auf. Nur muß man sich allein hierher verloren haben, um ihnen mit dem Kescher nachzufolgen, wenn sie taumelnd in die Stille entflattern. Denn noch haben in diesen verlassenen Winkeln alle Laute und Dinge ihr eigenes Schweigen, wie es um Mittag auf Höhen ein Schweigen der Hähne, ein Schweigen der Axt, ein Schweigen der Grillen gibt. Aber die Jagd ist gefährlich und zuletzt bricht der Häscher zusammen, wenn ihn wie eine riesenhafte Hornisse von hinten ein Schleifstein mit dem zischenden Stachel durchbohrt.

Notre Dame de la Garde. Der Hügel, von dem sie herabblickt, ist der Sternenmantel der Gottesmutter, in den die Häuser der Cité Chabas sich einschmiegen. Nachts bilden die Laternen in seinem samtenen Innern Sternenbilder, die noch keinen Namen haben. Er hat einen Reißverschluß: die Kabine unten am stählernen Bande der Zahnradbahn ist das Kleinod, aus dessen gefärbten Butzenscheiben die Welt zurückstrahlt. Ein ausgedientes Fort ist ihr heiliger Fußschemel, und ihren Hals umgibt ein Oval wächserner, verglaster Votivkränze, die wie Reliefprofile ihrer Vorfahren aussehen. Kettchen von Dampfern und Seglern bilden die Ohrgehänge, und aus den schattigen Lippen der Krypta drängt sich ein Schmuck rubin- und goldfarbener Kugeln, an dem die Pilgerschwärme wie Fliegen hängen.

Kathedrale. Auf dem unbetretensten, sonnigsten Platz steht die Kathedrale. Hier ist es ausgestorben, trotzdem im Süden, zu ihren Füßen, La Joliette, der Hafen, im Norden ein Proletarierviertel dicht anstößt. Als Umschlagplatz für ungreifbare, undurchschaubare Ware steht da das öde Bauwerk zwischen Mole und Speicher. An vierzig Jahre hat man darangesetzt. Doch als dann 1893 alles fertig war, da hatten Ort und Zeit an diesem Monument sich gegen Architekten und Bauherrn siegreich verschworen, und aus den reichen Mitteln des Klerus war ein Riesenbahnhof entstanden, der niemals dem Verkehr konnte übergeben werden. An der Fassade sind die Wartesäle im Innern kenntlich, wo Reisende I. bis IV. Klasse (doch vor Gott sind sie alle gleich), eingeklemmt wie zwischen Koffer in ihre geistige Habe, sitzen und in Gesangbüchern lesen, die mit ihren Konkordanzen und Korrespondenzen den internationalen Kursbüchern sehr ähnlich sehen. Auszüge aus der Eisenbahnverkehrsordnung hängen als Hirtenbriefe an den Wänden, Tarife für den Ablaß auf die Sonderfahrten im Luxuszug des Satan werden eingesehen, und Kabinette, wo der Weitgereiste diskret sich reinwaschen kann, als Beichtstühle in Bereitschaft gehalten. Das ist der Religionsbahnhof zu Marseille. Schlafwagenzüge in die Ewigkeit werden zur Messezeit hier abgefertigt.

Das Licht von Grünkramläden, das in den Bildern Monticellis ist, kommt aus den Innenstraßen seiner Stadt, den monotonen Wohnvierteln der Eingesessenen, die etwas von der Traurigkeit von Marseille wissen. Denn die Kindheit ist der Quellenfinder der Trübsal, und um die Trauer so ruhmreich strahlender Städte zu kennen, muß man in ihnen Kind gewesen sein. Dem Reisenden werden die grauen Häuser des Boulevard de Longchamps, die Fenstergatter des Cours Puget und die Bäume der Allée de Meilhan nichts verraten, wenn ihn nicht ein Zufall in die Totenkammer der Stadt, den Passage de Lorette führt, den schmalen Hof, wo im schläfrigen Beisein einiger Frauen und Männer die ganze Welt zu einem einzigen Sonntagnachmittag zusammenschrumpft. Eine Immobiliengesellschaft hat ihren Namen in das Portal gemeißelt. Entspricht nicht dieser Binnenraum genau dem weißen angepflockten Rätselschiff im Hafen – »Nautique«, die nie ins Meer sticht, um dafür alltäglich an weißen Tischen Fremde mit Gerichten, die viel zu sauber und wie ausgewaschen sind, zu speisen?

Muschel- und Austernstände. Unergründliches Naß, das als schmutziger Guß reinigend über schmutzige Balken strömt, übers Warzengebirge rosiger Muscheln von der höchsten Konsole herab, zwischen Schenkeln und Bäuchen glasierter Buddhas, an gelben Zitronenkuppeln vorüber, ins Sumpfland der Kressen und durch die Waldung französischer Fähnchen sprudelt, um endlich als die beste Würze des zuckenden Tiers unsern Schlund zu berieseln. Oursins de l'Estaque, Portugaises, Maremmes, Clovisses, Moules marinières – all das wird unaufhörlich gesiebt, gruppiert, gezählt, geknackt, verworfen, angerichtet, verkostet. Und der träge, stupide Makler des Binnenhandels, Papier, hat nichts in dem entfesselten Element, der Brandung schäumender Lippen zu suchen, die immer gegen die triefenden Stufen ansteigt. – Aber drüben, am andern Quai, zieht der Gebirgszug der »Andenken« sich entlang, das mineralische Jenseits der Muscheln. Seismische Kräfte haben dies Massiv von Glasfluß, Muschelkalk, Emaille aufgetürmt, in dem die Tintenfässer, Dampfer, Anker, Quecksilbersäulen und Sirenen ineinanderstecken. Der Druck von tausend Atmosphären, unter dem hier diese Bilderwelt sich drängt und bäumt und staffelt, ist die gleiche Kraft, die sich in harten Schifferhänden nach langer Fahrt an Frauenschenkeln und Frauenbrüsten erprobt, und die Wollust, die auf den Muschelkästen ein rotes oder blaues Sammetherz aus der Steinwelt heraustreibt, um es mit Nadeln und Broschen spicken zu lassen, die gleiche, die am Zahltage diese Gassen erschüttert.

Mauern. Zu bewundern die Disziplin, der sie in dieser Stadt unterworfen sind. Die besseren im Zentrum tragen Livrée und stehen im Solde der herrschenden Klasse. Sie sind mit schreienden Mustern bedeckt und haben sich in ihrer ganzen Länge vielhundertmal dem neuesten Anis, den »Dames de France«, dem »Chocolat Menier« oder Dolores del Rio verschrieben. In den ärmeren Vierteln sind sie politisch mobilisiert und stellen ihre geräumigen roten Lettern als Vorläufer roter Garden vor Werften und Arsenale.

Der Verkommene, der nach Einbruch der Nacht an der Ecke der Rue de la République und des Vieux Port seine Bücher verkauft, ruft in den Passanten schlechte Instinkte auf. Es kitzelt sie, sich so viel frisches Elend zunutze zu machen. Und es gelüstet sie, mehr von solch namenlosem Unglück zu erfahren, als das Bild der Katastrophe, die es uns vorstellt. Denn wohin muß es mit einem gekommen sein, der, was ihm von Büchern geblieben ist, vor sich auf den Asphalt geschüttet hat und nun hofft, einen, der hier spät noch vorbeikommt, möchte ein Sehnen nach Lektüre beschleichen? Oder ist alles ganz anders? Und hält hier eine arme Seele Wacht, die uns stumm anfleht, den Schatz aus dem Trümmerhaufen zu heben? Wir hasten vorbei. Aber wir werden an jeder Ecke von neuem stutzen, denn immer hat der südliche Händler den Bettlermantel so um sich geschlagen, daß mit tausend Augen das Schicksal uns daraus ansieht. Wie fern sind wir der tristen Würde unserer Armen, der Kriegsbeschädigten des Konkurrenzkampfs, an denen Senkel und Dosen mit Stiefelwichse wie Kordons und Medaillen hängen.

Vorstädte. Je weiter wir aus dem Innern heraustreten, desto politischer wird die Atmosphäre. Es kommen die Docks, die Binnenhäfen, die Speicher, die Quartiere der Armut, die zerstreuten Asyle des Elends: das Weichbild. Weichbilder sind der Ausnahmezustand der Stadt, das Terrain, auf dem ununterbrochen die große Entscheidungsschlacht zwischen Stadt und Land tobt. Sie ist nirgends erbitterter als zwischen Marseille und der provençalischen Landschaft. Es ist der Nahkampf von Telegraphenstangen gegen Agaven, Stacheldraht gegen stachlige Palmen, Nebelschwaden stinkender Korridore gegen feuchtes Platanendunkel brütender Plätze, kurzatmigen Freitreppen gegen die mächtigen Hügel. Die lange Rue de Lyon ist der Pulvergang, den Marseille in die Landschaft grub, um sie in Saint-Lazare, Saint-Antoine, Arenc, Septèmes auffliegen und mit Granatsplittern aller Völker- und Firmensprachen überschütten zu lassen. Alimentation Moderne, Rue de Jamaïque, Comptoir de la Limite, Savon Abat-Jour, Minoterie de la Campagne, Bar du Gaz, Bar Facultatif – und über all dem der Staub, der hier aus Meersalz, Kalk und Glimmer sich zusammenballt und dessen Bitternis im Munde dessen, der es mit der Stadt versucht hat, länger vorhält, als der Abglanz von Sonne und Meer in den Augen ihrer Verehrer.

Bertolt Brecht

Hier standen die alten Mauren

Hier standen die alten Mauren
Und schauten aufs Meer hinaus
Und sagten, nun kann's nicht mehr lange dauern
Und dann ist's mit uns aus.

Und damit hatten die Mauren recht;
Denn jetzt ist's mit ihnen aus
Und da, wo sie standen, steht jetzt der Brecht
Und schaut aufs Meer hinaus.

Marieluise Fleißer

Sandsturm über Perpignan

»Kinder, wenn ihr euch bis Andorra durchbeißt, müßt ihr unbedingt Perpignan aufsuchen«, sagte Graumann; »das liegt in unmittelbarer Nähe am Mittelmeer, hat den schönsten Strand von Europa und ist unglaublich billig.«

Während der drei Monate unserer Anwesenheit in Andorra gibt es keine geringen Meinungsverschiedenheiten über den Rückweg. Draws will in die Spielhölle von Monaco und ich über Perpignan nach Marseille. Eines von beidem können wir uns bloß leisten.

»Du wirst sehen, daß es gar nicht so einfach ist, von hier nach Perpignan zu kommen und dann weiter nach Deutschland«, sagt Draws. »Hier kann man nirgends durch; hier sind doch überall Berge. Du wirst noch starr sein über die Umwege, die wir machen müssen.«

Aber mir schienen die verzwicktesten Umwege immer noch harmloser als ein Ende mit Schrecken vor den Spieltischen von Monaco.

»Ich habe mich deinetwegen drei Monate in diesen unzugänglichen Felswänden festgesetzt«, sage ich, »wo es eine einzige Straße gibt und ich mich unter dem ständigen Druck der Regenwolken wie in einem Bleigefängnis fühle. Einzig am Meer atme ich wirklich auf. Du wirst sehen, daß ich am Meer ein anderer Mensch bin.«

»Schließlich muß es mal acht Tage im Vierteljahr nach deinem Kopf gehen«, sagt Draws und ist ganz milde.

In Puigcerda, der spanisch-französischen Grenzstation, die man nach wilder Serpentinenfahrt nachmittags um halb vier Uhr erreicht, wenn man morgens um halb acht Uhr von dem in der Luftlinie nahegelegenen andorranischen Hauptstädtchen losfuhr, in Puigcerda fängt für uns das Abenteuer des unbekannten Weges an. Das Katalanisch der Schalterbeamten verstehen wir nicht. Ein öffentlich zugänglicher Fahrplan ist nicht vorhanden. Der Träger am Bahnhof behauptet, inspiriert von seinem Kursbüchlein, das er wie ein Kleinod keinen Augenblick aus der Hand gibt, nach zehn Minuten genau das Gegenteil von dem, was er zuvor, inspiriert von demselben Kursbuch, behauptet hat. Er verheddert sich fortwährend zwischen der spanischen und französischen Zeit. Ich habe ihn im Verdacht, daß er, um sein mageres Französisch nicht zu blamieren, eine Auskunft, die er nicht formulieren kann, lieber durch Redewendungen ersetzt, die ihm geläufig sind, aber einen unrichtigen Sinn ergeben. Wenn er einen Satz zu Ende gequetscht hat, sieht er uns mit knalligem Triumph in seinen schwarzen Augen an.

Nach zwanzig Minuten, in denen Draws leise mit Spannungen geladen wird, geben wir es auf und steigen in das an die Felsen geklebte Bergnest empor, wo wir von dem französischen Kellner eines Cafés eine klare Auskunft erhalten. Es gibt um fünf Uhr zwanzig einen einzigen Zug von Puigcerda nach Perpignan, der aber einen großen Umweg durch die Berge macht und erst vor Mitternacht ankommt. Besser ist es, sofort mit dem Auto nach dem sieben Autominuten entfernten französischen Grenzort Bourgmadame zu fahren, um dort einen anderen Zug zu erreichen, der Weg und Zeit spart. Dazu tut Eile not. Unglücklicherweise müssen wir noch einmal nach dem Bahnhof, wo wir unser Gepäck eingestellt haben.

Wir rasen also den mit Quermauern verbauten Berg wieder hinunter, geraten aber, da wir einen kürzeren Weg finden wollen, fortwährend in Sackgassen, obwohl wir den Bahnhof mit seiner unerbittlich vorrückenden Uhr dicht unter uns liegen sehen. Spanische Frauen betrachten uns mit dumpfem Erstaunen; keiner fällt es ein, zu winken, daß wir auf diesem Weg höchstens auf den Dächern von Häusern landen. Als der Uhrzeiger keine Gnadenfrist mehr läßt, verlegt sich Draws in seiner Verzweiflung auf sinnlose Autorität und befiehlt mir plötzlich, den Weg zu wissen.

»Ich erwarte von dir und befehle dir«, sagt er bleich wie ein

Engel der Rache, »mich auf dem kürzesten Weg zum Bahnhof zu bringen.«

Dies ist das erste Sturmzeichen. Ich weiß nun, was die Uhr geschlagen hat. Mit erzwungener Ruhe bestimme ich jene Straße, die mir wegen des Eselsmistes am meisten Vertrauen einflößt, und danke es meinem Glück, daß es mich den Weg wählen ließ, der uns sicher zum Bahnhof leitet.

Das zweite Sturmzeichen folgt auf dem Fuße.

»Während ich die Pässe abstempeln lasse, wirst du mit dem Chauffeur über den Fahrpreis bis Bourgmadame verhandeln.«

Diesmal leiste ich mit einem Blick nach der Uhr passiven Widerstand, weil die einzige Taxe des Bahnhofs vom Chauffeur verlassen in der Sonne träumt und die Zeitspanne von elf Minuten nicht ausreicht, um mit einem Chauffeur zu verhandeln, der nicht da ist, sieben Minuten zu fahren, in Bourgmadame Fahrkarten zu kaufen und die französische Paß- und Zollrevision zu überstehen. Wir müssen den zehn Minuten später von Puigcerda abgehenden Zug nehmen.

Draws ergrimmt, weil ich nicht das Undurchführbare versuche, um in der Zwischenzeit die einzig verbleibende sichere Möglichkeit zu versäumen. Er setzt sich vor dem Bahnhof mit ostentativem Ruck auf seinen Stock und erklärt mit so ätzender Schärfe, daß die Leute nach ihm die Köpfe drehn, er beabsichtige, Perpignan und Marseille fallen zu lassen und auf dem kürzesten Weg nach Berlin durchzufahren. Ich stehe am Weg wie die steingewordene Gelassenheit. Nachdem er das dringendste Gift verspritzt hat, stellt er sich tot. Ich bitte ihn, mir Geld herauszugeben, damit ich die Fahrkarten nach Perpignan löse; mein spanisches Geld ist zu Ende, und eine Wechselstube gibt es hier unten nicht. Er schweigt. Ich spüre ordentlich die funkelnde Befriedigung, mit der er weder denkt noch handelt, aber intensiv darauf wartet, daß die Minute der Abfahrt verstreicht. Jetzt stelle auch ich mich tot. Die Minuten wandern. Bessere Menschen lösen ihre Fahrkarten.

Eine Minute vor der Abfahrt steht plötzlich der Träger vor Draws und fragt, ob er ihm denn nicht die Koffer an den Zug bringen soll. Draws ahnt dunkel, daß seine Weigerung bei einem primitiven Menschen wie diesem auf kein Verständnis stoßen würde, und wirft mir einen hilfesuchenden Blick zu. Ich soll jetzt bitten, damit er mit Anstand nachgeben kann. Nun packt mich der Teufel, ich reagiere nicht, und Draws wird energisch. Der biedere Träger, der uns seit zehn Minuten mit dem Blick nach der Uhr regungslos stehen sah, hält uns sicher für krank, als wir plötzlich wie die Wilden nach dem Fahrkartenschalter rasen. Wir schwingen uns gerade noch in den Zug.

Dies ist die eigentümlichste Eisenbahnstrecke, die ich kenne. Der Zug windet sich fünfeinhalb Stunden lang in weitausgezogenen Serpentinen über den lockeren Sandboden, der nur eine vorsichtige Steigung zuläßt, so daß wir nach einer Stunde immer noch mit freiem Auge jene Stelle wahrnehmen, an der wir uns vor einer Stunde befanden. Neben den Schienen läuft ein aus Stecken gebildeter Zaun, der sie vor Steinschlag schützt. Weiter oben in den Bergen feiert die Technik Triumphe. Wir fahren über zahllose Viadukte und kühne Hängebrücken, an deren Befestigungsstellen die Geröllhaut des Berges von ägyptisch aufwachsenden Blockmauern verkleidet wird. Auf dieser teuren Privatbahn, die normale Wagengröße, aber sehr enge Schienenspur hat, ist die Plattform ohne Geländer, und der Zug fährt ständig in wilden Kurven. Als wir auf halber Strecke in einen Zug umsteigen, der nur aus Einzelabteilen besteht, sperrt der Schaffner mit einem Schlüssel von außen sämtliche Abteiltüren zu. Es ist einsam hier. Im ganzen Zug sitzen fünf, sechs Leute. In jeder Holzwand ist ein kleines Viereck ausgesägt, damit man sieht, was im Nebenabteil vorgeht.

»Das kann noch gut werden«, sagt Draws, »wenn man künstlich verhindern muß, daß Leute aus dem Zug springen.«

Die Vorsichtsmaßregel ist nötig, weil in den Kurven mehrmals Türen aufgesprungen sind und Leute herausgeschleudert wurden.

Wir gehn in die Ebene nieder. Die Luft wird weicher. Eine gewisse atmosphärische Unruhe macht sich bemerkbar. Plötzlich schwirrt es über uns von tausend unsichtbaren Flügelschlägen. Dann rollen unsere Räder, und man hört nichts, aber es kommt auf uns nieder, von allen Seiten rüttelt es an dem Zug, schlägt wie mit fallenden Säcken auf ihn ein. Die Sonnenblumen der Bahnhofsgärtlein schütteln unaufhörlich die gelbsteifen Köpfe, die mit hohem Gras bestandenen Wiesen werden von den grauen Abendwinden zerwühlt wie Seen, und die eben noch in Wellen schwer absinkenden roten Blütenbüsche flackern plötzlich in der zackigen Eile ihrer gepeitschten Zweige wie Feuer. Dies ist die alljährliche Sturmzone; seit vierzehn Tagen rasen hier die Lungen des Himmels, und wir fahren mitten hinein mit entfachten Augen.

In Perpignan tut Draws in der Wahl des Hotels seinen berühmten sicheren Griff. Für billiges Geld bekommen wir große freundliche Zimmer, deren Decke und Wände ganz in Lichtgrün gestrichen sind. In der Nacht hat man die Empfindung, nicht allein im Zimmer zu sein. Der Wind schnappt fortwährend zum Fensterspalt herein wie eine eindringende Schnauze. Der riesigweiße Lichtteller der Laternen, die an Drähten mitten über der Straße hängen, schwankt wie ein regelmäßiger Perpendikel von der einen Straßenseite auf die andere. Der ständige Wechsel der Beleuchtung und Geräusche, dazu die Hitze, läßt keinen die Augen schließen. Ich halte durch die Türe eine Rede darauf, daß wir den wilden Flöhen des sanften Andorra entronnen sind. Am anderen Morgen pflücke ich verstummend drei ganze in Perpignan angesprungene Exemplare von mir ab und befördere sie unter dem fließenden Wasserhahn in ihre Flohewigkeit. Ich war mein Leben lang unbegabt im Flöhefangen. Die Reise hat darin eine spürbare Änderung geschaffen.

Während der vier Tage, die wir in Perpignan bleiben, läßt der Sturm keinen Augenblick nach. Die mit bunten Holzperlen abgesetzten Schnüre aus bastfarbenem Rohr, die den üblichen Türvorhang bilden, klingeln und klirren. Die zahlreichen Barbierbecken klappern mit aufglänzendem Messing. Die gefiederten Blätter der Akazienalleen spreizen sich flirrend. Die Elektrischen läuten ununterbrochen, weil die Töne sofort vom Wind weggehackt werden und nur auf kurze Entfernung vernehmbar sind. Fast alle Passanten haben sich zu der eng um den Kopf gezogenen Baskenmütze bekehrt, und man versteht, warum die Mode dieser Mütze gerade von Südfrankreich ausging.

Die städtebauliche Anlage Perpignans ist eine Überraschung für den Fremden. Er geht staunend durch die lange, unten gegabelte Hauptstraße, die samt ihren luxuriösen Hotels, Kaufhäusern und Bankpalästen einer bedeutenden Großstadt entnommen scheint. Die City hat sich beinahe zur ausschließlichen Residenz für die Unternehmer des Fremdenverkehrs entwikkelt, während der Großteil der Bevölkerung und die Privatiers, deren es viele gibt, sich in den weit entlegenen Vororten angesiedelt haben.

Die Stadt besteht hauptsächlich aus jener Straße, deren Querzeilen bereits nach wenigen Häusern in freies Gelände übergehen. Sie hat den Reiz der Unlogik. Am markantesten der afrikanisch wirkende wuchtige Block eines roten Tores mit Zinnen, das kurioserweise nirgends hinführt. Die eigentliche Straße läuft davon unberührt daneben weiter. Die Brücken über den von Rasenflächen eingeengten Kanal sind dreimal so lang, als dieser breit ist. Auf einem Gewirr buschbestandener Inseln gibt es eine Art Tivoli mit unüberdachten Kinos, Tanz im Freien. Wir besuchen auf halber Hauptstraße ein vollkommen freistehendes Café mit grünlicher Glasblätterbedachung über den rundum laufenden Vorbau, ein getreues Abbild des Kröpcke in Hannover. Vor wenigen Jahren war Perpignan eine alte Festung mit achttausend Einwohnern. Heute zählt es samt Vororten achtzigtausend Menschen und lebt vom Fremdenverkehr – ein unsicheres Brot, wenn der jährliche Sturm die Fremden vertreibt. Man weiß nicht, von wem der Luxus bezahlt wird, was alle diese Paläste und Menschen nach den Wochen der Saison machen. Man weiß es schon jetzt nicht, wenn man sieht, wie dünn die Fremden gesät sind.

Die Fremden haben dafür ihre Gründe. Zwar die Zimmer sind billig. Der Mann aus Perpignan denkt, habe ich den Fremden einmal fest, dann nehme ich vom Lebendigen. Man entrinnt dem Mann aus Perpignan nicht, ob man ein Diner im Hotel ißt oder sich nur ein Pfund Obst in irgendeinem Laden genehmigt. Ich schlage vor, unter diesen Umständen nach einem Tag abzufahren. Umsonst. Draws läßt sich nicht wegeisen.

»Dein Wille war es. Ich bin nach Perpignan gefahren. Nun

wird Perpignan erledigt«, sagt er und bleibt ergrimmte vier Tage.

Sein Grimm hebt nur in der Stadt den züngelnden Kopf. Der Strand von Canet-Plage findet Gnade sogar vor seinen Augen.

Die Tram nach dem Strand von Canet-Plage fährt einmal in der Stunde von einer schönen schattigen Promenade mit riesigen Bäumen ab. Fünfzig Minuten lang geht es im offenen Sommerwagen durch bläulich bespritzte Weinfelder, über die Draws ein Gedicht aus den Ärmeln schüttelt, während neben uns junge Radfahrer mit strampelnden Beinen und verkrampften Blicken das Tempo halten. Dann sieht Draws, die Wasserratte, das Blinken in der Luft, das vom Meer widerspiegelt, er sieht den dunklen haarfeinen Strich, und ich sehe immer noch nichts.

»In eurer Gegend lernt man so was nicht«, sagt Draws voll Verachtung.

Mehr und mehr fahren wir an verrückten niedrigen Villen vorbei, mit verrückten Treppen außen an der Hauswand und unmotivierten Türöffnungen im ersten Stock, vor denen grelles Segeltuch hängt. Das alles sieht hochsommerlich und exotisch aus, spanisch, afrikanisch, mexikanisch. Endstation. Aus den Filmen großer Wanderlager kennen wir dies Bild mit dem trostlosen sandigen Platz und den an allen Ecken und Enden aufgeschossenen Baracken, die von Plakaten, Überschriften, Reklame nach allen Richtungen geschminkt sind. Autos stehen im Stall. Lautsprecher und Grammophone schreien in allen Sprachen über den Platz. Die Besitzer stehen vor ihren Etablissements und fassen jeden Vorübergehenden von weitem erwartungsvoll ins Auge. Aber die paar Männlein und Weiblein in ihren eigenartigen Strandschuhen aus unverknüpft nebeneinanderlaufenden Riemen eilen nach dem Wasser, und der Platz liegt wieder leichenhaft ausgestorben, indes der Sand im Wind wie Wolken von Blütenstaub aufschwirrt.

Wir haben die Wahl zwischen zwei Richtungen und kämpfen uns eine Stunde lang gegen den steifen Wind am Ufer entlang. Der Rock knattert wie eine Fahne und zerrt hinderlich um die Beine. Mein Begleiter mit der stakigen Gestalt kommt schneller voran, und ich hole ihn erst ein, als ich die Schuhe ausziehe und mit nackten Füßen durch die Schaumlinie der umkehrenden Wellen laufe. Endlich siedeln wir unter dem Windschutz einer distelbestandenen Düne an. Wir rollen unsere Kleider in ein Bündel und befestigen es zwischen den Stranddisteln, indem wir unsere beiden Stöcke schief gegeneinanderstecken. Draws bleibt in der Sonne liegen wie ein regloser Stein. Ich laufe allein nach dem Wasser.

Am Meer kann ich mich nicht fassen vor innerem Schwingen. Ich werfe und rolle mich nahe dem Ufer, wie die Wellen wollen, schlage mit den Armen um mich und singe aus vollem Halse, was ich Gott sei Dank nicht höre. Ich möchte ganz anders an das Wasser heran. Ich möchte es kratzen, beißen, festhalten. Hier ist es herrlich. Der Wind will einen fressen. Die Sonne will einen fressen. Das Wasser will einen fressen. Und der Sand wird einem unterm Leib weggefressen. Weiter unten reiten zwei nackte Menschen auf einem Pferd ins Wasser. Das Meer hat erschreckend satte Farben mit leuchtendem Blau und prallem Flaschengrün. Draußen flattern lange gelbe Lachen, als ob sie flammenden Bernstein weinen.

Betäubt und glücklich setze ich mich mit dem Gesicht nach dem Land und sehe den zurückweichenden Wellen zu, wie sie in den dunklen Sand, aus dem deutlich der Schatten der Feuchte fliegt, züngelnd weiße Linien schreiben. Es wird ein ganzes Gewirr von zarten Salzbändern, bis eine Welle weiter als alle vordringt und alles auslöscht.

Währenddessen unternimmt Draws seine individuellen Spaziergänge ins Wasser und an Land. Wie der Stundenzeiger einer Uhr wandert er pedantisch. Draws, der Fetischist, hat was in den Mund gesteckt, was ihm gefiel – wie die kleinen Kinder. Er schlürft eine halbe Stunde daran. Dann zeigt er es mir mit schamhaftem Lächeln – eine kleine reinweiße Muschel, an der Innenseite von grellem Lila gesprenkelt. Sofort ist mein Eifer geweckt. Bis zum Abend suche ich winzige Muscheln mit seltsam lebendigen Farben, die ich in meinen Seidenschal wie in ein Bauerntüchlein geknotet nach Hause trage.

Auf der von Ortskundigen gemiedenen anderen Seite der Landzunge finden wir viel größere starkschalige Muscheln, daß ich sofort die von gestern verachte. Ich sammle einige hundert.

Es ist noch einsamer hier. Der Sturm peitscht die Luft bis in zweimal Mannshöhe voll Sand. Wir müssen weit ins Wasser hinauswaten, wenn wir nicht die scharfen Körner einatmen wollen. Mit verhaltenem Atem, die Arme schützend vor Nase und Augen gepreßt, laufen wir zurück nach den Distelhügeln und werden mit nackten Füßen in die Schneidränder von Muscheln getrieben. Der Wind nesselt den Sand schmerzhaft in unsere nasse Haut, daß wir im Nu von einem Steinpelz überzogen sind aus schwarzen, rötlichen, beingelben Körnern. Wie übergrießte Fabelmenschen kommen wir oben an. Ich reibe mit Tüchern und schabe mit harten Gegenständen die Schale von mir ab; ich kann die flachen, breitklebenden Steinchen fast nicht von der Haut kriegen.

Ich will alle Muscheln mitnehmen und auf keine verzichten. Zwölf werden mir bloß bewilligt. Meine Liebe ist neu; ich kämpfe wie ein Löwe um jede. Draws neigt zu denen mit brauner Zeichnung, ich bin für die starken, schimmernd weißen. Die Sonne betäubt uns schier. Mit zweihundert großen Muscheln belege ich meinen Körper dicht und träume, ich lebe seit hunderttausend Jahren und bin ein Muschelmensch, ganz mit starkschaligen weißen Muscheln überwachsen. Wenn Draws auch ein Muschelmensch wäre, würden wir unsere Schalen knirschend aneinanderreiben.

Bei der Heimfahrt leuchtet der Sonnenbrand von Gesichtern und Hälsen, und wir spüren verzehrende Sehnsucht nach schwarzem Kaffee oder einem der Eisgetränke mit Wermut-, Frucht- und Bonbonsäften, die es hierzulande in unerschöpflichen Variationen gibt. Trotz emsiger Löschversuche bleibt der Durst uns treu, bis wir in der vierten Nacht die Stadt des einzigschönen Strandes und des verhinderten Fremdenverkehrs verlassen.

Ziemlich mitgenommen von den ungewohnten atmosphärischen Verhältnissen gehen wir daran, unsere verschiedenen Mäntel im Abteil zu verstauen – eine Prozedur, die bei dem Fehlen jeder Aufhängevorrichtung in diesen Zügen ein Donnerwetter von Draws und eine Märtyrermiene von mir auszulösen pflegt, in diesem besonderen Fall aber in schwachen Anfängen versackt. Auf dem Gepäckbord ist kein Plätzchen frei.

Jemand hat seine sämtlichen Eßwaren nach einem ausgeklügelten System über den ganzen Raum verteilt. Eine alleinstehende Dame, die von Draws scharf fixiert wird, sitzt erschrocken in ihre Fensterecke gequetscht. Auf den Bänken ausgestreckt liegen zwei Italiener und stellen sich schlafend.

Draws rüttelt sie unsanft, sagt, daß der Zug voll ist, daß Sitzplätze benötigt werden, daß das doch eine Zumutung sei, und fragt, wem das Gepäck gehört. Niemand meldet einen Anspruch an. Es wird verstockt weitergeschlafen. Worauf Draws mit beherztem Griff einige verglitschte Bananen in durchweichter Umhüllung ergreift und die ganze Brühe mit elegantem Schwung aus dem Fenster befördert. Das hilft. Die tiefschlafenden Italiener springen mit einem Satz auf die Füße und geben sich als Besitzer zu erkennen. Sie verlangen zeternd sofortige Bezahlung. Draws fegt ungerührt einige Flaschen unter den Sitz, staucht ein Armvoll Maiskolben mit wehendem Blattschmuck in einen Winkel, hängt einem Italiener einen Korb mit Mispeln an den Arm, legt eine Wachsleinwandtasche kräftig auf ein ausgebreitetes Jackett und kündigt mit vibrierender Stimme an, daß er »eine Wut haben kann« – worauf die eingeschüchterten Söhne einer heißeren Sonne ziemlich fix werden, ihren »Sonntagsanzug« unter entrüstetem Murmeln vor dem furor teutonicus in Sicherheit bringen und eine Seite des Abteils völlig räumen.

Endlich kann die heilig behütete Riesensicherheitsnadel in Aktion treten, die meinen Mantel als Schlafvorhang zu meinen Häupten aufspießt. Die Lederlatschen werden unter ausgiebigen Drawsschen Protesten – sie sollen jedesmal auf einer anderen Stelle liegen, so daß ich mich schwer danach richten kann – aus den Koffern geholt, und das Kragenknöpfchen meines Despoten, das Reißaus genommen hat, wird wieder eingefangen. Schon lehne ich mich zum Schlaf in meine Ecke, da recken die Mitreisenden den Hals. Draußen am Gang stürzt alles nach dem Fenster, wir natürlich mit. Wir fahren hart neben dem nachtblauen Meer, dessen silberzüngiger Saum am Schienendamm leckt. Das Brausen des Wellenbruchs und das hastende Räderstampfen mischen sich wie Zeit und Ewigkeit zu einem unvergeßlichen Ton.

Mit diesem beglückenden Eindruck möchte ich hinüberschlafen – wenn ich nur könnte.

Wir haben nichts gegen Italiener, auch nicht gegen solche, die stundenlang essen, wenn sie sich geärgert haben. Aber, wenn sie vor unseren sehenden Augen sieben Flaschen Wein hintereinander den Hals abschlagen und den Inhalt durch die Gurgel jagen, dürfen wir mindestens stutzig werden und der Dinge harren, die da noch kommen sollen. Es kann ja auch der Anfang vom Ende sein, wenn sie aus Selbstbehauptung Ölsardinen in einer Weise fressen, daß sie dabei das Öl und einen erheblichen Teil der Fische großzügig auf den Boden leeren.

Wer fortan aufsteht, muß dies unter Vorsichtsmaßregeln tun, und da die Kinder des Südens in der schlüpfrigen Masse selber ausrutschen, werden sie als Gleitschutz Glasscherben und Haufen von Erdnußschalen nach, bis jeder Schritt durch das Abteil ein Rauschen erzeugt wie im herbstlichen Wald.

Der Rest der Nacht vergeht unter folgendem Spiel: sowie der Gestank nicht mehr zum Aushalten ist, verständigen wir uns durch einen Blick und öffnen spaltbreit das Fenster. Dann räuspert sich die alte Dame vorwurfsvoll, reibt sich stöhnend im Kreuz, schauert zusammen und macht das Fenster wieder zu. Dann zucken wir die Achseln, und die Italiener schlagen knallend, knoblauchfressend und singend der nächsten Flasche am Türgriff den Hals ab.

Wir sind ganz friedliche Zeitgenossen, solange man uns nicht unmittelbar angreift. Wir machen gute Miene zum bösen Spiel und schlagen drei Kreuze hinter den Plagegeistern, als sie uns endlich von ihrer sich in die Nasen drängenden Gegenwart befreien. Als Andenken lassen sie uns eine Ladung Obst zurück, das sich bereits in Gärung befindet und förmlich summt. Draws will es mit dem Stock aus dem Wagen schleudern. Es spritzt wie Jauche, und wir lassen es liegen und die Luft weiterhin säuerlich verpesten. Dazu stehen die Reisenden am Gang wie Heringe gepreßt, und kein Kontrolleur läßt sich blicken. Die Luft ist zum Schneiden. Ich rauche ununterbrochen Zigaretten, daß mir nicht schlecht wird.

Wir werden wie die Aussätzigen gemieden. Eine neu ankommende Dame, die die Situation nicht kennt, schiebt ahnungslos die Tür auf und prallt zurück mit einer Miene, als ob man ihr zumute, eine von tranigen Düften geschwängerte Eskimohütte zu betreten. Sie schürzt den Rock und watet durchs Gefälle mit einer unnachahmlichen Distanziertheit zu allen Barbaren der Erde. Sie verläßt uns auf der nächsten Station mit schnippisch geworfener Schulter. Wir tragen es heiter, weil wir uns unschuldig fühlen. Dann verläßt uns auch diese Freude am Besserwissen. Wir sind überhungert und können doch keinen Bissen hinunterwürgen. Wir sitzen betäubt und apathisch. Es fängt zu regnen an und wird hundekalt. Der Gestank krallt sich mit geweckter Frische in unsere Mäntel. Er überzieht unsere Haut und macht sie uns seltsam fremd. Unsere Hände scheinen in Handschuhen zu stecken. Unser Gesicht zuckt nur mehr benommen wie eine Maske. Der Morgen graut. Der Zug wird leer. Ein dienstbarer Geist kommt zum Kehren. Wir haben die fixe Idee zu baden.

Klaus Mann

Ein kleiner Hafen

(Villefranche)

Sie kennen wirklich diesen kleinen Hafen nicht? Eigentlich ist es mir viel lieber so. Etwas ganz besonders Hübsches allein zu kennen, ist schmeichelhaft.

Das Städtchen ist einen Abhang hinauf gebaut, für solche, die nicht gern steigen, empfiehlt sich der Aufenthalt nicht. Alle Straßen führen bergauf. Die drei zueinander parallellaufenden Hauptstraßen sind so eng, daß man den Himmel wie ein blaues Streifchen zwischen den Häusern hat, deren Dächer sich fast berühren. Die Quergassen sind meist überdacht, wie Gewölbe, in ihnen herrscht eine friedliche Dämmerstimmung von Schmutz und Schatten; im Sommer riecht es hier unschön.

Oben, gleichsam auf dem Gipfel des Städtchens, ist der Platz mit der Kirche – eine häßliche Kirche, das muß ich zugeben, weiß getüncht, unfromm –, der Mairie, wo, meiner heimlichen Vermutung nach, der Bürgermeister wohnt, und dem besseren Friseur. Dort bedient ein sehr hübscher, brünetter Bursche, wahrscheinlich seinetwegen ist das Geschäft so gut besucht, daß ich mich manches Mal mit der Konkurrenz begnügen mußte, die etwas weniger sauber ist. Dafür zeigt der dort Bedienende einen schwarz und grau melierten Vollbart, der von Güte spricht.

Unten am Meer findet man alte Männer und Frauen damit beschäftigt, an braunen Netzen zu flicken. Andere vermieten Boote, mit denen man aus der Bucht hinaus ins offene Meer fahren kann, oder zu einem Dampfer hinüber, wenn gerade einer da ist. Die Bootsvermieter zanken beinahe immer miteinander, sie schütteln die Fäuste und stoßen gurgelnde Laute aus, zu mehr kommt es nicht.

Auch unten am Strand gibt es schon einige kleine Bars, aber die taugen nicht viel, die eigentlichen, wahren, unsere Stammbars, sind weiter droben in den Gäßchen gelegen. Am intimsten sind wir mit zweien von ihnen verbunden, der Spring- und der Gardenbar. In der Springbar regiert Germaine, außerdem verfügt sie über ein Billard, ihr festes Publikum sind zehn bis zwölf Burschen von munterem Wesen und etwas reduzierter Kleidung. Germaine ist eine starke Persönlichkeit, sie versteht nicht nur den Cocktail der drei Farben zu mischen, sondern auch eine zugleich ausgelassene und disziplinierte Stimmung zu schaffen. Sie hat eine etwas platte Nase, aber ein angenehm festes und breites Gesicht mit energischem Kinn und klugen, lustigen Augen.

Das kleine Wesen, das die Springbar hält, ist exotischer und zauberhafter. Sie behauptet, Italienerin zu sein, aber sie muß fremderes Blut haben. Ihr phantastisch frisierter schwarzer Haarschopf, ihre schmalen, listigen und tief schillernden Augen, ihr spitzes, anmutig vogelhaftes Profil, ihre zarten, etwas flattrigen Gesten unterscheiden sie von allen anderen Mädchen des Ortes. Ihre Mutter, fürchte ich, muß sich an einem Araber versehen haben. Die Gardenbar ist kleiner, mondäner und etwas anrüchiger als die Springbar, schon weil sie mit einer rötlich gemusterten Seidentapete ausgestattet ist. Hier verkehrt auch ein zahlungsfähigeres Publikum als bei Germaine, vor allem die Soldaten der nahen Kaserne, die Chasseurs des Alpes mit ihren kecken schwarzen Mützen. Ich erinnere mich an einen von ihnen, einen verträumten, blonden, der in das leichte Wesen mit der schwarzen Haartolle sehr verliebt gewesen sein muß; er kam jeden Abend, um sie anzustarren, dabei hatten seine hellen unwissenden Augen einen merkwürdig rührenden und hoffnungslosen Blick. Das Vogelgeschöpfchen flatterte indessen gewichts- und gewissenlos zwischen ihren Gläsern und Flaschen herum.

Der kleine Hafen ist still, wenn nicht gerade ein Schiff in der Bucht angelegt hat. Man begegnet hauptsächlich kleinen Kindern und Katzen. Soviel Katzen habe ich sonst nirgends gesehen. Der Schmutz der Gäßchen scheint sie zu ernähren, oft meint man, er müsse sie hervorbringen. Aus allen Ecken huschen sie hervor, trübfarbig, knochenlos weich, mit gierigen Augen. – Viel schmutziger als sie, aber weniger unheimlich sind die Kinder, die den Fremden umlagern.

Wenn die Matrosen kommen, verwandelt sich die Idylle. Wilder Hochbetrieb in den Bars, sogar die kleinen unten am Kai beleben sich. In der Springbar kann Germaine gar nicht schnell genug den Drei-Farben-Cocktail mischen. In der Gardenbar flattert die kleine Afrikanerin über einem Gewühl von blauen Mützen mit roten Quasten, erhitzten Gesichtern, braunen Hälsen. Diese Verwandlung des Orts ist sehr großartig. Ein Stampfen und Singen geht bis tief in die Nacht hinein, sonst war es um halb elf schon still. Die Mädchen wiegen anders die Hüften. Die Luft riecht stärker, sie ist stärker bewegt.

Nachmittags fahren wir zum Kriegsschiff hinüber, da es nun einmal da ist, wollen wir es auch besichtigen. Der Maschinenmeister, der uns führt, spricht gut deutsch. Wir sehen alles, die ungeheuren Kessel und Turbinen, die dumpfen Räume, wo die Mannschaft schläft, oben auf Deck die drohenden Kanonen. Unser maschinenkundiger Freund erklärt uns alles mit einer gewissen, sanften, sehr französischen Pedanterie. Beim Anblick der Kanonen hält er die Gelegenheit zu einer pazifistischen Ansprache für gekommen. »Dabei wollen wir keinen Krieg«, sagt er höflich. »Wir müssen diese Schiffe nur haben, um unsere Landsleute in den Kolonien beschützen zu können. Falls etwa in China Unruhen sind –« Sein Gesicht ist ernst und liebenswürdig, sicher glaubt er, was er da sagt.

Am Abend, wenn das Kriegsschiff fort ist, liegt der kleine Hafen noch regungsloser als vor seiner Ankunft. Wie soll ich Ihnen diese Abende beschreiben? Kennen Sie diese Schwermut?

Man steht auf einem Balkon, unten begibt sich nichts als ein Gespräch zwischen zwei rauhen Stimmen. Dahinter kommt gleich das Wasser. Es ruht dunkel. Einzelne Lichter gehen drin auf. Drüben, in der Bucht, fährt ein Zug vorbei. Dann wieder Stille. Nun ist sogar das rauhe Gespräch verstummt.

Kennen Sie das, dieses Gefühl, das unser Herz weitet, bis es wehe tut? Diese Traurigkeit, weil die Welt so ist – so, so, so –: mit solchen Lichtern, solchem Wasser, solcher Dunkelheit. Weil du hier stehst, nichts kennst als nur diese Welt, an sie gebunden bist, atmend teilhast an ihrem rätselvollen Schicksal.

Erika und Klaus Mann

Zwischen Marseille und Toulon

Es ist komisch: Nichts ist leichter, als in große Städte einfahren, ganz von selber, wie im Strudel wirst du mit deinem Auto ins Zentrum gerissen. Aber wie schwer findest du hinaus! Straßengewirr, Boulevards, die dich unbemerkt zurückführen, Gassen, die mit Brettern vernagelt sind, wie das Ende der Welt bei Andersen. Wir wollen von Marseille in Richtung Toulon fahren und zwar, kapriziöserweise, die Meerstraße, die schlechter und schöner ist. Da ist es zunächst wichtig, daß wir die Avenue Cantini finden und den Boulevard Rabateau; er ist der rechte Weg, wennschon schweizerkäsehaft durchlöchert. Bis zum Vorort *Aubagne*, in dem es nichts zu sehen gibt, geht alles glatt. Dann heißt es aufpassen. Etwa sieben Kilometer nach Aubagne (das wir an einer entscheidenden Kreuzung nach *rechts* hin verließen), führt eine Straße, wiederum rechts, vom Hauptweg ab, durch Wald- und Hügellandschaft hinauf und hinunter ans Meer und nach *La Ciotat*. Dort fahren beinahe nur wir, denn die Zielstrebigen wissen, die große Straße bringe sie direkter nach Toulon. *La Ciotat* ist lieb und still, ein Hafenstädtchen, das Charme hat. Aber das *Golfhotel* liegt einen Kilometer weit entfernt sehr prächtig im Palmenhain. Das könnte ein kalifornisches Palace sein, ein Weekend für Moviestars, – nur daß Gott sei Dank Marseille nicht Los Angeles ist, sondern tausendmal schöner, aufregender, großartiger bei aller Kleinheit. (Das Golfhotel eröffnet die Saison erst im April, seine Zimmer kosten 50 fr., das ist nicht viel.) Der nächste Ort heißt *Les Lecques*, er hat ein schmuckes Grand-Hôtel, eine Hôtellerie, die de la Plage-Lecques heißt und Pensionäre gegen billiges Geld bürgerlich verpflegt; außerdem einen sehr empfehlenswerten Badestrand.

Sanary scheint zunächst durchaus das freundliche und intime Hafenstädtchen, wie es deren an der Riviera viele gibt: mit einer Straße am Meer, die *Quai Victor Hugo* heißt und an der das *Café de la Marine* liegt; mit ein paar größeren Hotels vor dem Städtchen, stattlichen, aber nicht gerade sehr luxuriösen (*Hôtel de la Plage* usw.). – In Wahrheit aber hat es seine eigene Bewandtnis mit Sanary, denn seit einigen Jahren ist es die erklärte große Sommerfrische des Café du Dôme, der sommerliche Treffpunkt der pariserisch-berlinisch-schwabingerischen Malerwelt, der angelsächsischen Bohème. Für die Deutschen hat es Meister Rudolf Levi in Mode gebracht, der mit der vielbesungenen Marietta und einigen jungen Leuten im Café de la Marine Hofstaat hielt, wo man seine über mehrere Kapitalen berühmte Baßstimme scherzen und regieren hören konnte. Alles spricht dafür, daß es hoch herging, vor allem, wenn über den Quai Victor Hugo sich noch Pascin näherte, leicht schwankend, die Zigarette zwischen den genußsüchtigen Lippen, den Hut schief über den melancholisch-lasziven Augen, umgeben von ein paar Damen, die auch nicht mehr nüchtern schienen. – Pascin, der Abgott von Montparnasse, der begnadetste »noceur«, dessen katastrophales Ende für so viele Menschen, die ihn sehr geliebt haben, eine Trauer bedeutete, die sie nie wieder überwinden zu können glaubten. In einer Ecke sitzt der umgetriebene Altmeister Orlik und zeichnet jemanden, der vielleicht zufällig Purrmann ist und der ihn zur Strafe gleich wieder zeichnet. Draußen fährt ein Rennwagen vor, und warum sollte es nicht Derain sein, der aussteigt? Er ist es wahrscheinlich.

Diese Sanary-Sommer werden in die Kunstgeschichte eingehen (und vielleicht auch in die Cronique scandaleuse der großen europäischen Bohème). Ihre Stimmung ist einzigartig, denn die Gelächter der Café-du-Dôme-Leute mischen sich hier sehr merkwürdig mit dem Schmunzeln der südfranzösischen Spießer, die bei ihrem Apéritif an der Bar stehen. Die Frauen haben eine leichte und schöne Sommeruniform: weite Matrosenhosen, runde Mützen, breitgestreifte Trikotsweater, die die braunen Arme nackt lassen. Diese wild aussehende Dame, die, von einem Matrosen, einem Trupp anderer schöner Frauen und Burschen gefolgt, daherkommt, ist Madame Renée Kisling; ihr berühmter Gatte ist einer der ungekrönten Sanary-Könige, ihr Haus und ebenso ihre Yacht sind Zentren dieses Ortes. Der kleine, geistreiche Balte, der dort drüben über ausgefallene literarische Leckerbissen spricht, ist der Zeichner Rolf von Hoerschelmann, eine der berühmtesten Schwabinger Koryphäen; und die lange Figur, die dort hinten naht, ist kein Geringerer als Aldous Huxley, dessen Romane richtunggebend für die junge englische Literatur sind, und kostbarster Bestandteil der europäischen. Hier nennen ihn die Leute Uelex, weil es ihnen bequemer ist, es klingt eher münchnerisch, als provençalisch. Die Angelsachsen sind eine Clique für sich, die sich aber mit der französisch-deutschen gelegentlich berührt und vermischt. Sie ist im Trinken noch stärker, als die der anderen Nationen. Der Lyriker Campbell, der einen großen Namen bei seinen Landsleuten hat, soll darin das Phantastischste leisten.

Wenn man den Schauplatz und die Sensationen wechseln will, werden Ausflüge gemacht; nach *Bandol* vor allem, wo wieder andere Bars und andere Gesellschaft zu erwarten sind. Auch hier Bohème, aber smartere. Mehr Champs Elysées und Montmartre, als Montparnasse. Man zeigt sich die Mistinguette und den Chevalier; andererseits gibt es den gescheiten Wilhelm Herzog. Landschaft und Aussicht hier sind fast noch hübscher als in Sanary, trotzdem wird der Ort von den alten »Sanaryanern« furchtbar verachtet, er gilt als »bourgeois«. Das ist Verleumdung. Um sich hiervon zu überzeugen, gehe man abends in die kleine Bar *»Fortuné Cadet«* (am Quai), die von der populären Madame Suzy geleitet wird und wo sich die flottesten Leute treffen. (Die Photos von Mistinguette und Chevalier hängen sich an der Wand gegenüber; die beiden sind aber auch gelegentlich selber dort.) Die Bar hat vielfarbig beleuchtetes Parkett und daher oft orgiastische Stimmung aufzuweisen. – Weitere Bandol-Attraktionen: das Restaurant la *Réserve* am Meer, wo man wirklich nett ißt und auch wohnen kann. Das Etablissement *Lido* (Richtung Sanary), an der *Plage Dorée*; das neu gebaute, ziemlich scheußliche *Casino*, eine leicht expressionistische Bahnhofshalle und meistens geschlossen. (Man hat es ins Meer hinaus gebaut, es soll auf einem Untergrund von Sardinenbüchsen stehen und schon etwas wackeln, so neu es ist.) – Empfehlenswert: *Grand-Hôtel et des Bains* (Richtung Sanary), etwas spießig, aber sehr solide geführt, mit schönem Meerblick, wunderschönem Garten, Tennisplatz. (60–70 fr. Pensionspreis.) (NB: nach Damen in Hosen dreht man sich im Speisesaal um.)

Zu diesem Komplex von Orten gehört auch *Cassis*. Es ist angelsächsischer, als die beiden anderen, darum aber nicht weniger munter. Michael Arlen ist eines seiner repräsentativen Gesichter.

Diese kleinen Orte bergen, während einiger Monate, so viel Berühmtheit, wie Hollywood oder die Künstlerviertel der großen Städte. Ihnen geschieht Ehre, denn es ist keine falsche Elite, die sich hier zusammenfindet. Die Konturen dieser Landschaft werden auf den Bildern von Derain und vieler anderer von der Nachwelt geliebt werden, wenn hier alles von großen Hotels zugebaut sein wird und die Bohème sich bis an den Kongo flüchten muß.

Friedrich Sieburg

Traum von Toulouse

In der Nacht schlug der Wind um. Das graue Leben war zu Ende, der Südost kam. Er brummte in den Kaminen, er schüttelte die Fensterläden, man hörte seinen gleichmäßig starken Atem, seine Angriffslust und Zuversicht. Ich erwachte von ihm, und mit mir erwachte ein halbvergessenes Stück Leben: Toulouse. Lange hatte ich nicht mehr an diese Stadt gedacht, aber nun war sie plötzlich wieder da. Vielleicht kann ich mich an Städte überhaupt nur auf dem Umweg über ein Erlebnis erinnern. Toulouse war mir klar, ich hatte keine Mühe, wenn ich die Augen schloß, den Quai de la Daurade hinabzusehen oder mir die Place des Carmes vorzustellen. Aber erst der Südostwind gab diesem Anblick das wahre Leben zurück. So hatte er damals in Toulouse geblasen.

Damals? Ich spreche von dieser Reise, als sei sie ein großes Erlebnis gewesen, und doch war sie nichts als ein Zufall, ein flüchtiges Geschäft an einem Frühlingstag. Heute überfällt mich die Erinnerung an den roten Glanz dieser Stadt, ich gedenke ihrer mit einer fast unverständlichen Inbrunst. Der Geist wirft seine Anker in die Zeit, das entschwindende Leben klammert sich an die Ufer des Gedenkens. Der Wind hat sich gedreht. Es ist derselbe Wind, der über Toulouse geht, wenn die Stadt ganz sie selbst ist. Er kommt vom Meer und stürzt sich toll und trunken ins Languedoc. Je nach der Stunde und der Jahreszeit heißt er der weiße Wind, der acht Tage anhält, nach Schnee riecht und geht, wie er gekommen ist, der schwarze, der die Wolken vor sich hertreibt und mit Regen gefüllt ist, und schließlich der blaue, der dem Himmel eine metallische Bläue verleiht und Mensch und Tier mit der Allmacht des Sommers schlägt.

Damals war noch nicht Sommer, aber der blaue Wind war schon da, um ihn anzukündigen, um uns auf sein Kommen vorzubereiten und uns vor seiner herrischen Fruchtbarkeit zu warnen. Die schöne Garonne hatte noch den unentschieden silbernen Glanz eines Stromes, dessen Kühle noch nicht die göttliche Wohltat ist, die nur im Julistaub und in den drückenden Nächten der unruhigen Sommersterne fühlbar wird. Die Zypressen bogen sich leicht unter dem Druck des Windes, die Ölbäume ließen die untere Seite ihrer Blätter sehen, silbernes Geriesel. Später, am Abend stand ich auf dem Pont Neuf, die Sonne brannte mit letzter Kraft in den Fenstern der Ufergebäude. Wilde, wollüstige Feuersbrunst, stark und verzweifelt wie eine letzte Umarmung: verlaß mich nicht, verlaß mich nicht. Man muß wissen, daß diese Stadt fast überall da, wo sie sich zum Bilde zusammendrängt, aus roten Ziegelsteinen erbaut ist, besonders an den Ufern. Fassaden, Mauern, Türme und Giebel sind von jener sanften, dunklen Röte, die nur der gebrannte Ziegel aufweist und die sich unter der Sonne in ein fast schluchzendes Glühen auflöst. Ist es Glühen des Blutes, Röte der Scham oder einfach die letzte, inbrünstige Beschwörung des Lichtes kurz vor der Dämmerung? Ein wahnwitziges Verlangen nach Unsterblichkeit fiebert in dieser Röte, sie ist eine fessellose und, ach, so vergebliche Kundgebung aller Lebensmöglichkeiten. Stärker, als das Blut der Opfertiere es vermochte, könnte sie die Schatten der Abgeschiedenen anziehen. Vielleicht drängten sie sich zu dieser Abendstunde unsichtbar um mich auf der Brücke zusammen und versuchten das Licht zu wittern, das mit seiner starken und ungezügelten Stimme vom Leben sprach. Traurige Herde der Toten, vielleicht war es euere stumme, doch unruhige Gegenwart, die auch mir jäh den fieberhaften Wunsch eingab, nicht zu vergehen, nie zu erlöschen, niemals die Brücke ganz überschreiten zu müssen, die durch viel Licht vom Dunkeln ins Dunkle führt – Brücke, auf der ich lebe.

Rotglühendes Toulouse. Zweitausend Jahre lang haben seine Bewohner fremdes und eigenes Blut in Strömen vergossen. Man muß den blauen Wind gespürt haben, um zu verstehen, welcher Wildheit dieses heute so friedliche und bequeme

Volk einmal fähig war. Dieser Wind vermag dem Blute noch heute ein wenig von jenem Tumult mitzuteilen, der die prächtige Parlamentsstadt einst zum unauslöschlichen Herd von Revolten, Massakern, Verbrennungen und Morden machte. Albigenserkriege, Wüten der Inquisition, Hugenottengemetzel, Aufstände gegen den König von Frankreich erschöpften die Wildheit dieser Gascogner, die sich heute mit einem kräftigen Lebenswillen begnügen, ja, ein bißchen weniger lärmend und prahlerisch zu sein scheinen als die anderen Stämme des französischen Südens. Eine gleichmäßige, keineswegs überschäumende Tätigkeit erfüllt diese Stadt, die sich selbst zu genügen scheint, die niemals über ihre Grenzen vorzustoßen wünscht, die weder ein unklares Geheimnis birgt wie Lyon noch ein glühend gieriges Augenpaar nach Afrika, nach dem Orient richtet wie Marseille. Die Vergangenheit ist hier fast wie ein wilder Rausch, dessen man sich nicht gerade schämt, auf den man aber mit Nachsicht wie auf eine unordentliche Jugend zurückblickt.

Ob die Leute in Toulouse wohl von Vanini oder dem schönen Herzog von Montmorency träumen, wenn der blaue Wind in den Schornsteinen klappert? Tolle Jugend, die im eigenen Blut erlosch. Hölderlin hat eine Ode auf Vanini geschrieben, dessen Verbundenheit mit der Natur den unschuldigen Schwaben gerührt und über die undurchdringliche Zweideutigkeit des Verfassers der »Dialoge« und des »Amphitheaters« getäuscht haben mag. Vanini wurde wegen Atheismus und Zauberei verbrannt, Voltaire hat die Toulouser wegen dieser Handlung hundertundfünfzig Jahre später bitter getadelt, aber als mildernden Umstand hinzugefügt, daß die Schriften des Hingerichteten tödlich langweilig seien, was uns heute als ein ziemlich oberflächliches Urteil erscheint. Vanini war einfach ein Vorläufer der exakten Wissenschaften wie so viele Hexenmeister. In den Geheimnissen der Natur ahnte er die großen Hebel des Fortschritts verborgen. Er war von Gott abgekommen, weil ihn das Gefühl von der Allmacht des Menschen erfaßt hatte. Würde er heute leben, so könnte man höchstens vorschlagen, ihn wegen verbrecherischen Optimismus hinrichten zu lassen. Aber er wäre heute wahrscheinlich Nobelpreisträger für angewandte Naturwissenschaften, wenn nicht gar ein prominentes Mitglied eines »brains' trust«.

Ja, er liebte die Wissenschaften und wanderte in seiner Jugend von Universität zu Universität. Oft ging es dem fahrenden Schüler schlecht, aber der Durst nach Erkenntnis tröstete ihn. Im Prozeß sagte er, nach seiner harten Studentenzeit befragt: »Alles ist warm für den, der liebt. Haben wir nicht in Padua in unserem armen Röckchen der härtesten Winterkälte getrotzt, nur weil wir einzig und allein von dem Wunsch nach Belehrung beseelt waren?« Ein schönes Wort, aber es rührte niemand, der Dunkeläugige wurde seiner Zunge beraubt, damit seinen gotteslästerlichen Reden ein Ende gemacht wurde, und den Flammen übergeben.

Das geschah auf der Place du Salin, die ihren regellosen Umriß bis auf den heutigen Tag bewahrt hat. Auch einige Häuser aus der damaligen Zeit sind noch da, sie haben Vaninis schrecklichen Todesschrei gehört, aber sie sind tröstlich verschwiegen wie alle seellosen Dinge. Die Chronik berichtet, daß auf dem gleichen Platz wenige Tage später von Rittern und Edelfrauen ein Ballett »Die vier Erdteile« getanzt wurde. Die Herren trugen Blumenranken um ihre Degen, die Frauen ließen rosa Bänder mit galanten Inschriften im blauen Wind flattern. Der Herzog von Montmorency, der Graf von Caraman, der Marquis von Mirepoix und der Baron von Cadeac saßen in vergoldeten Sätteln auf purpurn aufgezäumten Pferden und führten die Quadrille. Der Dichter Goudouli hatte den Text des Spiels in der »langue d'oc« verfaßt. Es war ein glänzendes Fest. Ein Page trug ein großes Emblem, das einen Menschen auf dem Scheiterhaufen darstellte, mit der Inschrift: »Wenn man mich verbrennt, so triumphiere ich.« Dazu regnete es Rosen aus den Fenstern der kleinen Häuser ringsum.

Toulouse liebte den Glanz und das Festliche. Ein Todesschrei war schnell verklungen, aber die Erinnerung an das Schöne, das Elegante, das Geglückte schien unvergänglich. Noch heute spricht eine holde Ewigkeit aus vielen Dingen. Der Glockenturm der Kirche Du Taur ist wie eine flache Kulisse aus rotem Stein. Die Glocken hängen frei in den durchbrochenen Fassaden, durch die der Himmel scheint. Das Ganze ist hinfällig verspielt und flüchtig, aber von einer so rührenden Schönheit, daß man ihm zuflüstert: »Du wirst nicht untergehen.« Und doch ist ein anderer Glockenturm, der der Kirche de la Dalbade, vor sieben Jahren zusammengestürzt. Ich habe den Trümmerhaufen damals gesehen, er erinnerte schrecklich an Beschießungen, Evakuierungen, Rückzüge, kurz an des Mannes dunklen Weg. Die behauenen Steine lagen rings umher und schienen die Vorübergehenden zu beschwören, Mitleid mit ihnen zu haben und sie wieder in die alte Ordnung einzufügen. Ich bückte mich nach einem von diesen Trümmern, seine geglättete Haut war warm von der Mittagssonne und schien unter meiner streichelnden Berührung zusammenzuzucken. Sterbende Unsterblichkeit.

Die rote Stadt hat wieder von mir Besitz ergriffen, der Gedanke an sie erfüllt mich mit dem Geheimnis aller Städte, in denen man nicht zu Hause ist. Unter dem klar geschnittenen Stein der Gedanken liegt der tote Wunsch begraben, die Einsamkeit des Körpers, die irdische Hülle für immer zu verlassen und sich der nie ermüdenden Gesellschaft seliger Geister anzuvertrauen. Jede fremde Stadt ist die Vorstufe zur Hölle oder zum Paradies. Man haßt sie nicht, man liebt sie nicht; hold oder eilig leiht sie sich der Gleichgültigkeit, die man braucht, um das Leben zu ertragen. Jenseits der brennenden Begierde und der kalten Verachtung läßt sie uns zum einen Tor hinein und zum jenseitigen wieder hinaus. Nichts hat sie uns versprochen, nichts geschworen, keine Verdammnis, keine Beglückung. Sie bleibt gleichsam von Gottes Hand auf den Teller der Erdoberfläche gelegt. Und da sie uns nicht zur Liebe verführt und keine Hingabe vorgetäuscht hat, so fällt schließlich doch noch aus unserer Erinnerung ein Blick der Liebe auf sie: der Stein ist treu.

Der blaue Wind hat mich zum Traum von Toulouse aufgeweckt. Und ich bin dessen froh. Meinen Traum schreibe ich hin wie einen Liebesbrief an ein Wesen, das unfähig ist, mich zu enttäuschen. Wir werden uns wiedersehen in Erinnerung an einen Frühjahrstag, als der Wind blies. Wenn Liebende sich trennen, so frißt der bittere Schmerz langsam das gemeinsam gelebte Leben auf, und eines Tages ist keine Spur jener unerschöpflichen Seligkeit mehr übrig, und das Dasein ist – o Schrecken! – ganz Gegenwart, ganz Zukunft, ganz Unsterblichkeit, die in ihrem Traum nach Verlöschen, nach Tod lechzt. Nur der Stein ist treu. Der späte Blick auf eine Stadt ist schön. Wieder stehe ich auf der Brücke, die durch viel Licht vom Dunkeln ins Dunkle führt, im Anblick einer fremden Stadt – Brücke, auf der ich lebe.

IV. ZUFLUCHT UND SCHRECKEN

Peter Härtling

Erinnerung an eine Landschaft am Mittelmeer

(Sanary-sur-Mer)

Ersticken am Schweigen
anderer
in dieser Landschaft
mit zuviel Geschichte.
Sinnvoll wäre es
alles
zu vergessen
Felsen wieder
zu schichten
Bäume neu
zu erfinden,
Wege
zu löschen
und
jene Stimme
zu sein,
die zum ersten Mal
spricht.

René Schickele
Tagebuch vom 8. Mai 1934

Mit Busch im Wagen nach St. Cyr-sur-mer. Es ist die hohe Zeit des roten Centhrantus. Er strotzt vor Kraft. Man trifft auf die purpurnen Feuerbüsche, wohin man blickt... Im Esterel sind die Hänge, sind ganze Berge mit gelb blühendem Ginster bedeckt, eine Pracht. Durch zwei Gewitter gefahren. Einmal hörte die Sonne trotz des Regens nicht auf zu scheinen, ihr Licht auf den nassen Ölbäumen, die mit allen Blättern in diesem Glanze rieselten, blendete fast. Jeder Weinstock leuchtete für sich. Übermächtig strahlten Ginster und Centhrantus durch das glitzernde Wasser. Ein Fest, kurz und gewaltig. Nach zwei Minuten waren wir patschnaß und mußten das Verdeck schließen. Nach weitern Minuten hörte der Regen auf und wir trockneten schnell in der warmen Luft. Der Glanz ruhte noch auf den Feldern, gleichsam ermattet.

Von Toulon an hatte ich das Gefühl, in ein Stück Heimat einzufahren. Die Landschaft ist spröder, schlichter als bei Nizza, man wird rascher vertraut mit ihr. Und dann gab es soviel, was mich aus dem vergangenen Jahr daraus ansprach! Der kleine Hafen von Sanary im Abendlicht. Die Bucht von Bandol, der Leuchtturm auf der »Schildkröteninsel«. Die Einfahrt zum Schloß *La Banette*. Ju in seiner silbrig braunen Russenbluse aus Samt. Die Bibliothek.

Am andern Tag nach Sanary. Kaum saßen wir vor dem *Café de Lyon*, da kamen sie alle an, als ob meine Anwesenheit ausgetrommelt worden wäre, teils in erster, teils in zweiter Besetzung. Klo, Sybille v. Schönebeck, Huxley und Frau (mit dem englischen Kritiker Raymond Mortimer), der Sekretär und die Sekretärin Feuchtwangers, Frau Bruno Frank, immer einzeln oder ein Trupp nach dem andern, zum Schluß Ludwig Marcuse.

Gescheit, besessen, und Ju vermutet bei ihm gute menschliche Eigenschaften. Marcuse meint natürlich auch, Frankreich hätte vor einem Jahr (so sagen sie jetzt alle) gegen Deutschland marschieren können und sollen.

Der Hafen lächelte mit seinen hellen Booten, und auf das »Heilige Land« jenseits der Bucht sank der Abend und vertiefte das Felsgebirge mit seinen Schatten. *Il faisait bon vivre.*

Unerträglich waren die Visagen der »Behörden«, vom Bürgermeister über die Gendarmen, den langen und kurzen, die grinsend einem nackten Frauenrücken nachstarrten, bis zu den hochmütig faulen Gemeindepolizisten. Sanary, das voriges Jahr *Sanary-les-Allemands* hieß, wird heuer den Namen *Sanary-les-Juifs* erhalten.

Alfred Kantorowicz

Das Sammellager Les Milles

Die Ziegelei Les Milles bei Aix in der Provence, etwa 80 oder 90 Kilometer von Marseille entfernt, wurde im Zweiten Weltkrieg zum Sammelplatz aller an der französischen Riviera und in Südfrankreich lebenden Männer deutscher oder österreichischer Herkunft.

Der Empfang in Aix nach der fünfzehnstündigen, erschöpfenden Bahnfahrt war ermutigend. Die Wachmannschaft war hilfreich. Zwei Lastwagen erwarteten uns. Die Landschaft war schön. Etwa zehn Kilometer von Aix entfernt bogen die Wagen ein. Wir fuhren in den Hof eines umzäunten großen Gebäudes, der Ziegelei Les Milles, wie wir bald erfuhren. Wir stiegen von den Wagen und traten in den Schatten der Mauer zurück. Es war noch sehr warm. Wir waren müde und hungrig. Die vor uns bereits im Gebäude Internierten sahen aus den mit Holzverschalungen gedeckten Fenstern neugierig zu uns hinunter. Man hatte ihnen gesagt, daß wir kriegsgefangene Nazis seien. Sie sollten, solange wir im Hof waren, nicht mit uns sprechen. Jedoch erkannten einige von ihnen, die ja gleichfalls zum überwiegenden Teil Emigranten waren, einige von uns wieder und riefen sie an – man merkte von Beginn an, daß Verbote in französischen Lagern nicht so genau genommen werden.

Das Datum unserer Einlieferung war der 17. September 1939. Es war Mittagszeit, Offiziere und Lagerbeamte waren beim Essen und durften nicht gestört werden. Von 12 bis 14 Uhr sind in ganz Frankreich alle Läden und alle Büros geschlossen. Die Mittagsruhe hat ihre unumstößliche Tradition, im Krieg wie im Frieden, gleichviel. So erschöpft wir waren, nahmen wir es doch als gutes Vorzeichen, daß wir uns zum Unterschied von den Baracken in Toulon hier in dem von einer

Mauer umgrenzten Gelände jedenfalls unter freiem Himmel bewegen könnten. Die bei unserer Ankunft in der Ziegelei eingeschlossenen Internierten bestätigten uns durch Zurufe aus den Fenstern, daß man normalerweise tagsüber im Freien sein durfte. Auch die Latrinen und die Wasserhähne befanden sich außerhalb des Gebäudes – mit ihrer Erwähnung ist die unerfreulichste, quälendste und erniedrigendste Seite des Lagers Les Milles bezeichnet. Wir werden bei der Darstellung der Verhältnisse nicht ohne Erwähnung dieser Abscheulichkeit auskommen.

Um 2 Uhr nachmittags begannen die Beamten, unsere Ausweise zu prüfen. Es stellte sich heraus, daß Deutsche, die die französische Staatsangehörigkeit erworben hatten oder aus irgendeinem Grunde den französischen Behörden besonders vertrauenswürdig erschienen, als Sachverständige und Ratgeber dabei eine ausschlaggebende Rolle spielten.

Ein blonder junger Mann sagte bei der Nennung meines Namens lachend: »Ja, der ist nun wirklich ein Refugié.« Später stellte er sich mir vor: es war der Schriftsteller Ernst Erich Noth, der schon vor Beginn der Emigration nach Frankreich gekommen war und dort mit Romanen wie »Der Einzelgänger« (Un Homme à part) Erfolg und Anerkennung gefunden hatte. Er wurde übrigens wenige Tage später aus dem Lager entlassen und lebt seit 1941 als Hochschullehrer und Schriftsteller in den USA. Ich habe ihn später nie wiedergesehen.

Nach der Erledigung der Formalität unserer Identifizierung wurden wir ins Haus gelassen. Im Erdgeschoß war es sehr dunkel. Über eine Holztreppe kam man zum ersten Stock, wo vorher die gebrannten Ziegel zum Trocknen gespeichert worden waren und dessen langer Rundgang nun als Quartier für uns dienen sollte. Auf der Fensterseite war der Gang in regelmäßigen Abständen abgeteilt durch etwa mannshohe Ziegelstapel. Strohschütten waren unsere Lagerstätten. Nach dem Inneren zu, um die kreisförmige Brennerei herum, war ebenfalls Stroh aufgeschüttet; dort war es zwar tagsüber dunkler, doch nachts etwas wärmer. Zwischen dem äußeren und dem inneren Ring war ein Abstand von etwa einem Meter Breite. Zur Zeit der ersten Internierung hatte man auf den Strohschütten nach rechts und links hin genügend Raum. Später, bei der zweiten Internierung, wurden auch das dunkle Erdgeschoß und eine Art Boden über dem ersten Stock voll belegt.

Man wurde einer Gruppe zugeteilt und durch einen freundlichen Mitgefangenen, der zum Gruppenleiter bestimmt worden war, mit der »Hausordnung« vertraut gemacht. Um 6 Uhr Reveille. Frühstück, das in Frankreich ja stets nur aus einer Tasse beziehungsweise bei uns einem Feldbecher dünnen Kaffees und im Zivilleben einem Brioche (einem weichen weißen Gebäck) oder einem Hörnchen, im Lager aus einem Stück Brot bestand. Um 7 Uhr Appell mit Arbeitseinteilung: Küchendienst, Hausdienst, Gräben ausheben – alles gemächlich, ohne Antreiberei und Schnauzerei.

Das ausreichende Mittagessen gibt es um 11 Uhr. Danach Mittagsruhe bis 2 Uhr (nach heutiger Tageszeitrechnung 14 Uhr). In diesen Stunden war ich gewöhnlich mit Brügel zusammen. Die Nachricht vom Einmarsch der Russen in Polen hatte sich bestätigt. Wir rätselten, ob es sich um eine langfristige strategische Vorverlegung der Grenzen der Sowjetmacht für die Endauseinandersetzung handele oder um »Fledderei«. Eindeutige Antworten fanden wir nicht. Es waren für uns die bedrückendsten Stunden des Tages. Wir warteten auf den Wiederbeginn der gleichgültigen Arbeit, die uns ablenkte. Gegen 5 Uhr Abendessen. Danach Spaziergang im Hof. Um halb acht Einsperrung im Gebäude. Um 8 Uhr werden die Lichter gelöscht. Dann allerdings beginnt im Erdgeschoß, das wir als Katakombe bezeichnen, ein lebhaftes, halblegales Treiben, dessen Mittelpunkt die Schwarzmarkthändler des Lagers bildeten, die den Zahlungskräftigen jeden beliebigen Leckerbissen oder Wein, Cognac, Pernot, Armagnac, vielleicht sogar Rauschgifte beschaffen.

Schon wenige Tage nach der Einlieferung wurden einige der Internierten entlassen. Zu ihnen gehörte neben dem Vertrauensmann Ernst Erich Noth der Pazifist Alfred Falk, der sich rühmen konnte, auf der ersten, im Reichsanzeiger veröffentlichten Ausbürgerungsliste zu stehen und daher den sogenannten französischen Flüchtlingspaß besaß. Auch Brügel und Räderscheidt, die mir im Lager am nächsten standen, konnten bald zu ihren Wohnsitzen zurückkehren. Da ich auf der dritten im Reichsanzeiger veröffentlichten Liste ausgebürgert worden war, also noch unter die ersten hundert vom Nazismus Verfemten zählte und daher gleichfalls den Flüchtlingspaß besaß, durfte ich hoffen, daß auch meine Inhaftierung nicht allzu lange dauern würde.

Bald stellte sich heraus, daß ich diesmal vom Glück begünstigt gewesen war. Wäre ich nämlich, wie fast alle anderen Emigranten, die ihren festen Wohnsitz in Paris hatten, bei Kriegsbeginn nach Paris zurückgefahren, so hätte man mich gleich allen militanten Antifaschisten in das viel härtere Lager Vernet in den Pyrenäen transportiert, von wo – bis auf vereinzelte Sonderfälle wie Gustav Regler und Arthur Koestler – vor dem Waffenstillstand niemand entlassen wurde; nicht wenige der Häftlinge wurden später sogar den Nazis ausgeliefert und wie Franz Dahlem, Heiner Rau und andere im Lager Mauthausen mißhandelt oder wie Siegfried Rädel sogleich erschossen. Da die Emigrantenorganisationen, denen ich angehörte, wie der »Verband der Spanienkämpfer« oder der »Schutzverband Deutscher Schriftsteller im Exil« und die »Bibliothek der Verbrannten Bücher« bei Kriegsbeginn sogleich von den französischen Behörden verboten beziehungsweise geschlossen wurden, so wäre meine Verschickung nach Vernet gewiß gewesen. Jedoch lagen die Akten über mich und mein politisches Engagement in der Préfecture von Paris, und hier im Süden war mein »Vorleben« unbekannt. An der Riviera wohnten zumeist Künstler und rassisch Verfolgte, die politisch nicht sonderlich aktiv waren – sieht man von den weltgeachteten Schriftstellern wie Heinrich Mann oder Lion Feuchtwanger ab.

In meinem letzten Wohnort Bormes hatte ich bei der Arbeit an meinem Spanienbuch still und zurückgezogen gelebt. Überdies war ich ja durch das mir von Thomas Mann vermittelte amerikanische Stipendium und den zusätzlichen großzügigen Scheck von Ernest Hemingway zum ersten Male seit Beginn des Exils von materiellen Sorgen befreit. Die Miete wurde pünktlich gezahlt, ich war niemandem etwas schuldig, und meine Gefährtin Friedel war in Ansehen und Haltung jedermann ein Wohlgefallen. Das französische Laisser-faire, laisser aller, das andererseits auch seine Nachteile hatte, kam mir in diesem Fall zugute. Man kümmerte sich nicht um mein in Paris liegendes Dossier. Die Beamten des Departements Var, in dem Bormes gelegen war, reihten mich unter die Überzahl der politisch indifferenten, materiell teilweise noch relativ begüterten Refugiés ein, die sich einen Aufenthalt an der Riviera leisten konnten und wie zahlende Gäste behandelt wurden.

Dennoch waren die Tage in Les Milles kein Ferienaufenthalt. Solange man im Lager war, wußte man nie, ob man trotz der guten Ausweise bald wieder in Freiheit sein würde. Die Verordnungen wechselten täglich. Neue Weisungen kamen teils von der Regierung, teils von der Militärbürokratie, teils von den Behörden des zuständigen Verwaltungsbezirks, teils von der Lagerkommandantur, die ihre eigenen Befugnisse hatte. Als Freund Fritz Brügel und Anton Räderscheidt zugleich mit dem Pazifisten Falk entlassen wurden, blieb ich bedrückt zurück. Kartoffeln schälen ist das Schlimmste nicht, aber die Ungewißheit, wie lange man Kartoffeln schälen mußte oder was sonst kommen würde, war gerade in den ersten Tagen enervierend. Man gewöhnt sich daran, das erfuhr ich später während der zweiten Haftzeit.

In der dritten oder vierten Nacht nach unserer Einlieferung wurden wir geweckt, weil ein neuer Häftlingstransport erwartet wurde. Wieder sagten unsere Wachen, das seien alles Nazigefangene. Daran glaubten wir nach unseren eigenen Erfahrungen nicht mehr. Vielmehr nahmen wir an, daß es die Nachzügler, also die 50- bis 60jährigen Emigranten sein würden, die etwa eine Woche oder zehn Tage nach uns aufgerufen worden waren, sich zu stellen. Unter ihnen hätten sich Feuchtwanger, Wolfenstein, Hasenclever, E. A. Rheinhardt, Franz Hessel, Ullmer und andere gute Bekannte befunden. Doch die kamen erst einige Tage später.

Statt dessen wurde eine Gruppe jüdischer Männer ins Lager gebracht, denen es gelungen war, nach jahrelangen Bemühungen für sich und ihre Familien ein chilenisches oder bolivanisches Visum zu erhalten (zu erkaufen, sagt man wohl richtiger), und die nach Erfüllung aller Formalitäten endlich ein italienisches Schiff in Genua hatten besteigen können, um der Verfolgung durch die Nazis zu entkommen. Dieses Schiff war von der französischen Kriegsmarine aufgebracht worden, und die unglücklichen Juden, soweit sie deutscher oder österreichischer Abstammung waren, stellten die Kriegsbeute der französischen Mittelmeerflotte dar. Von ihren Frauen und Kindern getrennt – wahrscheinlich für immer getrennt – wurden sie nun zurückgehalten bis zu dem Tage, da die Gestapo sie nach Osten abtransportierte. Ihre Lage war schwieriger als unsere, denn sie hatten keine französischen Behelfsausweise, sie wurden von den Franzosen nicht als Flüchtlinge anerkannt und behandelt, sondern als deutsche Kriegsgefangene betrachtet, weil sie noch im Besitz deutscher Reisepapiere waren. Zu solchen tragischen Paradoxien führte dieser von der Bürokratie gemanagte Krieg gegen die Emigranten.

Die Eintragung in mein Tagebuch vom 24. September ist bereits in einem Hotel in Marseille geschrieben und beginnt mit dem Wort: »Libéré!« Es folgt der Stoßseufzer: »Ah, dieses erste Bad! Pfundweise schwemmte ich Dreck und Ziegelstaub von mir ab und wurde das Gefühl nicht los, daß ich noch zehnmal hätte baden müssen, um wieder sauber zu werden.« Was ich ansah oder anfaßte, starrte von Dreck: der Mantel, der Anzug, der Rucksack, die Aktenmappe, jedes Hemd, jede Hose, jedes Taschentuch. In wenigen Tagen hatte sich der Ziegelstaub überall eingefressen, und alle Kleidungsstücke waren beschmutzt durch die unhygienischen Zustände des Lagers, das nur wenige Wasserhähne für tausend (später waren es mehr als zweitausend) Häftlinge draußen im Freien besaß, desgleichen nur sechs Abtritte – man denke doch –, die selbstverständlich stets besudelt waren.

Aber das zwischenzeitliche Happy-End ist vorweggenommen. Die letzten zwei oder drei Tage im Lager sind nach den vorliegenden Aufzeichnungen noch nachzutragen. Das anfänglich so gemütliche Regime verschärfte sich merklich, je mehr Häftlinge hinzukamen. Die niedere Mauer, die das Gelände umgab, wurde durch Stacheldraht vor Annäherung gesichert – indem ich dies aus dem alten Heft von 1939 abschreibe, assoziiere ich natürlich die Mauer und den Stacheldraht, die sich im Jahre 1970 mitten durch die Hauptstadt ziehen, in der ich geboren und aufgewachsen bin. Wie doch Krieg und Kalter Krieg zu gleichen Maßnahmen führen!

Am 23. September, dem Tag, an dem ich freikam, wurden tatsächlich die älteren Herren, also die 50- bis 60jährigen, ins Lager eingeliefert. Unter ihnen befand sich Feuchtwanger. Sie standen von morgens um 8 Uhr bis mittags auf dem Hof, und ich konnte ihnen, da wir ja vormittags zum Dienst kommandiert waren, nur im Vorbeigehen Grüße zurufen. Übrigens war dieser Tag Jom Kippur (ich schreibe und spreche es phonetisch aus), der höchste jüdische Feiertag. Der Lagerkommandant hatte dem Rechnung getragen und die gläubigen Juden vom Dienst befreit. Von den jüdischen Häftlingen hatten sich mehr als hundert zum Gottesdienst und dem rituellen Fasten gemeldet. Sie saßen im Hof auf den Ziegeln und beteten. An der Wand der Ziegelei waren ihre Glaubenssymbole angebracht. Daneben benutzten die anderen Häftlinge die Latrinen. Im Rücken der Betenden fanden die lärmenden Appelle statt. Im Blickfeld der Fastenden wurde mittags gegessen.

Man hat uns Juden allzu vereinfachend eingeteilt in Talmudisten und Händler. Während die orthodoxen Talmudisten ihren Gottesdienst hielten, prügelten sich hinter ihnen die jüdischen Schwarzhändler, Schokoladen-, Wein- und Schnapsverkäufer, die, vermutlich mit Beihilfe der Wachmannschaften, alltäglich Lieferungen ins Lager bekamen und mit entsprechendem Aufschlag an die Inhaftierten weiterverhökerten. Sie und ihr Anhang gerieten gerade an diesem Vormittag in eine Schlägerei. Häßlicher, beschämender Anblick. Unerschütterlich aber beten die frommen Juden weiter zu ihrem Gott. Ergreifender Anblick. In solchen Situationen wünschte ich, daß ich nicht emanzipiert, nicht im religiösen Begriff ungläubig wäre, sondern mich zu den Betenden, den gläubigen Juden, bekennen könnte. Vielleicht wäre manches sogar leichter zu tragen, wenn man die Verantwortung für die irdische Last einem höheren Wesen zuschieben könnte. Christen glauben an Belohnung im Himmel. Wir Marxisten wollten das Himmelreich auf Erden errichten. Damals, 1939, nahm ich diese Verheißung zwar nicht mehr wörtlich, aber noch hatte ich die Hoffnung nicht verloren, daß das, was uns in der Partei abstieß, nur Übergangserscheinungen, eben jene immer wieder zitierten Kinderkrankheiten sein würden. Der Faschismus, der uns an Leib und Leben bedrohte, war näher, des potentiellen Feindes in unserem Rükken, der stalinistischen Aparatschiks achteten wir in unserem Lager wenig, und daß wir mit Gebeten die Divisionen Hitlers nicht besiegen, nicht von unserer Vernichtung abhalten könnten, war für uns Ungläubige ganz sicher.

Die Prügelei der Schwarzhändler hatte sogleich Folgen. Beim Appell um 11 Uhr zeigte der Kommandant sich ungnädig. Wenn wir schlechtere Behandlung wünschten, so würden wir ihn bereit finden. Er hatte so unrecht nicht. Die Zuchtlosigkeit dieser lärmenden, schnatternden, feilschenden Schieber ergrimmte auch mich.

Noch wußte ich nicht, daß ich wenige Stunden später entlassen werden würde. Mein Gruppenführer, ein Herr Weinberg, der in Marseille ansässig war, hatte selbstlos und gütig meinen Namen an die erste Stelle der zur Entlassung in Frage kommenden Ausgebürgerten, Apatriden im französischen Sprachgebrauch, gesetzt. Tatsächlich war ich nach der vorangegangenen Entlassung Falks der einzige – die Neuankömmlinge wie Feuchtwanger nicht eingerechnet –, der außer dem Flüchtlingspaß auch die Ausbürgerungsurkunde des Reichsanzeigers besaß. Da ich nicht wußte, ob ich bei dem verschärften Regime überhaupt Chancen hatte, war ich mißgelaunt. Es gibt kaum etwas Zermürbenderes als die Ungewißheit. Es war ein Samstag. Wenn ich bis 5 Uhr nachmittags, also noch vor dem Abendappell, nicht entlassen war, so würde ich mich in jedem Falle bis Montag nachmittag zu gedulden haben – und was konnte in zwei Tagen und zwei Nächten nicht alles dazwischenkommen.

Gleich nach dem Mittagessen, kaum daß ich Feuchtwanger und andere Bekannte aus Sanary hatte begrüßen können, wurde ich abermals zum Kartoffelschälen abkommandiert. Ein Rheinländer unterhielt uns mit Tünnes- und Schäl-Witzen. Es lenkte mich ab. Sogar die Wachmannschaften stimmten in unser Gelächter ein. Gegen halb vier kam der Lagerdolmetscher zu unserer Gruppe: »Ist hier ein gewisser Kantorowicz?« Der Gruppenführer Weinberg raunte mir zu: »Entlassung.« Ich stand auf und rief: »Ja, hier«, wischte mir die Hände ab und folgte dem Dolmetscher zum Lagerbüro. Dort sagte mir ein Feldwebel, ich solle meine Sachen packen und mich so rasch wie möglich hier wieder melden.

Zuerst lief ich zu meiner Gruppe zurück, umarmte Weinberg, drückte Hände und rief in überschäumendem Optimismus: »Kameraden, ich hoffe, wir sehen uns bald in Berlin oder Köln oder Hamburg wieder.« Zwei oder drei murmelten aus Höflichkeit Zustimmung. Die anderen hörten es mit fassungslosem Staunen. Für 99 von 100 dieser Emigranten ist es unvorstellbar, daß ein Jude nach Deutschland zurück will.

Mein Stroh wurde schon geplündert, während ich mich umzog und meine Habseligkeiten zusammenraffte. Unterdessen hatten Feuchtwanger und die anderen Exilierten aus Sanary sich in der Nachbarschaft eingerichtet, wenn man so sagen darf. Die Nachricht von meiner Entlassung gab ihnen Zuversicht, daß auch sie nicht lange festgehalten werden würden. Sie verpflichteten mich, sogleich ihre Frauen in Sanary über die Verhältnisse im Lager zu unterrichten. Ich hinterließ ihnen mein Eßgeschirr, eine Flasche Lavendelwasser, Vorräte von Corned beef, Zigaretten und für Feuchtwanger einen leichten Klappstuhl. Feuchtwanger hatte Zeitungsausschnitte mit Fotos von ihm und Kritiken seiner Bücher bei sich, die ich an mich nahm, weil ich, wenn möglich, den Lagerkommandanten verständigen wollte, welch prominenter Häftling seinem Kommando beziehungsweise seiner Fürsorge unterstand.

Ich wartete vor dem Büro der Lagerkommandantur auf meinen Entlassungsschein. Der Kommandant, Reserveoffizier im Hauptmannsrang, unterhielt sich mit einem älteren, etwas schielenden, intelligent aussehenden Herrn, einem österreichischen Journalisten, wie sich dann herausstellte, der seit 30 Jahren in Frankreich lebte und mit einer Französin verheiratet war; seine zwei Söhne dienten als Offiziere in der französischen Armee. Er kannte mich aus der Zeit, als ich Pariser Korrespondent der »Vossischen Zeitung« gewesen war. Auch er hatte sich wie viele andere stellen müssen, da er die französische Staatsangehörigkeit noch nicht besaß. Er war vor einigen Stunden ins Lager gekommen, jedoch bestand kein Zweifel, daß er nach Erledigung der Formalitäten sogleich wieder entlassen werden würde. Ich bin ihm später bei der zweiten Einlieferung in Les Milles nicht mehr begegnet. Er machte in freundlicher Absicht den Kommandanten auf mich aufmerksam. Der winkte mich heran und fragte, was ich wolle. Ich sagte ihm, daß ich auf meine Entlassungspapiere wartete (übrigens mit ungeduldigem Bangen, denn wenn ich bis 5 Uhr das Lager nicht verlassen hatte, so mußte ich, wie gesagt, zwei Tage bis zum Montag abwarten, das heißt noch einmal in die Ziegelei zu meiner nun von Stroh entblößten Lagerstätte zurück – in der Ungewißheit, was zwischen Samstag und Montag sich ereignen würde, welche widersprechenden Anordnungen oder Befehle bis dahin meine Entlassung weiter verzögern könnten).

Jedoch ließ ich mir die Unruhe nicht anmerken. Vielmehr nahm ich Haltung an und fügte meiner Antwort eine kleine Ansprache an den Kommandanten hinzu: »Monsieur le Capitain: permettez moi de vous dire, que parmi les internés se trouve un écrivian de reputation mondiale, Monsieur Lion Feuchtwanger, qui a été reçue par le Roi d'Angleterre, le Président Roosevelt et, il y a peu de semaines, par le Président de la Republique Française, Monsieur Lebrun.« Mit diesem Hinweis, Feuchtwanger sei so berühmt, daß der englische König, Präsident Roosevelt und nicht zuletzt kürzlich auch der Präsident der Französischen Republik ihn empfangen hätten, übergab ich dem Bürokraten in Uniform die bereitgehaltenen Zeitungsausschnitte mit den Fotos Feuchtwangers und Artikeln über den vertrauten älteren Freund.

Der Hauptmann ließ sich den Namen buchstabieren, er hatte ihn noch nie gehört. Zufällig kam Feuchtwanger gerade auf dem Weg zur Latrine vorbei. Ich gab ihm ein Zeichen. Der Kommandant, das Reitstöckchen wippend, unterhielt sich herablassend mit ihm. Es war unterdessen dreiviertel fünf geworden. In 15 Minuten würde zum Appell geblasen werden. Danach würde ich nicht mehr hinauskönnen. Ich zupfte aus Nervosität an meinen Fingerspitzen.

Der Hauptmann verabschiedete Feuchtwanger und ging ins Büro. Darauf stellte sich ein sehr eleganter Herr neben mich und versuchte, sich dem Bürofeldwebel durch »pst, pst!« bemerkbar zu machen, mit baldigem Erfolg. Man sah ihm an, daß er sich seine Entlassung erkaufen würde. Einige Minuten später kam der Hauptmann wieder aus dem Büro und ließ sich von mir abermals den Namen Feuchtwanger buchstabieren. Meine Uhr zeigte eine Minute vor fünf. Jede Sekunde konnte zum Abendappell geblasen werden. Da kam der Feldwebel mit meinen Entlassungspapieren. Ich raffte mein Bündel auf und rannte zum Tor. Während der Wachtposten mich passieren ließ, wurde geblasen.

Der Bahnhof war nahe. Ich hatte Glück. Der Zug nach Marseille, der kurz vor fünf durchkommen sollte, hatte Verspätung. Ich erreichte ihn gerade noch. Im Abteil steckte ich mir eine Zigarette an. Meine Gedanken beschäftigten sich genüßlich mit dem Bad, das ich in einem guten Hotel in Marseille nehmen, und dem opulenten Abendessen an einem gedeckten Tisch, das ich mir dank Hemingways Hilfe leisten konnte.

Theodor Wolff
Südfrankreich im Juni 1940

Vor der Prefektur in Nizza, vor den Banken, der Mairie, den Postämtern und den militärischen Gebäuden stehen nun starke, wehrhafte Soldatenposten, eine Bürgerwehr in nicht sehr kriegerischen Uniformen patrouilliert und viele junge und ältere Damen, in der kleidsamen Tracht der Samariterinnen, warten pflichtbewußt vor den Garagen und verlassenen Lagerräumen, die man zu Stationen für die erste Pflege der Verwundeten eingerichtet hat. Andere fahren, begleitet von schönen, ritterlichen englischen Offizieren und Abgesandten der amerikanischen Nächstenliebe, in den Autos herum, auf deren Bedeutung das groß angemalte Rote Kreuz aufmerksam macht. An den Mauern klebt ein Anschlag, der den waffenfähigen Italienern in der Stadt vorschreibt, sich in Listen eintragen zu lassen, und ihnen in deutlicher Fassung die Bereitwilligkeit zum Kriegsdienst nahe legt. In einem Laden, in dem ich ein paar Kleinigkeiten kaufen will, wird zwischen dem Geschäftsinhaber und einigen Kunden mit so temperamentvoller Dauerhaftigkeit über diese Aufforderung diskutiert, daß ich, nur ungern Zeuge solchen Streites, den Versuch, irgend etwas einzuhandeln, aufgebe und es vorziehe, bereichert um Erfahrung, aber mit leeren Händen fortzugehen.

11. Juni 1940. Heute, am Sonntag, ist meine Frau sehr bestürzt von ihrer Besorgungstour zurückgekommen. Man hat ihr erzählt, daß alle Personen deutscher und österreichischer Abkunft, die bisher noch in Nizza bleiben durften, sofort und ohne Ausnahme diese Stadt und die 14. Militärzone, die bis nach Arles hinaufreicht, verlassen sollen. Wohin sie gehen sollen, das weiß vielleicht der liebe Gott. Beim Beginn des Krieges hat mir die hohe Behörde, ohne daß ich für mich plädiert hätte, erklärt,

wir würden, meine Familie, befreit von allen lästigen Beschränkungen sein. Vor ein paar Tagen noch, als ich meine Ansicht über die Internierung der Frauen und der älteren Männer äußerte, hat man mir geantwortet: »Aber Sie haben nichts zu befürchten«, – ein etwas peinlicher Trost, eine Protektion, die man im Anblick des allgemeinen Wehklagens mit gemischten Gefühlen entgegen nimmt. Mein zweiter Sohn – der älteste, in Paris geboren, ist seit drei Jahren in Amerika, ist freiwillig in die Legion eingetreten und erträgt mit fröhlicher Bereitwilligkeit die Strapazen des Dienstes unter der Sonne Afrikas. Über meine Ideen, meine Vergangenheit und meine in Nizza verlebten Jahre – in die inneren Parteistreitigkeiten habe ich mich nicht eingemischt und die Fernkämpfe der Emigration gegen das Hitlerregime sind mir immer zu steril erschienen – ist man genügend informiert. Trotzdem kann und wird wahrscheinlich die allgemeine Austreibung der gefährlichen Elemente auch uns berühren, denn sie ist von dem militärischen Oberkommando dekretiert worden, die höflichsten Zivilstellen könnten nur sprechen, wie ehemals der Kanzler von Bethmann-Hollweg, wenn ich mich bei ihm über Verfolgung und Zensurverbote beschwerte: »Was wollen Sie, der miles gloriosus!«, aber selbst dieser Stoßseufzer wird nicht über ihre zaghaft geschlossenen Lippen dringen. Das Herz meiner Frau hängt an dem hübschen Heim gegenüber dem Meer, an den schönen alten Möbeln und Bildern, die wir vor Jahrzehnten, jedes einzelne Stück suchend, in Paris gesammelt und nach unserem Weggang aus Deutschland gerettet haben, an der Bibliothek mit einigen tausend Bänden, an allem, was sie so liebevoll gepflegt und behütet hat. Sie hängt auch an den Gewohnheiten des Lebens in Nizza und des Verkehrs mit freundlichen Menschen, und es ist sehr begreiflich, daß der Gedanke, nun wieder hinaus zu müssen, in eine verrückte Welt, in das Chaos und die dunkle Ungewißheit, sie entsetzt.

Ich fahre mit meiner Tochter zu einem der leitenden Beamten, in dem Korridor vor seinem Zimmer sind, denn man wird das bei Bombenangriffen exponierte Haus wohl räumen, zum Abtransport bereite Aktenkisten aufgetürmt. Der Beamte ist, wie immer, ein Gentleman mit den angenehmsten Manieren, aber es klingt nicht mehr ganz überzeugend und er scheint selber nicht ganz überzeugt zu sein, als er wieder sagt: »Ihnen wird, wenn Sie bleiben, doch nichts geschehen.« Meinen Wunsch nach einer schriftlichen Versicherung kann er natürlich nicht erfüllen. Das Militär allein befiehlt. Wir rollen weiter, durch die Stadt, zur Place Garibaldi, wo das Oberkommando sich befindet, und gelangen an eine Postenkette, zumeist etwas provisorisch und buntscheckig uniformierte Familienväter, die einzelnen Uniformstücke passen nicht immer zueinander, sind auch zu weit oder zu eng. Auf dem großen, von alten Arkaden umgebenen Platz sind alle Zugänge zu dem Generalquartier versperrt. Die Versuche, den Kommandanten zu erreichen, mißlingen. Die von ihrer neuen Wichtigkeit durchdrungenen Postenführer haben ein wohlwollendes Interesse nur für die jungen italienischen Burschen, die sich in die Armee einreihen lassen wollen. Bei der Rückfahrt sehen wir auf dem Markt, zwischen dem in Fülle ausgebreitetem Obst und Gemüse, den Ständen der Fleischer und den Tischen der Fischhändler, Zeichen einer hitzigen Aufregung. Es hat einen Zwischenfall gegeben und unter den Zurufen der ihm feindlichen Marktleute wird ein Mann, vermutlich ein italienischer Fascist, von Polizisten abgeführt.

Gut, da die Dinge sich wahrscheinlich nicht ordnen lassen und es mir auch nicht passen würde, schließlich der einzige Begnadigte zwischen den Verurteilten zu sein, packen wir unsere Koffer und wählen aus, was mitgenommen werden soll. Wir beschließen, keinesfalls vor übermorgen zu fahren, diese Frist wird man uns ja gönnen. Für mich, wie für viele andere, ist ein schweres Problem die Geldfrage, denn meinen schon verminderten Besitz habe ich in anderen Ländern, jenseits des Wassers, verwahrt, und alle Bemühungen, die Zusendung eines Teiles zu erwirken, werden vereitelt durch die blockierenden Dekrete der verschiedenen Staaten und durch die bürokratische Umständlichkeit. So muß ich, wie viele andere, mit unzureichender Reisebarschaft die Fahrt ins Abenteuer antreten, und nichts lastet in solchen Fällen schwerer als ein zu leichtes Portemonnaie. Während wir beim Aussuchen und Packen sind, kommen männliche und weibliche Besucher, verstört, abgehetzt, von uns einen Rat erhoffend, den wir nicht geben können. Eine Dame, die bei einem Bruder in der Bretagne unterzukommen hofft, erscheint beneidenswert, andere planen die Flucht nach Lourdes. Sie denken nicht an die dort gespendete mystische Verheißung, sondern an die Nähe der Pyrénéengrenze und an die große Zahl der Hotels und Logierhäuser, in denen Raum für zahllose mit allem Elend beladene, mit Wunden und Eiterbeulen beschlagene Pilger ist. Sie und all die Gelähmten der großen Unglückskarawane sind selber solche Pilger, aber in der wundertätigen Grotte von Lourdes ist keine Heilung für die jäh ausgebrochene Krankheit Frankreichs und für ihr eigenes Leid.

Und als wäre die »douceur de la vie« immer die gleiche und gar nicht bedroht, sitzen in dem Büro de Tabak, in dem, wie in all diesen letzten Stätten der Zusammenkunft und des Meinungsaustausches, den letzten Salons der Konversation, auch die verschiedenen Getränke verabreicht werden, die Stammgäste beim allein interessanten Kartenspiel. Bei dem ewigen Belotte. Auf dem Platz am Pont Magnan und auf den unbebauten Terrains zwischen den Häusern gehen ungestört die Boule-Tourniere weiter, und die Kleinbürger in Hemdsärmeln messen nach jedem Kugelwurf sachkundig und wichtig die Distanz. Man begegnet sogar noch beschäftigungslos herumschlendernden Arbeitssoldaten in plumpen, sackartig hängenden Uniformen aus häßlichem dicken Stoff. Auf dem steinigen Strand gegenüber unserer Wohnung lagern in dichten Mengen, wie an jedem schönen Friedenssonntag, die Kleinbürgerfamilien und lassen ihre fast nackten Körper in der kräftigen Sonne bräunen, und die jungen Mädchen, die Kinder und die aus irgendeinem Grunde oder mit Rücksicht auf ihre fremde Nationalität vom Heeresdienst befreiten Sportjünglinge springen und hopsen lachend ins Wasser und schwimmen wetteifernd durch die leicht bewegte blaue Flut. Noch sorgloser als die seltener gewaschenen Buben am Abhang des Vesuv, die sich mit listiger Vertraulichkeit herandrängen: »Signore a vostra salute, a la salute di vostra famiglia!« und ihren Wein anbieten, während aus dem Krater die Lava quillt.

12. Juni 1940. Cannes. Entgegen unserer anfänglichen Ab-

sicht haben wir Nizza schon am heutigen Nachmittag verlassen, den überflüssigen, nicht sehr befriedigenden Zwischenzustand abgekürzt. Meine Tochter Lilly und ich sind am Morgen noch beim Chef du Cabinet des Prefekten und bei anderen Autoritäten gewesen, um einen Sauf-conduit und das nötige Quantum Benzin zu erhalten, und man hat uns erklärt, daß wir den Sauf-conduit nicht brauchen, und hat uns sehr entgegenkommend mit der denkbar reichlichsten Anweisung auf Benzin versehen. Der über diese Essence verfügende Beamte, ein liebenswürdiger Kavalier, hat uns mit herzlichem Händedruck eine glückliche Reise gewünscht, und wir haben die innigsten Wünsche für Frankreich und Nizza ausgetauscht. Ein paar unserer Bilder habe ich im vielleicht bombensicheren Keller eines französischen Freundes untergebracht, ein kleines Mädchenbild von Gauguin, aus seiner bretonischen Periode, das ich sehr liebe, und einen Toulouse-Lautrec nehmen wir mit, und das alles geschieht mit etwas melancholischem Blick auf so viele schöne und uns kostbare Dinge, auf all das, was zurück bleiben muß. Koffer, großes und kleines Gepäck werden von meiner Tochter und armenischen Hausangestellten geschickt im Auto verstaut, alle, die zum Abschied kommen, sind gerührt, auch die Krämerinnen und Ladenbesitzerinnen, bei denen meine Frau täglich einzukaufen pflegte, zweifeln an der souveränen Gerechtigkeit.

Wir haben beschlossen, zunächst in Cannes zu übernachten, und in der Dämmerstunde rollen wir ab. Am Ausgang der Vorstadt La Californie hält uns die erste Barrikade auf, zwei aus Felssteinen improvisierte Mauern sind so disponiert, daß man um die eine herumbiegen muß, um an der zweiten vorbeizukommen. Hier stehen Soldaten mit exotisch gelben Gesichtern, kleine Gestalten aus Tonkin, oder einem anderen Kolonialgebiet. Ein schmächtiger Unteroffizier verlangt mit der Höflichkeit und dem verschlossenen Ernst Asiens unsere Papiere, und diese Kontrolle wiederholt sich noch viermal auf der Straße nach Cannes. Die Barrikaden machen nicht den Eindruck absoluter Widerstandsfähigkeit, manchmal hat man ganz einfach umgekippte alte Wagen und Eisengerümpel für den Bau verwendet, ein heransausender Tank spränge vergnügt darüber hinweg. Einmal läßt sich ein großer, herkulisch gewachsener schwarzer Sergant unsere Ausweisdokumente reichen, die er dann mit umständlicher Würde und Gewissenhaftigkeit studiert. Er ist vom Senegal oder Niger gekommen und kontrolliert heute die Wege der Weißen, aber alle Wege sind jetzt wunderbar, wie dem Spruch zufolge die Wege der Göttlichkeit. Die Brücke über den Var ist unbeschädigt, und noch hat kein feindlicher Flieger ihr oder dem nahen Bahngeleise etwas Böses zugefügt. Wahrscheinlich kritisieren einige Flüchtlinge ironisch diese Nachlässigkeit der gegnerischen Heerführung, aber erst, wenn sie auf dem anderen Ufer sind.

Abends langen wir in Cannes an, in dessen verdunkelten Straßen sich kein Lichtschein durch ein Fenster wagt. In dem Hotel, wo man uns kennt, scheinen nur Engländer und Amerikaner zu wohnen, die phlegmatisch in der Halle und im Speisesaal sitzen, von Vichy und Royan sprechen, aber offenbar keine Eile haben, dorthin zu kommen. Die Damen sind mit ihren Häkelarbeiten beschäftigt, und von Zeit zu Zeit sagt eine von ihnen ein Wort. Zwei der größten Palasthotels mußten den evacouirten Bewohnern von Mentone eingeräumt werden, und in der Finsternis trifft man umfangreiche Familiengruppen, bäuerliche und bürgerliche, die in der Abendkühle promenieren und sich so leise unterhalten, als fürchteten sie, durch eine zu laute Stimme die Aufmerksamkeit des Feindes auf sich zu ziehen. Der Luxus, in dem sie einquartiert sind, den jüngeren besonders, im ersten Augenblick imponiert und gefallen, auch ihrem Selbstgefühl geschmeichelt haben, denn »man sieht doch, wer wir sind.« Aber sehr wahrscheinlich denken sie bereits mit Sehnsucht und Sorge an das verlassene kleine Haus, an den Garten und an den Obstbaum, dessen reife Früchte nun ein unbekannter Räuber pflücken wird.

13. Juni 1940. Roquefavour bei Aix-en-Provence. Um elf Uhr vormittags, in dem Augenblick, da wir von Cannes abfahren wollen, ertönt das Sirenensignal, schrill heulend und die Luft zerreißend, und wir bleiben vorläufig an das Hotel gebannt. Die Hotelgäste finden sich in der Halle ein, in den zum Schutz eingerichteten Keller steigt niemand hinunter, alle blikken auf die schnell leer gewordene Straße hinaus und beobach-

ten den Himmel, eine alte Engländerin hat, um das Schauspiel besser genießen zu können, ihr Opernglas geholt. Nach einer Weile sieht man dort, in beträchtlicher Höhe unter der blauen Wölbung, drei Gruppen von Flugzeugen, ein erstes Krachen wird hörbar, anderes Gepolter von Bombenabwürfen folgt bald hinterher, einige scharfäugige Personen in der Halle haben konstatiert, daß die Bomben ins Meer gefallen sind. Die Sachverständigen meinen, die Typen der feindlichen Flugzeuge und der verfolgenden französischen genau unterscheiden zu können. Das dauert, mit viel Geräusch und anscheinend wenig Resultat, etwa eine Stunde, dann verkünden die Sirenen, deren mißtönendes Geheul jetzt beruhigend klingt, daß die Gefahr vorüber ist, die Straße füllt sich wieder mit befreit lächelnden Menschen, und wir treten die Weiterreise an. Bei Fréjus erzählen uns die dort kontrollierenden jungen Soldaten, diesmal nicht aus dem Kolonialreich, in nettem Mitteilungsbedürfnis, daß ganz in der Nähe ein italienischer Flieger abgeschossen sei. Mit dem Finger hindeutend, wollen sie uns die Stelle des Absturzes zeigen, und die Tatsache, daß der siegreiche Kampf so nahe bei ihrem Posten stattgefunden hat, erfüllt sie mit einem gewissen Stolz.

In Aix-en-Provence ist ein ungeheurer Trubel, zahllose Flüchtlinge wandern anscheinend ziellos, oder ein Ziel suchend, herum. Auf dem breiten Cours Mirabeau, der auch sonst die belebte Hauptstraße ist, stehen in ununterbrochener Reihe eng nebeneinander die Wagen mit dem nicht abgeladenen Gepäck. Die uns freundschaftlich gesinnte Eigentümerin des Hotel Nègre-Côste erklärt, daß in Aix seit langem kein freies Zimmer zu finden sei, aber sie hat die Freundlichkeit, an ein gutes Gasthaus in Roquefavour, einem kleinen Ort ein paar Kilometer jenseits der Stadt, zu telephonieren, und dort hat man für uns Quartier. Vermutlich werden wir nur für eine Nacht dort bleiben dürfen, denn Aix und seine Nachbarschaft gehören noch zur 15. Zone, in der den Fremdlingen der Aufenthalt nicht gestattet ist. Vor der Weiterfahrt versorgt unsere Tochter das Auto noch ausgiebig mit Benzin, das ihr dank nützlichen Beziehungen ganz nach Wunsch gegeben wird, und meine Frau und ich warten inzwischen in einem der Cafés am

Cours Mirabeau. An allen Tischen um uns herum sitzen junge Studenten, rauchend, Karten spielend, an allerlei Getränken nippend, sorglos und vergnügt. Bisweilen kommt eine gleichfalls studienbeflissene Kameradin herein, setzt sich zu ihnen, sieht an der Schulter eines Freundes vorbei mit wohlwollender Aufmerksamkeit in die Karten, repariert ihr keineswegs reparaturbedürftiges hübsches Gesicht mit Puder und Lippenstift. Draußen auf dem Trottoire ist der studentische Bummel so lebhaft und fröhlich wie nur je, unbekümmert am Rande des unruhigen Menschenstromes, nur zufällig und uninteressiert gleitet noch ein Seitenblick zu dem Schauspiel der Völkerwanderung, das schnell zur Gewohnheit geworden ist. Irgendwo in der Ferne ist Krieg. Ein paar sehr niedliche Studentinnen gehen, mit dem Schritt und der Haltung von Königinnen des klassischen Theaters, in der Bande ihrer Anbeter, sie sind sich ihrer Herrschaft über das männliche Gefolge bewußt.

Meine Tochter will zu dem Camp Les Milles, das nicht weit von der Straße nach Roquefavour sich befindet und in dem, mit ein paar tausend Leidensgefährten, ihr Mann eingeschlossen ist. Eine kleine Strecke hinter einem reizlosen Ort, mehr banale Arbeitervorstadt als Dorf, beginnt eine hohe und dicke Mauer, und in einiger Entfernung graust, in dem ummauerten und jetzt mit Stacheldraht umzogenen Fabrikhof, das häßliche, düstere, durch seine Größe noch bedrückender wirkende Gebäude der ehemaligen Ziegelei. Aus allen Fenstern des oberen Stockwerks blicken, Kopf an Kopf, die Internierten heraus, ganz wie Gefangene, die keine andere Zerstreuung haben, und es ist in der Tat ein richtiges Gefängnis, aus einer Zeit, in der es noch keine modernen Theorien über Strafhygiene – die Anwendung in der Praxis blieb spärlich – und auch sonst über Hygiene gegeben hat. Meine Tochter geht auf dem Querweg zum Eingangstor, das von patrouillierenden Soldaten mit aufgepflanzten Baijonetten bewacht wird, und da sie einige Offiziere des Lagers kennt, hofft sie, wie bei früheren Besuchen, ihren Mann sprechen zu können. Das gelingt nicht, da jetzt Besuche streng verboten sind und selbst die galantesten Befehlshaber der Festung sich an das Reglement halten, aber sie kann ihm zuwinken und tauscht durch eine liebenswürdige Vermittlung Briefe mit ihm aus. Der Kommandant begleitet sie plaudernd zum Auto zurück. Die meisten dieser Offiziere sind keine Barbaren, aber die Unterbringung der zusammengeferchten Menschen in Les Milles ist schauderhaft. »Les Milles« – das erinnert an »Les mille et une nuit«, aber leider sind es nicht nur Märchen, was man über diese Dinge erzählt.

Dann sind wir in Roquefavour. Der Ort, versteckt und eingeklemmt zwischen einer grün bewachsenen Felswand und einem sanft fließenden Bach, beides parallel mit der Straße, besteht nur aus wenigen Häusern, links und rechts ohne Zusammenhang verstreut. Eine ziemlich stattliche Villa in einem sauber gepflegten Garten, zwei bescheidene Landhäuser, unser Gasthof und eine Holzbaracke, das ist so ziemlich alles, und für eine stärkere Bebauung wäre auf dem schmalen Bodenstreifen kein Raum. Aber ein außerordentlich hoher Viadukt, auf steinernen Feilern, durchschneidet dicht jenseits des Ortes das Bild und gibt ihm den Hintergrund. Die Wirtin des sehr ordentlich geführten Gasthofes, an deren Rockfalten ein dreijähriger Sprößling sich festklammert, sagt uns, daß die bestellten Zimmer frei seien, wenigstens für die nächste Nacht. Es ist ein behaglich einfaches Haus, die Ernährungsfrage scheint hier noch keine Schwierigkeiten zu bereiten, übrigens werden die Leistungen der Küche auch in Aix lobend anerkannt. Im Speisesaal sehen wir die anderen Gäste, fast nur Durchreisende, alle, mit Ausnahme eines italienischen Ehepaares, Franzosen, und wir machen flüchtig Bekanntschaft mit einer vielköpfigen Industriellenfamilie aus Paris, Brüder und Schwäger mit ihren nicht sehr pariserischen Gattinnen und mit drei prachtvollen Autos und vielem Gepäck. Sie haben Paris gerade vor dem deutschen Einmarsch verlassen und wollen zu ihren Fabriken in der Bretagne. Nach dem Diner wird in dem kleinen Wohnzimmer der Wirtsleute das Radio in Betrieb gesetzt, man hört schweigend die Nachrichten, die immer katastrophaler lauten, auch der Kommandant der Bahnhofswache, der im Zivilleben ein Lehrer, ein Postverwalter oder ein Kleinstadtadvocat sein mag, findet sich zu diesen melancholischen Zusammenkünften ein. Meine Frage, ob wir uns zwei Nächte hier ausschlafen könnten, bejahte er nach einer amtlich sachlichen Überlegung, die mir klar macht, daß in dieser wirren Zeit eine immense Verantwortung auf ihm ruht. Die Mehrzahl der Gasthofbewohner begegnet uns mit einer etwas scheuen Freundlichkeit, nicht recht wissend, zu welcher Spezies der Zugvögel wir gehören, jedenfalls ohne Animosität. Am zweiten Abend lassen die Pariser Industriellenfamilien, die, wie wir, am nächsten Morgen weiter wollen, sich Champagner bringen. Aber die Radiomeldungen, die diesem Bacchanal vorangehen, sind niederschmetternd, und die Champagnerkübel sind wie Harlekinslustigkeit in einem Leichenzug.

15. Juni 1940. Montpellier. Gestern früh sind wir vor Arles über die Rhônebrücke gefahren, und damit lag nun wenigstens die 15. Zone, das den Deutschen und Österreichern verschlossene Paradis, hinter uns. Wir haben uns in Arles weder bei der Arena noch beim antiken Theater aufgehalten, denn diese berühmten Reste aus der gallo-romanischen Epoche haben wir früher besichtigt, als man sich gemächlicher mit alten Bauwerken beschäftigen konnte, aber es ist klar, daß diese steinernen Zeugen der Vergangenheit heute zu Gedanken anregen, die zeitumspannend und freilich nicht mehr original, schon abgedudelt auf allen Walzen der Geschichtsphilosophie sind. Das römische Reich hatte auf fast alle, damals bekannte oder erreichbare Teile Europas einen eisenbeschienten Fuß gesetzt, niemand konnte ihm widerstehen, alles entschied und ordnete sein mächtiger Wille, und übrig geblieben sind die zerfressenen Stufen der Arena, auf denen die Käfer sich sonnen. Rom hat Tacitus, Titus, Livius und andere Geschichtsschreiber gehabt, aber belehrender als all ihre Werke sind diese breit aufgeschlagenen steinernen Bücher des ewigen Weltwandels, der ewigen Vergänglichkeit, des ewigen Wechsels zwischen dem Triumph und dem Niedergang.

In der sympathischen kleinen Stadt Saint-Gilles machen wir halt. Vor dem besten Hotel, neben dessen Tür ein anlockendes Plakat die Existenz eines W.C. verkündet und damit die Vornehmheit des Hauses zu erkennen gibt, halten bereits fünf oder sechs hochbelastete Autos, und wir ziehen ein weniger nobles Wirtshaus vor, in dessen kleinem Garten die abgeräumten Tische unter den Bäumen erkennen lassen, daß dort die offizielle

Speisestunde bereits vorüber ist. Eine robuste Wirtin, mit ganz südfranzösischem Typ und südfranzösischer Lebendigkeit verspricht uns eine Mahlzeit, die sicherlich nach unserem Geschmack sein werde, und nach längerem Verweilen in der Küche bringt sie Spargel mit schlanken grünen Hälsen, ein Rindsragout mit einer prachtvollen Sauce, in der alle Würzen des französischen Südens gemischt sind, und Käse und Obst. Sie sagt: »Ich gebe den Gästen meiner Pension eine gute Suppe, ein Magergericht, ein fettes Gericht, eine süße Speise und Dessert, alles für fünfzehn Francs.« Sie ist von heiterem Gemüt und sehr redselig, wie es zu den Eigenschaften dieser freundlichen Bevölkerung gehört, und in all ihren Reden bleibt nur ein Thema völlig unberührt, nämlich der Krieg, der dort irgendwo im Norden Frankreichs Schrecken und Unglück erzeugt. Hier unten, wo weder die Deutschen noch, wie auf der Rivieraküste, die Italiener die Sonne des Lebens verdunkeln, ist der Krieg eine Angelegenheit des Nordens, im übrigen sogar die Ursache mancher, allerdings taktvoll verschwiegener Vorteile, da er so viele zahlungsfähige Personen in die sonst spärlicher besuchten Gegenden treibt. Ungefähr so war es, schien mir, auch schon in Aix-en-Provence. Als ich nach dem vortrefflichen Mahl einer kleinen natürlichen Regung zu folgen wünsche, geleitet die brave Frau mich in ein von Bettschweiß und anderen primitiven Parfums durchmufftes Schlafgemach, in dessen Mitte, zwischen den Betten, ein bereits halb gefüllter Blecheimer auf die weitere Benutzung harrt. Sie bemerkt, daß ich lächle, und entschuldigt die Schlichtheit der Sitten mit drolliger Zutraulichkeit: »Saint-Gilles est comme ça«, Saint-Gilles ist nun einmal so.

Erst duch die verspätete Lektüre des »Guide bleu« habe ich erfahren, daß es in Saint-Gilles eine aus dem zwölften Jahrhundert stammende, dann im siebzehnten renovierte Kirche gibt, deren romanische Fassade mit ihren historischen Reliefs und ihren Ornamenten eine große kunstgeschichtliche Bedeutung hat. Dieser romanischen Fassade, die sehr schön sein soll, hätte ich gern einen Besuch abgestattet, aber da ich im »Guide bleu« leider erst nachträglich geblättert habe, ist mir in Saint-Gilles nichts anderes aufgefallen, als jene blecherne Sehenswürdigkeit.

Bereits in allen Dörfern hinter Arles hatten wir sehr viele dort einquartierte Soldaten gesehen, und so war es auf dem ganzen Wege, in allen Dörfern und kleinen Städten, bis nach Montpellier. Die Soldaten saßen rauchend vor den Häusern, gingen spazieren, scherzten mit den Mädchen, betrachteten belustigt oder schon gleichgültig die vorbeijagenden Autos, oder kamen mit riesigen braunkrustigen Broten vom Proviantmagazin. Man erhielt den Eindruck, daß zur Auffüllung einer Front immerhin noch reichliche Reserven existierten, daß an Soldaten kein Mangel sei. Dieser Eindruck aber verstärkt sich ganz ungeheuer, als man in Montpellier in ein wahres herumwandelndes Heerlager hineingerät. Es ist hier in allen Straßen und auf dem weitgedehnten Hauptplatz, der Place de la Comedie, ein unbeschreibliches Gewimmel und Gedrängel von untätig promenierenden Truppen aller Waffengattungen, und unzählige Offiziere von allen Graden, neben den französischen auch die der polnischen Legion, gehen auf und ab, vereinigen sich zu kameradschaftlichen Gruppen, halten die Stühle der vielen Caféterrassen an der Place besetzt, füllen mittags und abends die Restaurants. Die Offiziere sind sehr elegant in ihren Uniformen, die hohen Stiefel sind blank geputzt, das braune Lederzeug, Gürtel und die über Brust und Rücken geschnallten breiten Riemen, die kleidsamen Kopfbedeckungen, all das ist offenbar noch mit keinem Pulverdampf und keinem blutigen Grabenschmutz in Berührung gekommen. Die Polen sind noch sorgfältiger darauf bedacht, ihre militärische Ritterlichkeit zu zeigen, ihre schlanken Taillen sind manchmal ein wenig zu gewaltsam eingeschnürt, und wenn die gepanzerte Rüstung fehlt, das Korsett ist da. Schöne, kräftige Gestalten, von der Luft gebräunte Gesichter in der Masse dieser Gemeinen und Vorgesetzten, und wie soll man für diese gewaltige Ansammlung eine andere Deutung finden als die, daß sich hier, für einen neuen rettenden Vorstoß, die Formierung einer Armee vollzieht, die am nächsten Morgen marschieren wird? Aber sie ist am nächsten Morgen genau so da, wie am vorigen, und sie marschiert nicht, sondern sie promeniert.

Die ganze Stadt ist blockiert von den Autos der refugiés aus den Gebieten, die der Feind schon eingenommen hat. Die

Deutschen dringen täglich weiter vor, und täglich entleeren sich neue Departements, schwillt die phantastische Wanderung an. Tausende von Wagen aus Paris, aus dem ganzen Norden, Nordosten und Nordwesten, sehr viele auch von der Côte d'Azur. Wenn man die Buchstaben studiert, die den Herkunftsort bezeichnen, hat man die Geographie der Flucht. Ein toller, sinnverwirrender und das ganze Land in heillose Verwirrung stürzender Nomadenzug. Damen und Herren, aus ihren Wagen ausgestiegen, wenden sich an andere Flüchtlinge und versuchen, Erkundigungen einzuziehen. »Kommen Sie aus Paris? Wissen Sie etwas über Le Havre? Wissen Sie, was sich in Rouen begibt?«

Montpellier, wo schon seit sieben Jahrhunderten die medizinische Gelehrsamkeit blüht, hatte ich mir – ich war noch nie hier gewesen – als eine jener alten Universitätsstädte vorgestellt, deren pietätvoll erhaltene Architektur von der über die Geschlechter vererbten Weisheit Kunde gibt. Aber es ist wenig erhalten, in den Kämpfen zwischen dem Königtum und den großen aufsässigen Feudalherren im siebzehnten Jahrhundert ist ziemlich alles, was ehrwürdig war, vernichtet worden, und heute ist Montpellier in seinen hauptsächlichen Teilen eine Provinzstadt mit gradlinigen Geschäftsstraßen, Wohnhäusern ohne Lokalcharakter, grünen Parkanlagen, mit dem Theaterplatz als Zentrum, mit einem Museum, mit sehr vielen Cafés, wie man sie in allen französischen Universitätsstädten findet und, unter anderen Statuen, einem gut gemeinten Denkmal von Jaurès. Wenn die 87000 Einwohner unter sich sind und allein die Straßen und die Cafés bevölkern, lebt es sich hier gewiß recht angenehm. Jetzt, mit dieser Heuschreckenplage der plötzlich hereingebrochenen Zuwanderung, mit diesem Tohuwabohu in der Sommerhitze, dieser unablässig zunehmenden Überschwemmung, diesem verzweifelten, atemlosen Ringen um den Raum, ist die ganze Stadt in eine aufgeregte Karavanserei, nicht in eine mohamedanisch ausgeglichene, verwandelt, die wohltuende provinzielle Ruhe ist aus ihr verjagt, und man kann krank werden vor Unlust, wenn man längere Zeit in ihr verweilen muß.

Dank einem sonderbaren Zufall sind wir auch hier in einem

ganz empfehlenswerten Hotel untergekommen. Am Morgen nach dieser Ankunft sagt man mir, daß ein Polizeikomissar da sei, um unsere Personalien festzustellen, und ich finde den jungen Mann bescheiden und durchaus mit den besten Manieren auf der Straße vor dem Hoteleingang. In dem Comissariat, zu dem er mich rücksichtsvoll und mitteilsam begleitet, ist man ebenso liebenswürdig, die Angelegenheit erledigt sich glatt. Wenn wir uns in Montpellier länger als zwei Tage – einen Tag weniger als der Tyrann Dionys dem Damon schenkte – aufhalten wollten, würden noch einige Formalitäten bei einer anderen Amtsstelle nötig sein. Wir beabsichtigten diese Verlängerung unseres Aufenthaltes nicht, wir hatten die Mitteilung erhalten, daß eine uns bekannte pariser Familie in Montauban residiere, und hatten, mit der Bitte uns Quartier zu besorgen, dorthin telegraphiert. Der sehr angenehme leitende Herr im Comissariat erzählt, daß am Tage vorher eine vornehme Dame, mindestens mußte es sich um eine Prinzessin handeln, mit ihrer Tochter in ganz Montpellier vergeblich ein Bett gesucht und schließlich durch die Vermittlung der Polizei die Möglichkeit gehabt habe, die Nacht auf dem Stroh eines allgemeinen Flüchtlingslagers zu verbringen.

An jedem Abend um neun erwartet auf der Place de la Comedie eine große Menge den Boten mit den neuesten Zeitungen. Sobald der arme Junge, der schon weiß, wie man ihm mitspielen wird, in Sicht ist, stürzt sich die ganze Menge auf ihn, sucht ihm die noch feuchten Zeitungsblätter zu entreißen, und es entsteht ein Kampf wie um die Leiche des Patroklos, er wird gezerrt, gepufft, zerschunden, seine abendliche Mission ist ein wahres Martyrium, und vielleicht ist er in der hier kämpfenden Menge der einzige, der aus dieser Kriegszeit Wunden davonträgt und sie aufweisen kann.

17. Juni 1940. Montauban. Die Stadt, in der sich für uns die ungeheuere Überraschung offenbart, heißt Lavaur. Der Mann, der am Rande eines großen kahlen Platzes, eines wahren Manöverfeldes, mit seiner Pumpe den Benzinvorrat auffüllt, hat durch das Radio erfahren, daß zwischen Frankreich und Deutschland ein Waffenstillstand geschlossen worden sei. Die Feindseligkeiten würden um zwölf Uhr nachts eingestellt. Eng-

land scheine den Krieg noch fortsetzen zu wollen. Das Kabinett Paul Reynaud sei zurückgetreten, der Maréchal Petain habe die Regierung übernommen.

Es war kaum möglich, sich sofort über die Bedeutung und über die Folgen dieser Ereignisse klar zu werden. Der erste Gedanke vieler Flüchtlinge dürfte gewesen sein, daß sie nun in ihr Heim zurückkehren würden, und sie sahen die kaum verlassene Wohnung vor sich, ihre bequemen Betten, ihre Schränke, die Küche und den Garten, und wenn sie Geschäftsleute waren, schlossen sie in der Phantasie schon wieder den Laden auf. Aber was würde aus Frankreich, aus dieser nun entgültig zugegebenen, nicht mehr reparierbaren entsetzlichen Niederlage, nach diesem beispiellosen Zusammenbruch? Nach der Trennung von dem englischen Alliierten, der trotzig allein im Kampf blieb, sich auf seiner Insel verschanzte, tapfer das große Spiel spielte, sein großes historisches Entscheidungsspiel? Mit welch einem Jubel, welch einem Glockenläuten des Triumphes, welchen die Weltherrschaft verheißenden Reden mußte heute das nationalsozialistische Deutschland seinem im Sturmlauf errungenen Sieg feiern – man hörte es und wollte es lieber nicht hören, dachte besser nicht daran. Die Bedingungen des Waffenstillstandes konnten für Frankreich nur niederschmetternd sein. Alle Staaten, die trotz ihrer Ohnmacht und der Sorge um die eigene Sicherheit eine entscheidende Wahl noch nicht getroffen hatten, würden jetzt ihre geheimen Sympathien für die Demokratien verleugnen und in das Lager der Diktatoren übergehen. Würde die Insel England sich lange gegen die Übermacht und die große technische Organisation des Feindes wehren und die drohende Landung verhindern können? Nein, man durfte nicht gleich an alles denken, was geschehen war, noch geschehen würde und was ja auch unausdenkbar war. Man konnte es auch garnicht, es war ein zu ungeheuerer Stein, der sich plötzlich auf das Hirn gelegt und die Ausgänge des Geistes verschloß.

Wir fuhren durch Castres, in dem Stendhals Äbtissin ihr abenteuerliches Leben beendet hatte und wo, wie einst, in alten Kirchen und hinter grauen Klostermauern gebetet wird und eine beneidenswerte heilige Stille zu wohnen scheint. Die route nationale, breit und eben, führt nach Montauban über Toulouse, aber wir wollten Toulouse vermeiden, das noch verstopfter sein sollte als Montpellier, und wenn man der scharfen Musterung entging, die dort ohne Zweifel an den Papieren der Ankömmlinge geübt wurde, so war das zum mindesten ein Zeitgewinn. Man hatte uns mit Unrecht vor der Fahrt über das Gebirge abgeraten, die in zahllosen Kehrungen sich windende Straße war nicht schlecht, und wäre die Seele freier gewesen, so hätte sie sich noch aufnahmefähiger an den malerischen Schönheiten erfreut. Jenseits des Gebirgszuges kommt man in ein wundervoll grünes und fruchtbares Tal, überall ragen über die Bäume großer Parks die Fassaden, Dächer und Türmer alter Schlösser, auch die Bauernhöfe stehen wohlhabend auf solidem Grund. Es ist hier ein gesundes und reiches, von den Gottheiten des Friedens gesegnetes Land.

Walter Hasenclever

Interniert in der Festung Antibes

Eine heftige Verwirrung war durch die Mobilmachung bei den französischen Behörden ausgebrochen. Die meisten Beamten waren eingezogen. Ersatz konnte nicht so schnell beschafft werden. So kam es, daß würdige, pensionierte Herren auf die von ihren Vorgängern erwärmten Sessel placiert wurden. Da saßen sie nun. Und wußten nicht aus noch ein.

Ein alter, gutmütiger Familienvater nahm ratlos Einblick in meine Papiere. Er schrieb auf vielen Zetteln vieles auf. Und dann sagte er, ich könnte wieder gehen. Zweifellos hatte er von Tuten und Blasen keine Ahnung. Diese Schwäche nahm Gossmann mit Luchsaugen wahr. Ob nun alles in Ordnung sei, fragte er. Der alte Herr nickte. Schließlich war er eine Amtsperson.

Gossmann sprang leichtfüßig den Berg hinauf. Zurück zu seinen Dreiecken und Quadraten. Er hütete sich, noch eine Frage zu stellen. Er ließ sich einfach nicht mehr blicken. Vogel Strauß im Farbtopf. Wir werden sehen, daß er nicht so unrecht hatte. Er war der Gewitzigste von uns allen. Mit einer erstaunlichen Portion Glück.

»Man muß die Nerven behalten«, erklärte er selbstbewußt. Und da er sich für einen Ausnahmemenschen hielt, dem die Vorsehung eine präzise, wenn auch falsche Auskunft gegeben hatte, sah er verächtlich auf die misera plebs seiner Schicksalsgenossen hinab. Überlassen wir ihn seiner Pinselei.

Inzwischen fuhren die mit Emigranten überfüllten Autobusse von Nizza nach Antibes. Im Café Central in Cagnes waren sämtliche Tische besetzt. Dort nahmen Soldaten von ihren Säuglingen Abschied, die auf den Armen der Mütter selig und ahnungslos dem Unheil der Welt entgegenlächelten. Ein herzzerreißendes Bild, erhaben durch die bewundernswerte Ruhe und Gefaßtheit, mit der das französische Volk sein Schicksal auf sich nahm. Noch schien keiner das Entsetzliche zu begreifen. Oder wenn er es begriff, dann wollte er es nicht wahrhaben. Der Schatten des Todes wurde von der Sonne aufgesogen, die diesen dunkelsten Tag mit ihrem Licht verklärte. Und alles Lebendige strahlte mit doppelter Kraft.

Angelika und Didi waren ungeschminkt. Die Frauen sahen blaß und übernächtig aus. Spill und Melitz kauften Eßgeschirre, Vorräte und Zigaretten ein. Sesam stützte den Kopf auf den rechten Zeigefinger. Seine Augen blickten trübe hinter den Augengläsern. Wir hatten uns nicht mehr viel zu sagen.

Zwei Menschen verließen uns. Lebt wohl!

Als wir an der Haltestelle standen, umarmte ich Spill.

»Sie sind jünger als ich«, tröstete ich ihn. »Mit meinen fünfzig Jahren würde es mir schwerer fallen.«

Spill schüttelte den Kopf.

»Es wird schon nicht so schlimm sein. Ich bin überzeugt, wir sehen uns bald wieder. Ich bleibe nicht im Lager. Ich will an die Front.«

So fuhren sie ab.

Um drei Uhr nachmittags läutete es Sturm bei mir. Golo und Maryse standen vor der Türe. Gladys, unsere englische Freundin, hatte sie mit ihrem kleinen Wagen hergebracht.

Golo kam mit Gepäck und Decke.

»Wir müssen alle ins Lager. Du auch.«

»Man hat mir auf dem Kommissariat das Gegenteil gesagt.«

»Weil die Leute keine Ahnung haben. Ich war auf der Préfecture.«

Ich versuchte, meine Knochen zu verteidigen.

»Ich bin ausgebürgert. Das steht fest.«

»Aber es nützt dir nichts. Du bist deutscher Abstammung. Darauf kommt es an.«

»Wer sagt das?«

»Ich bin mindestens in fünf Büros gewesen. Dann kam ein telephonischer Bescheid.«

»Ich habe mich an das zuständige Kommissariat zu halten. Das ist Cagnes und nicht Nizza.«

»Hör mal«, sagte Golo, »ich warne dich. Wenn sie dich verhaften, ist alles zu Ende. Dann ist nichts mehr zu machen. Vielleicht werden wir heute abend wieder freigelassen. Das hat man mir auf der Préfecture gesagt. Aber ins Lager müssen wir. Da hilft uns gar nichts. Nun tu, was du für richtig hältst.«

»Schön. Ich werde noch einmal auf die Mairie gehen. Ich will den Kommissar persönlich sprechen. Und was der mir sagt, das wird geschehen.«

Händedruck. Maryse hat verweinte Augen. Gladys ist ernst. Das Auto braust ab.

Der alte Herr auf der Mairie hört mich schweigend an. Dann begibt er sich ins Zimmer des Chefs. Der Chef ist ein freundlicher, wohlgesinnter Mann. Nochmalige Prüfung meiner Papiere. Die Herren beraten.

»Hören Sie«, sagt der Chef, »es kann Ihnen meiner Meinung nach nichts passieren. Aber ich rate Ihnen, fahren Sie nach Antibes. Schon, damit Sie Ihre Ruhe haben. Sie riskieren ja nichts dabei.«

Der Rat ist ein Befehl. Ich habe verstanden. Es ist keine Zeit zu verlieren. Ich komme schweißgebadet nach Hause, packe ein, was ich finde: Wäsche, Sardinen, Salami und Wein. Alles, was ich an Tabak habe. Mantel und Decke nehme ich über den Arm.

Dann brechen wir auf. Die Dame des Hauses begleitet mich zum Autobus. Wir sind beide sehr still.

Konzentrationslager ...

Vor anderthalb Jahren wurde ich in Marina di Massa am Strande verhaftet. Das war im wunderschönen Monat Mai, als Herr Hitler nach Italien kam. Man sperrte mich zehn Tage in ein mittelalterliches Kastell ein wie einen Schwerverbrecher. Nachts wurden in meiner Zelle die Wände abgeklopft. Wird es wieder so sein?

»Nein«, sagte die Frau neben mir. »Wir sind schließlich in Frankreich.«

Wir mußten drei vollbesetzte Autobusse abwarten. In den vierten quetschte ich mich hinein.

Nur nicht die Nerven verlieren. Jetzt verlassen so viele Menschen ihre Familie. Die Ungewißheit nimmt uns alle auf. Das ist es nicht. Es ist etwas anderes. Die Rechtlosigkeit. Das Gehetztsein. Der Fluch der Entwurzelung. Das Nicht-mehr-auf-den-Füßen-Stehen. Wie die Katze in Los Angeles.

Ich sehe einen schwarzen Fleck auf dem Trottoir. Der Hund hat sich von der Leine gerissen. Er läuft mir nach auf seinen kurzen Beinen. Im Zickzack, die Schnauze zur Erde gesenkt. Wenn er nur nicht überfahren wird!

Ich kann nichts mehr tun. Ich kann keinem mehr helfen. Bleibt am Leben, meine Kinder. Nun sehe ich auch den Hund nicht mehr...

Das Fort Carré liegt am äußersten Ende der Landzunge, die vom Cap Antibes ins Meer vorstößt. Wie eine steinerne Schildwache steht es mit seinen quadratischen Mauern auf dem steil abfallenden Felsen, die Kanonenaugen nach Italien gerichtet.

Zu Füßen dieser altertümlichen Festung erhebt sich ein Monument, das den Toten des Weltkrieges geweiht ist. Darauf sind in riesigen Dimensionen die Ziffern 1914–1918 eingemeißelt.

Vor dem Monument befindet sich ein viereckiger, mit Draht umzäunter Platz, der sportlichen Betätigungen dient. Gegenüber, in ziemlicher Tiefe, stehen überdachte Tribünen mit Bänken und Sitzplätzen, die etwa tausend Zuschauer fassen.

Auf diesem Platz, den Posten mit aufgepflanztem Seitengewehr bewachten, wurden wir versammelt. Nachdem man die Sperre passiert hatte, stellte man sich bei der nächsten Gruppe an und wurde dann auf die Tribünen gewiesen, deren Etagen sich langsam füllten.

Es war sechs Uhr abends.

Links von den Tribünen sah man über die Wiesen bis zum Meer. Im Hintergrund ragte die Festung wie ein stumpfer Kegel empor. Auf der rechten Seite, wo der Eingang war, lag die Straße nach Cap Antibes, verdeckt durch einen hohen Bretterzaun. Der Ausblick nach der offenen Seite des Karrees reichte bis Cagnes und St. Laurent-du-Var; man sah in der Ferne die Bucht von Nizza und an klaren Tagen die schneebedeckten Spitzen der Seealpen.

Ein heller Abend. Es war warm und schön. Die Männer saßen erwartungsvoll auf den durch eiserne Lehnen abgeteilten

Plätzen, die Füße auf dem Steinboden, den Rücken gegen die Holzlatten der Bänke gelehnt. Man hoffte, in absehbarer Zeit in die Kasematten zu den Schlafräumen geführt zu werden. Nichts dergleichen geschah.

Mittlerweile ging die Sonne unter. Eine sanfte Dämmerung brach herein. Allmählich wurde es klar, daß wir die Nacht auf den Tribünen verbringen würden. Dafür sprach auch eine kleine Menge Stroh, das in den obersten Etagen aufgeschichtet und inzwischen längst vergriffen war.

Die Behörden schienen nicht mit diesem Andrang gerechnet zu haben. Plötzlich wurde es still. Man sah eine Gruppe von Offizieren über den Platz kommen und die Tribünen mustern. Ein höherer Militärarzt war darunter, ein alter Herr mit weißem Schnurrbart in einem feinen, durchgeistigten Gesicht. Er zuckte die Achseln und machte eine ratlose Bewegung mit der Hand. Dann flüsterte er seinen Untergebenen etwas zu. Wie wir später erfuhren, hatte er den Befehl erteilt, sämtliche Kranken zu entlassen. Die Herren gingen weiter.

Ich war neben einen jungen Mann geraten, der mich beflissen begrüßte. Sein Vater, ein Dichter der älteren Generation, hatte vor vielen Jahren in Deutschland die Muse mit einem Intendantensessel vertauscht und lebte seit Ausbruch der nationalen Erhebung im erzwungenen Ruhestand. Der Sohn Percy war ins Ausland gezogen. Er zeichnete sich durch eine auffallend hübsche Frau aus, sprach perfekt englisch und langweilte jeden, der es hören mußte, mit dilettantischen Reimversuchen, in denen er das Regime lächerlich zu machen versuchte, leider ohne jeden Humor. Dabei fuhr er in einem prächtigen Wagen herum, verwöhnt und bemittelt, und spielte auf seine Weise den Emigranten. Er war ebenso gutmütig wie anmaßend, drängte sich überall vor, gab die banalsten Weisheiten zum besten und bewies eine Taktlosigkeit, die nur noch von seiner Dummheit übertroffen wurde. Sein Geld trug er mit unfreiwilliger Komik in einem Lederbeutel um den Hals gehängt, als gelte es, in die Schlacht zu ziehen.

Das erste, was er in der neuen Situation tat, war, einen Freßkorb auszupacken. Er bot mir von seinen Delikatessen an.

»Vielen Dank. Aber ich habe nicht den geringsten Hunger.«

»Glauben Sie wirklich, daß wir auf diesen Steinen übernachten müssen?« fragte er mit vollen Backen.

Ich hatte in der Dämmerung Golo entdeckt, riß Gepäck und Decke an mich und stolperte ein paar Etagen höher.

Golo saß mit der Pfeife im Mund neben einem Herrn meines Alters, dessen kluges, gutgeschnittenes Gesicht mir sofort sympathisch war. Er stellte ihn mir als Dr. Marcus vor, praktischen Arzt und Plato-Kenner. Wir schlossen Freundschaft. Wenn ich Freundschaft sage, so meine ich das im Sinne des Wortes. Der menschliche Zusammenschluß machte die Schwere des Schicksals erträglich. Das verlorene Privatleben wurde durch eine neue, noch tastende Kameradschaft ersetzt.

Percy, der meine Schritte verfolgte, winkte mir mit der Cognacflasche.

»Später!« rief ich ihm zu.

Es wurde dunkel.

Eine nervöse Erregung bemächtigte sich der auf den Tribünen Sitzenden. Viele aßen. Man hörte Papier rascheln und Gläser klirren. Manche starrten teilnahmslos vor sich hin. Andere lagen zusammengekrümmt auf dem Steinboden, in ihre Mäntel gewickelt. Nicht alle besaßen Decken. Solche, die vom jüdischen Hilfskomitee ernährt wurden, hatten nicht einmal Nahrungsmittel. Sie kauten an einer armseligen Zigarette.

Plötzlich entstand ein Aufruhr. Auf dem Platz gab eine Stimme bekannt, daß morgen früh vom Komitee Essen verteilt würde. Die Mitteilung wurde mit gemischten Gefühlen aufgenommen.

»Und heute nacht können wir verhungern!« schrie eine Gruppe mit hörbar österreichischem Akzent. »Schweinerei!«

Die Demonstration ward von Händeklatschen übertönt. Das Stimmgewirr nahm zu.

»Man muß die Feste feiern, wie sie fallen«, sagte Golo und öffnete eine Sardinenbüchse. Dr. Marcus zog Brot und Butter hervor. Ich entkorkte eine Weinflasche.

»Mein Lieber«, lächelte Marcus, »wir sind an ein homerisches Gestade verschlagen. Was würden Sie sagen, wenn plötzlich Nausikaa drüben in der Bucht erschiene, um den schiffbrüchigen Odysseus zu retten?«

Und er zitierte auf griechisch:

»Wanderer, kommst du nach Sparta, verkündige dorten, du habest
Uns hier liegen gesehn, wie das Gesetz es befahl.«

Ein dicker Mann vor uns drehte sich um und sagte auf unverfälschtem Berlinisch:

»Also wat det betrifft, meine Herren, von wejen Sparta, die haben ooch schon die braune Suppe jekannt. Det sind die Erfinder vom Eintopfjericht.«

Der also sprach, war Herr Salomon Breslauer, Börsenmakler aus Wilmersdorf. Aus einem deutschen Konzentrationslager entkommen, nach Prag geflüchtet, in Nizza gelandet – da saß er nun und schnitt sich eine Scheibe Käse ab.

Alma Mahler-Werfel
Flucht aus Südfrankreich

28. Mai – Sanray sur-Mer

Und wieder sind wir in Sanary.

Der König von Belgien hat heute früh allen militärischen Widerstand aufgegeben.

Nachtschwarz ist es um uns. Wohin sich wenden? Wohin gehören wir eigentlich? In die Niemandszeit ... ins Niemandsland.

Nach enormer Packerei und Arbeit an idiotischen Sachen, die sich schon wieder angehäuft hatten, ging's zunächst nach Marseille – vollkommen hoffnungslos.

Juni – Marseille

Am 13. Juni dröhnte die furchtbare Rede Reynauds, die alle Menschen im Hotel stehend und weinend anhörten. »La situation est grave, mais pas désolée ...« Aber sie war désolée.

Auch hier begannen jetzt täglich Alarme.

Wir beschlossen, nach Bordeaux, von dort nach Biarritz zu fahren und in Hendaye schwarz über die Grenze zu gehen, und zwar über die Brücke, die Spanien von Frankreich trennt.

Wie ahnungslos waren wir! Aber auch die Franzosen, die uns dazu rieten. Die hatten keine Ahnung von ihrem eigenen Land. Wir bekamen weder das Visa de sortie, noch das amerikanische Visum.

Ich glaubte nicht an die Schlagkraft der Franzosen; ich glaubte sehr an die Übermacht der Deutschen, von der ich im Herbst 1937 in Berlin doch noch einigen Eindruck gewinnen konnte. Ein ganzes Volk stand dort in Waffen. Hier soff, fraß, vögelte und schlief... schlief... schlief das ganze Volk und ging mißmutig daran, sein Vaterland zu verteidigen – oder auch nicht. (Als die französischen Offiziere, die in Sanary stationiert waren, die Radio-Kriegserklärung hörten, standen sie einen Moment überlegend und still, und wandten sich dann lachend wieder ihrem Croquet-Spiel zu.)

Franz Werfel andererseits glaubte fest an die Übermacht der Alliierten, die damals bestimmt nicht da war, und ärgerte sich über jedes Wort, das ich oder irgendwer zweifelnd darüber sagte.

Ich wollte vor zwei Jahren schon nach Amerika. Franz Werfel aber weigerte sich. Sein Glaube an die Unüberwindlichkeit der Franzosen hielt uns in Frankreich fest... in unbegreiflicher Schwäche gab ich nach, und nun suchten wir, wie eine Maus in der Falle, irgendein Schlupfloch... aber keines stand mehr offen! Werfel aber sagte immer wieder: »Ich lasse den letzten Zipfel von Europa nicht aus meiner Hand.«

Endlich eroberte Hitler Frankreich. Es wurde ihm nicht schwer gemacht.

Wir erwachten in Marseille in der Nacht durch einen Lautsprecher im Nebenzimmer. Es wurde eben berichtet, daß Hitler in Paris eingezogen sei und daß die französischen Soldaten in wilder Flucht nach dem Süden strömten.

Franz Werfel, der optimistisch-mißtrauische, glaubte dem Bericht nicht. Er war sogar überzeugt, daß unsere Zimmernachbarn Nazis seien und diese Lüge nur so laut ausposaunen ließen, um uns zu kränken. Aber man konnte ein französisches Radio nicht umlügen.

Unsere Tage in Marseille wurden nun in Konsulaten verbracht – die Nächte, wegen der Bombardements, im Keller. Die Gerüchte besagten, dei Deutschen seien vor Avignon.

Wir kaperten ein Auto, das uns für achttausend Francs nach Bordeaux bringen sollte.

Am 18. Juni 1940 reisten wir ab. Wir wollten ursprünglich über Perpignan fahren, aber der Chauffeur, ein hochfahrender Mensch, widersetzte sich dem. Er wollte nach Avignon, weil er dort Freunde hatte, und die Deutschen genierten ihn nicht...

Wir mußten nachgeben, lunchten in rasender Eile in Avignon und setzten dann unsere Reise fort – Franz Werfel seiner Bequemlichkeit halber vorn beim Chauffeur, ich, fast erschlagen durch meinen großen Stehkoffer (der bei jeder Kurve auf mich fiel) und mit dem ganzen übrigen Gepäck, saß im hinteren Teil des Wagens. Die Straße war menschenleer und vor Angst erstarrt. Nirgends ein Hindernis für den Feind... eine Ohnmachtserklärung auf allen Linien...!

Als wir uns endlich nach dem Westen wenden konnten, atmeten wir auf. Und nun fuhren wir im Schneckentempo nach Toulouse, wo wir am Abend sein sollten. Aber – weit gefehlt! Etliche Pannen, falsche Wege, kurz – wir kamen im Kreislauf zweimal nach Narbonne und mußten das zweitemal dort zur Nacht bleiben. Es war unterdessen elf Uhr abends geworden. Von Hotel zu Hotel abgewiesen, fanden wir auf der Straße ein paar alte Frauen, die Mitleid mit uns hatten und uns an ein Spital wiesen; wir bekamen schließlich Betten in einem ehemaligen Kinderspital, jetzt Flüchtlingsheim. Wir gingen weit in stockfinsterer Nacht und kamen endlich in ein verlottertes Haus. Muffige Dreckstiegen führten in ein schmales Vorzimmer, in dem eine leidliche Pritsche stand. Dort aber schlief die Pflegerin. Wir hatten nichts gegessen, und so baten wir um etwas Brot. Franz Werfel aß eine grauslich riechende Knoblauchwurst. Ich sah Rotwein und bat darum. Das Brot war so hart, daß es sogar im Wein unauflösbar war. Dann frugen wir nach einem WC, und man kam in ein schmutziges Loch ohne Wasser.

Dies war eine Kinderklinik gewesen!

O Zivilisation Frankreichs!

Franz Werfel hatte sich in ein Zimmer mit Männern und Knaben, ich mich zu Weibern und Kindern zu legen. Wir wurden gebeten, kein Licht zu machen; es grauste mir vor dieser Pritsche, ohne Decken, ohne Polster, vor diesem Schmutz. Aber wir waren halbtot und schliefen schnell ein. Bald aber wurden wir durch ein markerschütterndes Geheul eines Weibes geweckt, das vermeinte, wieder inmitten eines Bombardements zu sein. Alles stürzte herzu, und die Männer kamen in zweifelhaften Schlafanzügen, um die Irre zu beruhigen. Unterdessen redete ein Verrückter auf Franz Werfel ein, wir sollten hier bleiben, man habe doch wenigstens ein Dach über dem Kopf... Zum Überfluß schrien nun alle Kinder im Chor. Es war aus mit dem Schlaf. Gerädert erwarteten wir den Morgen. Von Frühstück keine Rede; ich bat wieder um ein Glas Wein, in dem ich mein hartes Brot aufzuweichen suchte. Franz Werfel konnte das, was man da Kaffee nannte, nicht hinunterzwingen. Der Chauffeur wartete bereits draußen und klopfte an die Haustür, wir aber waren eingesperrt und mußten mit der Weiterfahrt warten, bis die Pflegerin uns von außen öffnete. Sie hatte die Nacht anderswo verbracht – und das kann ich verstehen! Ich legte hundert Francs hin für die Pflegerin, die uns so schlecht behandelt hatte. Dieses Geld wurde erst absichtlich nicht bemerkt, dann aber, als jemand herzutrat, schnell mit einem Tuch bedeckt.

Nun ging es mit Hindernissen wieder weiter. Alle Viertelstunden eine Barrage... so wie gestern, und überall mußte man sein ›saufconduit‹ zeigen. O wie genau sind die Franzosen, wenn es Nebensächlichkeiten gilt!

Als wir vor Carcassonne waren, hieß es, weiter dürfe man nicht. Der Chauffeur jubelte... er hatte durch das Kreuz- und Querfahren eine erkleckliche Kilometerzahl zusammengeraubt, und uns kostete dieser Spaß sechstausend Francs.

Jetzt saßen wir in Carcassonne. Auf Ansichtskarten war die Burg sehr schön – die Stadt aber ist ein Drecksnest –. Wir hatten zwei Tage verloren. Es hieß, Züge gingen nicht mehr... aber ich sah vom Fenster unseres armseligen Bahnhotels, in das wir einstweilen unsere Koffer abgeladen hatten, Leute vom Bahnhof kommen, und so ging Franz Werfel hin und erfuhr, daß um zwei Uhr nachts der letzte Zug nach Bordeaux abginge.

Wir gaben gegen meinen Willen das ganze Gepäck auf, bis auf ein paar Handtaschen; und so saßen wir dann viele Monate ohne Kleider, ohne alles, denn das ganze Gepäck war verlorengegangen, und nur der Zufall rettete uns einen Teil des Verlorenen. Vor allem litt ich um die Mahlerschen Manuskripte und die Bruckner-Partitur der 3. Symphonie, die ich monatelang als verloren betrachten mußte.

Pünktlich, mit ein paar kleinen Handköfferchen für das Allernotwendigste, gingen wir also todmüde auf den Bahnhof, um alsogleich zu erfahren, daß der Zug zwei Stunden Verspätung habe. Wir saßen nun auf den Handkoffern... und warteten. Der Zug kam gegen Morgen und war so voll, daß man keine Tür öffnen konnte. In den Aborten war das Gepäck bis an die Decke geschichtet, auch hier war keine Tür auf- oder zuzumachen. Man stand aneinander gequetscht oder versuchte, sich unter dem Hosenboden eines schlecht riechenden Soldaten auf irgendein Gepäckstück zu setzen. Wir gaben unseren Bodensitz einer hochschwangeren Frau.

Die Soldaten aber waren äußerst vergnügt. Der Krieg war aus. Sie stürzten nach Hause, die Waffen hatten sie weggeworfen, sie schimpften laut auf das Regime. Sie wären immer und überall ohne Deckung gewesen, die Proviantkolonnen waren nirgends nachgekommen, et cetera. Es war eine unheimliche Stimmung. Frankreich war ihnen völlig gleichgültig.

Der Tag kam herauf, ermüdend und furchtbar. Zu essen gab es nichts... das Gegenteil konnte man auch nicht tun. Kinder schrien. Der Zug blieb jede Viertelstunde auf offener Strecke stehen. So kam man statt um fünf Uhr früh um sechs Uhr abends in Bordeaux an.

Aber Bordeaux hatte diese Nacht ein furchtbares deutsches Bombardement überstanden, und die halbe Bevölkerung verstopfte den Bahnhof, um sich wegzuretten, nach Biarritz, Pau, und so weiter – also zurück ins Land hinein.

Der kilometerlange Bahnhof gleich einem Heerlager – es war ein Meer von Menschen und Kofferburgen... kein Träger... keine Hilfe. Alles war außer Rand und Band. Ein alter Bekannter sichtete uns und raunte uns zu: »Retten Sie sich, Bordeaux ist eine Hölle!«

Ja, retten – aber wie? Und wohin?

Ich rannte herum, um unser Gepäck auszulösen, aber überall standen Hunderte von Menschen in derselben Not. Ich kam nicht einmal in die Nähe der Schalter, ebensowenig konnte ich deshalb Billetts ergattern.

Franz Werfel hatte endlich einen idiotischen Affenmenschen erwischt, dessen Arme bis zum Boden reichten und der kein Wort irgendeiner Sprache verstand. Dieser also nahm nun unser kleines Gepäck, das heißt, er warf sich einige Stücke über, ließ sie fallen, hob sie wieder auf, verlor sie und warf alles Franz Werfel zu – und so humpelten wir die lange Strecke am Bahnhof entlang... Tausende von Menschen stießen einander oder lagen am Boden. Wir übergaben das Gepäck dem Portier des Hotels Terminus, aber er bedeutete uns, daß an Übernachten nicht gedacht werden könne. Jedes WC war mit Fremden besetzt, und ein Badezimmer als Schlafraum zu bekommen war etwas Unerreichbares! Alle Hotels, vor allem um den Bahnhof herum, waren seit heute früh geschlossen, aus Angst vor neuerlichem Bombardement. Die Stadt lag verlassen.

Der arme Franz Werfel zog mit unserem Tier in der Gegend herum, aber es war alles umsonst.

Unterdessen stand ich ruhig bei unserem kleinen Gepäck, als sich ein stark geschminktes Mädchen neben mich stellte. Ich frug sie, ob sie auch kein Nachtquartier habe, weil sei ein kleines Gepäckstück trug. Sie sagte, sie sei aus Bordeaux und könne uns vielleicht zu einem oder sogar zwei Zimmern verhelfen. Ich bot gleich tausend Francs für eine Nacht. Sie dachte einen Moment nach, gab mir dann eine Karte, und wir fuhren mit dem Affen, der stöhnend zwei kleine Reisenecessaires trug, in der Straßenbahn ins Stadtinnere... vorüber an zusammengestürzten, zerschossenen Häusern. Ein trostloser Anblick!

Wir fanden die Adresse – es war ein kleines Hurenhaus. Die Hausdame sagte sofort: »Momentan außer Betrieb.« Die Bewohnerinnen waren nämlich aus Angst vor einem zweiten Bombardement geflohen... Die Zimmer rochen süßlich, nur die Koffer der Damen waren dageblieben.

Die Waschtische waren noch voll der notwendigsten Utensilien dieses Standes. Alles wartete auf ein neuerliches Bombardement, das Gott sei Dank nicht kam. Wir mußten in den Keller kraxeln, um ihn für den Notfall zu kennen; jeder bekam eine Kerze, und nun wollten wir ausgehen, um uns irgend etwas zum Nachtmahl zu holen. Wir hatten seit vierundzwanzig Stunden nichts gegessen. Aber nirgends gab es etwas. Jedes Restaurant hatte vor der Tür ein Plakat: Occupé. Fermé.

Der Regen dröhnte.

Endlich gelangten wir in ein Bistro. Drinnen staute sich die Menge. Kalter Haß war zu fühlen. Wir fanden etwas Brot, ein paar harte Eier und eine kleine Flasche Wein. Damit gingen wir in unser flottes Heim und schliefen ganz gut und ohne Alarm.

Am Morgen wieder die Frage: Wohin?

Biarritz war eigentlich unser Ziel... nahe der spanischen Grenze... vielleicht erbarmt sich doch irgendein Konsul? Aber kein Chauffeur wollte fahren. Endlich gelang es Franz Werfel, für sechstausend Francs ein Taxi aufzutreiben, und so ging's los.

Aber auch in Biarritz war alles überfüllt oder geschlossen. Ich fand aber Pariser Pelzhändler, die ich kannte, und die uns halfen, ein Zimmer zu ergattern. Allerdings erst für die zweite Nacht... die erste mußten wir im Bett eines Bekannten übernachten. Und dieses Übernachten kostete uns viele tausend Francs, da dieser Herr Franz Werfel überlistete, indem er ihm vorlog, er könne uns Visa verschaffen... und mit dem vorausverlangten Geld dann nicht mehr gesehen ward. Am nächsten Morgen früh fuhr Franz Werfel nach Bayonne, um Visa zu erjagen, während ich in ein grausliches Hotel übersiedelte, in dem wir so etwas wie ein Zimmer bekamen, natürlich nur für eine Nacht. In Bayonne stand Franz Werfel stundenlang Schlange vor den Ämtern, ohne das geringste zu erreichen. Es galt, das portugiesische und das spanische Visum zu bekommen.

Am zweiten Tag holte ich Franz Werfel in Bayonne ab, und als wir in Biarritz ankamen, stürzte ein Fremder auf uns los: »Haben Sie die Deutschen in Bayonne gesehen?«

Wir wußten von nichts. Aber sie waren wirklich schon da. Nur eben dort hatte man es noch nicht gewußt.

Bekannte aus Prag, Vicky von Kahler und seine schöne Frau Bettina, jetzt unsere nahen Freunde, suchten Franz Werfel gegen Abend auf und luden uns ein, mit ihnen nach Hendaye zu fahren, da die Gefahr bestand, daß die Deutschen am nächsten Tag Biarritz besetzten. Wir sagten zu. Immer waren uns die Deutschen nun auf den Fersen...

Wieder packten wir, schliefen kaum... der Ozean donnerte... und selbstverständlich regnete es in Strömen!

In Hendaye überließ ein mickeriges Hotel uns je ein Zimmer

für zwei Personen, mit einem schmalen Bett... aber das machte uns schon nichts mehr aus. Franz Werfel und Vicky Kahler gingen nun auf die Suche nach Konsuln. Man hatte uns gesagt, daß der portugiesische Konsul sehr freundlich gleich alle Visa ausstelle. Nun war er aber nicht in Hendaye, sondern in St. Jean de Luz, wohin Franz Werfel und Vicky Kahler sofort fuhren, um da zu erfahren, daß der Konsul wahnsinnig geworden war und alle Pässe ins Meer geworfen habe...!

Am Abend des zweiten in entsetzlicher Öde verbrachten Tages – es war der 26. Juni – saßen wir gerade mit Kahlers bei einem Schlangenfraß, als Franz Werfels Pilotenfisch, ein kleiner polnischer Jude, hereinstürzte und außer sich rief, die Deutschen seien eben in Hendaye am Bahnhof angekommen, und der Bürgermeister rate uns, wir sollten ›uns verkrümeln‹.

Nun wurde es uns doch unheimlich. Franz Werfel warf sich aufs Bett und bekam einen Weinkrampf. Vicky Kahler rannte herum, bis er einen Taxichauffeur fand, der genug ›Essence‹ bis St. Jean de Luz hatte. Gepackt war alles in Eile, und um halb zwölf Uhr nachts begann die neuerliche Flucht, diesmal ins Landesinnere hinein. Ich wendete kein Auge von Werfel, der mir große Sorge bereitete...

»Und der Regen regnete jeglichen Tag!«

Feucht waren Kleider und Schuhe, wir konnten nichts wechseln, weil das Gepäck ja weg war. In St. Jean de Luz fanden wir den alten Chauffeur wieder, der uns nach Biarritz gebracht hatte, aber er war wenig erfreut, uns wiederzusehen. Er schlief, und da man ihn wecken mußte, schlurfte er mißmutig herbei. Wir mußten die uns verbliebenen kleinen Gepäckstücke im regennassen Straßenkot bei der Frau des Chauffeurs stehenlassen.

Auf einmal waren ganze Haufen von Weibern da, die uns keifend versicherten, daß jedes geschriebene oder gedruckte Wort aus unseren Sachen entfernt würde. Sie hatten eine tödliche Angst vor den Deutschen.

Auf schlafender Straße fuhren wir dahin... Der Chauffeur hatte in der Eile vergessen, die Nachtbeleuchtung anzubringen, und so war es stockdunkel um uns. Die Straße sahen wir kaum vor uns. Eng aneinandergepreßt saßen wir zu fünft in dem kleinen Taxi. Auf einmal wurden wir energisch angehalten, ein Offizier hielt die Taschenlampe hoch, und ich sagte leise: »Jetzt haben's uns...« Aber es war ein Franzose, dem ausnahmsweise die Uniform stramm saß, und er ließ uns, nach Einsicht in unserer Papiere, weiterziehen.

Aber der Schreck war uns sehr in die Glieder gefahren in dieser finstersten aller Nächte. In Ortez wollten wir übernachten, klopften überall an – keine Tür öffnete sich. Es war eine Gespensterstadt. Auf einmal trat ein Herr aus dem Dunkel der Nacht hervor und sagte: »Dieser Ort wird noch in dieser Nacht von den Deutschen besetzt werden. Ortez ist Grenzort der Okkupationszone.«

Also schnell weiter... der Morgen begann schon zu grauen.

Wieder ein Halt. Ein Polizist frug, ob wir einen Erlaubnisschein hätten, in der Nacht zu fahren. Wir verneinten natürlich, und so mußten wir den Wagen an den Straßenrand fahren und bis fünf Uhr früh warten. Und jetzt überwand uns alle die Müdigkeit, und wir lehnten aneinander und schliefen ein... laut und leise, wie es jedem gegeben war. Die Kälte und der Regen brachten Husten und Verkühlungen, das aber war jetzt gleichgültig.

So kamen wir also nach Pau. Wir konnten kaum stehen, so zerquetscht waren wir durch die eng verbrachte Nacht. Die wenigen Menschen, die schon wach und auf waren, höchst unfreundlich. Alles war requiriert von der Regierung, die teils schon da war, teils von Bordeaux noch erwartet wurde. Der Chauffeur, der nicht weiterfahren wollte, suchte und fand einen Freund, der uns ein Empfehlungsschreiben an einen Hotelier in Lourdes mitgab.

Wir trafen Eugen Spiro mit Frau und Freund Schapiro, die in derselben Lage waren wie wir. Schapiro versprach das Blaue vom Himmel, nämlich ›Essence‹, aber es gelang ihm nicht. Vaterlandslos, wohnungslos, mit ausgehöhlten Gesichtern saßen wir um einen Tisch herum und verschlangen irgend etwas Menschenunwürdiges. Man versprach einander gegenseitige Hilfe und fuhr auseinander wie die Kreuzottern, wenn sie die Eierschale gesprengt haben...

Todmüde kamen wir in Lourdes an; es war der 27. Juni 1940.

Dasselbe Bild. Als wir beim zweiten Wirt ziemlich unsanft abgewiesen werden sollten, liefen mir, ohne daß ich es wollte, die Tränen über die Wangen. Ich muß wohl sehr elend ausgesehen haben, denn die Wirtin stürzte herbei und rief: »Nein... ich lasse sie nicht weiter. Wir werden das junge Ehepaar aus ihrer Kammer herausnehmen, und Sie bekommen dieses Zimmer.«

Das Gefühl der Erleichterung war unbeschreiblich. Noch unbeschreiblicher allerdings... dieses Zimmer. Es ging auf ein Glasdach, auf dem der Unrat der oberen Stockwerke abgeworfen wurde. Es war so groß wie ein WC, und in dieser ärmlichen Klause wohnten wir nun vierzehn Tage. Später bekamen wir ein besseres Zimmer mit – Gott sei dank! – zwei Betten, denn auf der ganzen Reise mußten Franz Werfel und ich immer in einem einzigen Bett schlafen und störten uns gegenseitig mit den Knien. Das Schlafen war dadurch keine Erholung, aber wir waren bereits so heruntergekommen, daß uns ein Dach über dem Kopf eine himmlische Erfindung dünkte.

Am ersten Morgen gingen wir aus: Franz Werfel, um sich rasieren zu lassen, und ich schlenderte die Buchläden entlang und fand ein Büchlein über die kleine Heilige Bernadette. Waren wir schon hier, so sollte man sie doch kennen.

Ich gab Werfel das Buch mit der Bemerkung, daß das etwas sehr Merkwürdiges sei, und er las es mit äußerstem Interesse. Nach und nach kaufte ich noch alle Traktätchen über die heilige Bernadette.

Damals ahnten wir nicht, welch reiche Früchte dieser Aufenthalt bringen sollte.

Die Grotte wurde uns zum Erlebnis; wir tranken das Wasser mit tapferer Rührung und warteten, daß uns irgendein Zufall aus diesem kleinen Städtchen heraushelfe, denn wir waren Gefangene hier, wie überall in Frankeich, da man von einem Dorf zum andern ein Visum brauchte, aber nicht bekam.

Wochenlang gingen wir mit demselben Kleid am Leib herum, denn unser Gepäck war verschollen, und da man sich auch nicht ordentlich waschen konnte – von Baden war überhaupt keine Rede –, so begruben wir unsere Eitelkeit, und es begann uns alles gleichgültig zu werden.

2. Juli – Lourdes

Heute ist der vierzehnte Tag des Entsetzens, den wir nach dem schmählichen Waffenstillstand erleben.

Wenn wir das alles überleben, so sind wir um zwanzig Jahre gealtert. Franz Werfels Rettung, meine Rettung . . . alles liegt in einem trüben Etwas verborgen, von dem wir nichts wissen.

Die Grotte von Lourdes ist seelisch heilsam, solange wir da sind. Entfernen wir uns, fällt die Erleichterung ab . . . und wir fühlen wieder den Stein auf dem Herzen.

Was jetzt kommt, ist höchstens ein Geduldetwerden, irgendwo.

Mein Gepäck mit allen meinen Aufzeichnungen ist verlorengegangen in diesem Topf voll Dreck und Unordnung. Alles mir persönlich Wichtige ist mir dadurch genommen worden. Vor allem aber alle meine Partituren! Alles ist nun im okkupierten Gebiet, wird durchsucht und durchstöbert von unweisen Händen.

Nach vielen Wochen kam das kleine Gepäck an, daß wir im Straßengraben von St. Jean de Luz stehenlassen mußten. Aber es bereicherte uns wenig.

Von Anna Mahler in London bin ich vollkommen getrennt. Es geht keine Nachricht aus Frankreich hinaus und keine kommt herein.

Franz Werfel verschwand am letzten Tag unseres Aufenthaltes in Lourdes für längere Zeit. Ich frug ihn nicht, wo er gewesen war, aber er sagte freimütig:

»Ich habe gelobt, daß ich ein Buch zur Ehre der heiligen Bernadette schreiben werde, wenn wir glücklich in Amerika ankommen.«

Wenn ich es recht verstehe, so kommt es darauf an, die leidige Kritik in einem selbst zu ersticken. Ich war heute zweimal in der Grotte. Früh bei der Messe, am Nachmittag in der Kirche bei großer Predigt, Musik und unzähligen kleinen Bernadettes. Ich war plötzlich dermaßen hingerissen, daß ich weinen mußte, so daß ich mein Gesicht zu verstecken hatte. Es ging mir furchtbar nahe . . . ohne ersichtlichen Grund . . .

Dann aber kommen Zeiten, wo mich alles kalt läßt. Das einzige, was ich noch immer – oder vielleicht erst jetzt mit Erzittern aufnehme, ist die heilige Kommunion. Nie könnte ich vorher einen Bissen gegessen oder getrunken haben. Es ist immer dasselbe Mysterium für mich. Und ich rede mir nichts ein.

Unter Menschen bin ich furchtbar gehemmt. Das kommt von der elenden europäischen Ohrfeigenerziehung unserer Zeit.

Wenige kennen meine Musik und mein Musizieren.

Mir fehlt auch da jede Frechheit... aber irgend etwas wird schon an mir sein... sonst hätten mich die bedeutenden Menschen, wie sie um mich waren, nicht gewählt.

August

Am 3. August hatten wir, nach vielem Stehen im Polizeibüro, endlich das ›sauf-conduit‹-Visum zurück nach Marseille.

Sechs Wochen war keine Eisenbahn gegangen, weil ununterbrochen Militärzüge vom okkupierten ins unokkupierte Gebiet rasten. Wir waren denn auch ziemlich die ersten, die sich dranwagten.

Die Hitze tobte.

Die Eßpakete mit den Weißbroten, dem Schinken, den harten Eiern und den Madeleinen verschnürt, nebst wenigem Handgepäck, wurden auf die Droschken verladen. Wir fuhren die Avenue de la Grotte hinaus, an allen Bistros und der Hauptpost vorbei zum Bahnhof. Dort mußten wir zwei Stunden vor einer Perronsperre warten. Dann fuhren wir los, durchs grüne Bergland.

Es war schon dunkel, als wir in Toulouse eintrafen. Alles stank dort nach Weltuntergang. Senegalesische Soldaten schliefen quer über den Bahngeleisen. Wir ließen uns im verdreckten Bahnhofsrestaurant nieder und begannen, ohne zureichenden Grund, maßlos viel zu essen. Rund um uns tobte die große Ausstattungsrevue ›Weltuntergang‹, in der wir brav mitspielten.

Um zehn Uhr abends wurden wir dann aus dem freundlichen Lokal hinausgewiesen und saßen nun alle vier auf unsern Koffern am Bahnhofsperron, bis im Morgengrauen ein Zug nach Marseille abging.

Marseille... Die Cannebière war schon in der Früh sonnendurchglüht. Wir gingen zu Fuß und trugen unser kleines Gepäck selbst. Im Hotel Louvre et Paix standen feldgrüne Offiziere mit Pistolen und blankrasierten Schädeln. Draußen in der Sonne glitzerten sechs funkelnagelneue Autos. Einen reingeputzten Wagen hatten wir seit langem nicht mehr gesehen. Nun wußten wir: das sind die Deutschen!

Der Direktor des Hotels, unser Freund, sagte uns leise, die deutsche Kommission fahre in zwei Stunden ab, wir möchten einstweilen rückwärts herum zum Lift gehen und in unserem Zimmer bleiben... Waren wir darum monatelang durch ganz Frankreich geflohen, um den Deutschen hier in den Rachen zu laufen?

24. August – Marseille

Louis Gillet ist hergekommen, um uns zu helfen. Er ist zwar einer der ›Unsterblichen‹ und sehr berühmt in Frankreich, aber momentan ist all seine Macht dahin.

Der Maire empfing ihn nicht einmal.

Heinrich Mann, ohne Frau, war recht angenehm, wenn auch etwas grobschlächtig.

Er spricht manchmal sehr gescheite Dinge, wenn er aus seiner Lethargie aufwacht. Er sagte zum Beispiel: »Ein Mensch kann eine Weile auf dem Kopf stehen... eine Nation länger... aber dann muß sie umfallen.«

Und fortwährend kamen neue Fluchtideen in Sicht.

Einmal sollten wir in ein kleines Grenzörtchen fahren, übernachten, uns in der Früh um fünf an einen Friedhof heranpirschen, wo hinter einem Holzhaus uns Leute erwarteten, die uns über den Friedhof und über die Grenze bugsieren sollten. Dieser Plan war aber allzu vage und wurde verworfen.

Weiter sollte für alle tschechischen Emigranten ein Schiff gechartert und das Ganze als Rotes Kreuz deklariert werden – wobei ich als Oberin fungieren sollte.

Von den Amerikanern, die sich anfangs erboten hatten, uns über die Grenze zu bringen, war nichts mehr zu hören, nichts mehr zu sehen. Franz Werfel versuchte es ein paarmal, zum Vertreter der Unitarier, Varian Fry, vorzudringen – es war unmöglich.

Mein Geburtstag am 31. August bekam noch als Geschenk die Ankunft der Nelly Mann, die in Nizza gepackt hatte.

September

Am 3. September fuhren wir weit hinaus zum amerikanischen Konsulat; die Taxifahrt kostete uns ein kleines Vermögen. Alle Menschen waren sehr erregt. In strahlender Hitze saßen wir – mehrere Stunden. Von unserem lieben Freund Kommer in New York hatten wir ein Telegramm erhalten, in welchem er uns mitteilte, daß Cordell Hull für uns an Mr. Bingham, den amerikanischen Konsul in Marseille, gekabelt habe.

Der Konsul wußte von keinem Kabel.

Als wir aber insistierten, brachte es Mr. Bingham mißmutig an...

Diese Wochen in Marseille waren unerträglich. Täglich andere Gerüchte, jede Woche neue Kommissionen, um alle Depots auszurauben und nach Deutschland zu schaffen... Reis, Nudeln, Öl, Zucker! Und hier war der Hunger unterdessen gestiegen, es war ein armes Marseille, das wir wiederfanden. Man bekam wenig und schlecht zu essen. Seife konnte man nicht mehr kaufen, überhaupt kein Fett. Butter kannte man nur mehr vom Hörensagen.

Und täglich wanderten wir zu den Herren Konsuln, dic uns ihre ganze Macht fühlen ließen.

In Lourdes bemühte sich der Direktor des Hotels ›Vatican‹ um unser verlorenes Gepäck. Es fiel ihm ein, daß er einen Freund des Bahnhofsvorstehers in Bordeaux kenne, und er schrieb nun Brief auf Brief, und endlich kam ganz allein und verwaist der kleine, nun zerfetzte Koffer mit den Partituren der Symphonien von Gustav Mahler und der Dritten von Anton Bruckner in Marseille an... Das Wichtigste hatte ich ja nun, aber wir waren jetzt überzeugt, daß das restliche Gepäck verloren war.

Franz Werfel war äußerst erregt über die verwirrenden Gerüchte, die er täglich vom tschechischen Konsulat heimbrachte. Er stände zuoberst auf der Liste der Auszuliefernden... Er warf sich täglich aufs Bett und weinte. Gott sei Dank behielt ich wenigstens meinen Kopf oben, denn so konnte ich ihn immer wieder beruhigen. Er war ja auch der bei weitem mehr Gefährdete.

Das versprochene Ausreisevisum kam und kam nicht. Wir mußten an böse Absicht der zuständigen Behörde glauben und beschlossen nach wochenlangem Warten, ohne das Visum zu fliehen. Die Amerikaner hatten einen Mann, Mr. Fry, geschickt, der uns allen helfen sollte. Er tat das recht ungezogen und mürrisch; so zog er die Abreise weitere vierzehn Tage hin, bis wir endlich eine Entscheidung herbeiführten. Wir gingen zu Mr. Fry und verlangten zu wissen, wann endlich gegangen werden sollte. Und es stellte sich heraus, daß wir uns noch in derselben Nacht, um fünf Uhr früh, bereithalten sollten...

Die Tage vorher waren wir wieder von einem Konsulat zum andern gejagt, aber nach dem amerikanischen Papier bekamen wir die andern Visa im Handumdrehen. Der tschechische Konsul war ein wahrer Engel, und Franz Werfel konnte durch ihn etwa fünfzig von seinen Kollegen tschechische Visa verschaffen. Alle deutschen Emigranten waren ja nun staatenlos, und alle Österreicher waren automatisch Deutsche geworden. In den engen Räumen des tschechischen Konsulats balgten sich die Herrschaften und Betrüger – bis auf die Straße standen die Emigranten, gestikulierten und brachten sich und den Konsul damit in Gefahr. Die Polizei war schon aufmerksam geworden. (Später wurde der Konsul verhaftet, lebt aber jetzt wieder in Rang und Ehren.)

Trotz Angst und Sorgen sahen wir noch eine Menge Menschen, die ebenso zersorgt waren wie wir, die uns aber doch vom eigenen Elend ablenkten. Der Name Werfel durfte nicht genannt werden, die bittstellenden Emigranten aber riefen laut ins Telefon: »Guten Tag, Herr Werfel – ich darf meinen Namen nicht nennen!« Das Telefon stand in der Halle unseres Hotels und konnte von jedermann abgehört werden. Neben uns wohnte die Gestapo. Wenn sie kamen, wurden wir vom Direktor des Hotels gewarnt. Er weigerte sich, die Besucherliste des Hotels auszuliefern ... Wenn wir nicht auf einem der Konsulate herumstehen mußten, fuhren wir ans Meer hinaus, an den Strand. Die Möwen kreischten, der Dunst über den Wassern roch weit, gute Ideen kamen ... es waren gesegnete Stunden ... als wenn nichts Böses und Unheimliches auf der Welt wäre und auf uns lauerte.

Nach unserem Besuch bei Mr. Fry stürzten wir also nach Hause – es war keine Zeit zu verlieren. Unterdessen war sogar unser großes Gepäck angekommen. Schnell wurde wieder einmal gepackt ... und das einzige, was Mr. Fry wirklich geleistet hat, war, daß er das ganze Gepäck von uns fünfen über die Grenze brachte.

Meine Freundin Busch Meier-Graefe blieb mit mir die ganze Nacht wach, bis wir an die Bahn mußten.

Es war der 12. September. Um fünf Uhr in der Früh fuhren wir mit Heinrich, Nelly und Golo Mann von Marseille ab. Franz Werfel hatte am Tage vorher alle seine Schriften und Skizzen in einer Aschenschale verbrannt.

In Perpignan verweilten wir ein paar Stunden, bis uns der Zug nach Cerbère bringen sollte. Dort wurden wir in einem völlig leerstehenden Hotel einquartiert und erwarteten unsere Ordres. Die beiden Amerikaner, Mr. Fry und ein junger, uns unbekannter Mann, hatten gehofft, daß man uns mit unseren amerikanischen Papieren durchlassen werde, was aber leider nicht gelang.

So war also der erste Schachzug mißlungen!

Ich stand früh auf und ging zum Bahnhof, wo eine Zusammenkunft stattfinden sollte. Oben in dem leeren unheimlichen Hotel hatte es mich nicht lange gelitten. Frühstück war keines zu bekommen. Ein Tee war alles. Nun wurde Kriegsrat gehalten. Man beschloß, es aufs Geratewohl und ohne Papiere zu versuchen. Man wollte sehr früh aufbrechen; die spanische

Sonne brannte schon um sechs Uhr früh höllisch auf uns nieder. Golo Mann, sonst ein äußerst verläßlicher Mensch, war unauffindbar. Er kam nach zwei Stunden sehr erfrischt von einem Meerbad, und nun endlich konnten wir an die Besteigung der Pyrenäen denken.

Im Dorf fiel es Nelly Mann plötzlich ein, daß es Freitag der dreizehnte sei, und sie wollte durchaus umkehren. Franz Werfel und ich gingen voraus, um der Diskussion und ihrem wahnwitzigen Geschrei ein Ende zu machen. Wir sollten ja als harmlose Spaziergänger gelten und nicht als Schmuggler. Gleich nach dem Ortsende bog der junge Amerikaner von der Straße ab und ging auf steinigem Pfade steil aufwärts. Bald kletterten wir weglos. Die Ziegen vor uns stolperten, die Schiefersteine flimmerten, sie waren spiegelglatt, und wir mußten hart an Abgründen vorbei. Zum Festhalten, wenn man ausglitt, gab es nur Disteln.

So ging es zwei Stunden steilsten Klimmens. Dann empfahl sich der Jüngling und eilte zurück, um Heinrich Mann noch die Richtung zu zeigen. Wir aber standen am Bergesgipfel ganz allein. Von weitem sahen wir das Hüttchen des spanischen Grenzpostens, es leuchtete weiß auf den weißen Steinen. Dort hatten wir hinzugehen. Mühsam krochen wir den Berg hinab und klopften angstvoll an die Tür, die sich bald öffnete und einen sturblickenden katalanischen Soldaten zeigte, der nur Spanisch verstand. Das einzige, was ihm einging, waren die Zigarettenschachteln, die wir in seine Taschen gleiten ließen. Er wurde freundlicher und machte uns Zeichen, ihm zu folgen. Endlich durften wir auf einer gangbaren Straße gehen – aber wohin führte uns dieser Trottel? Zum französischen Grenzposten zurück! Wir hätten also ruhig mit einem Auto hinfahren können. Wir wurden vor den Chef geführt... Ich hatte alte Sandalen an, schleppte eine Tasche mit dem restlichen Geld und Schmuck und mit der Partitur der 3. Symphonie von Bruckner.

Die Flucht durch Frankreich hatte fast unser ganzes Geld aufgezehrt, hunderttausend Francs, die ich Gott sei Dank unter Protest Werfels bei der Bank abgehoben hatte. Er hatte Angst, jemand könne es gesehen haben und mich deshalb umbringen.

Wir müssen äußerst heruntergekommen gewirkt haben, und die Opern-Schmuggler in ›Carmen‹ machten es bestimmt besser. Es war uns ganz elend von dem Marsch in der glühenden Sonne, und der Chef wurde plötzlich sehr lieb und winkte mit der Hand, man solle uns durchlassen. Stempel hatte er uns zwar keinen gegeben – so gut war er wieder nicht. Aber unser Weg hinab schien nun ohne Hindernisse.

Schweißtriefend und todmüde wankten wir nun zurück, stiegen über theatralische Eisenketten, die Frankreich von Spanien trennen, und begaben uns, nachdem der Soldat hinunter ins Zollhaus telefoniert hatte, auf den weiteren Abstieg. Am Weg nach Port Bou fand ich ein halbes Hufeisen, ich steckte es ein, wir nahmen es als Glückszeichen und schritten froher aus. Unterdessen war es spät geworden. Die Hitze war unvorstellbar, aber kein Beamter war zu sehen. Sie hielten augenscheinlich Siesta. Die Angestellten, denen wir uns zuerst mit Devotion genähert hatten – weil wir sie für Staatsfunktionäre hielten –, behandelten uns mit unheimlicher Liebenswürdigkeit. Sie versprachen uns gutes Gelingen, brachten Wein, schimpften auf Mussolini, der ihnen das Getreide und Fett wegnähme, und auf Franco, ohne Grundangabe. Katalanien war ja stets links, und wir faßten Mut, trotz größter Erschöpfung. – Endlich kamen die andern Weggefährten an. Wir taten, als kennten wir uns nur flüchtig, und Golo Mann flüsterte ich rasch zu, soviel Geld als möglich an die Kerle (es waren gewöhnliche Träger) zu verschenken. Diese hatten sich schon laut darüber unterhalten, daß ein Sohn von Thomas Mann von der Partie sei. Die Leute sprangen wie die Wilden um uns herum, nachdem wir ihnen so ziemlich alles gegeben hatten, was an Francs in unseren Börsen war.

Sie telefonierten um die besten Zimmer im Ort und rissen sich um unser aller Gepäck, als wir nach vielstündigem Warten endlich zur Paßkontrolle an die Station beordert wurden. Man führte uns wieder über eine üble Abkürzung, bei der man durch anstrengendes Kraxeln nur Zeit verlor.

Jetzt erst aber kam der gefürchtete Moment: die Ankunft in Port Bou. Und es zeigte sich wie immer, die gefährlichen Situationen erlebt der Mensch mutterseelenallein. Nirgends ein Amerikaner oder Helfer.

Wir saßen wie arme Sünder auf einer schmalen Wandbank nebeneinander, und unsere Paß-Scheine wurden an Hand von Kartotheken überprüft. Heinrich Mann fuhr unter falschem Namen, als Heinrich Ludwig. Franz Werfel, mit eigenem Namen, war gefährdet, und Golo Mann als Sohn seines Vaters auch. Golo aber saß seelenruhig und las in einem Buch, als ob ihn der ganze Krempel nichts anginge. Nelly Mann hatte ihren alten Mann mehr getragen als geführt, ihre Strümpfe hingen wegen der Disteln am Wege in Fetzen von ihren blutenden Waden.

Nach qualvollem Warten endlich bekam jeder sein Papier mit Stempel zurück. – Wenn ich bedenke, wieviele Männer sich oben am Berg umgebracht haben oder ins spanische Gefängnis kamen, so muß ich von großem Glück sagen, daß die Behörde hier unsere amerikanischen Papiere anerkannte.

Wir suchten und fanden nun Mr. Fry, der unser Gepäck hatte. Und so gingen wir im verdämmernden Abend irgendwohin, wo für uns ein Zimmer bestellt war. Das Hotel war im Bürgerkrieg fast ganz zerschossen worden. Es standen nur noch ein primitives Speisezimmer und drei bis vier schäbige Schlafzimmer. Das ganze Haus sah aus wie ganz Spanien... es war eine blutende Wunde.

Am Abend ist im Gastzimmer ein junges Paar vom Maire getraut worden. Das Rathaus war auch zerstört.

So schliefen wir bis vier Uhr morgens – einen wahren Todesschlaf. Erwachten schreckhaft, denn um sechs Uhr früh ging natürlich wieder der Zug. Auf der ganzen Flucht gingen alle Züge immer zwischen drei und sechs Uhr in der Früh.

Lion Feuchtwanger

Les Milles – Nîmes

Es war ein langer Weg gewesen, den wir von Les Milles nach Bayonne zurückgelegt hatten. Jetzt waren wir den weitaus größten Teil dieses Weges, beinahe die ganze Strecke, wieder zurückgefahren. Der Knotenpunkt, an dem wir jetzt anlangten, war, erklärten die Sachverständigen, der letzte. Hier mußte es sich entscheiden, wohin wir gebracht würden, ob wieder nach Aix-Les-Milles oder woanders hin.

Wir stellten uns die Gesichter vor, mit denen uns der Kommandant von Les Milles und seine Offiziere, mit denen unsere bisherigen Kameraden uns begrüßen würden, wenn wir jetzt wieder in Les Milles ankämen.

Der Zug fuhr an. Größte Spannung herrschte. Er fuhr nicht nach Les Milles, er fuhr nach der Stadt Nîmes. In unserm Zug war einer, der in Nîmes seine Wohnung, eine französische Frau und französische Kinder hatte. Er wird den Zug verlassen, sobald wir in Nîmes ankommen, wird nach Hause gehen, sich seiner Frau, seiner Kinder erfreuen, er wird in einem Bett schlafen, noch dazu in seinem eigenen, er wird gut essen, guten Wein trinken. Er war völlig aus dem Häuschen. Er schlug uns auf die Schultern, umarmte uns, lärmte, sang, lud uns ein, so viele wie wollten, mit ihm zu kommen, seine Heimkehr zu feiern.

Der Abend fiel ein, die Sonne ging glorreich unter. Wir fuhren nicht nach der Station, unser Zug wurde um die Stadt Nîmes herumgeleitet und hielt schließlich auf einem Nebengeleise, ein paar Kilometer vor der Stadt. Es wurde uns bedeutet, dies sei das Endziel unseres Zuges; morgen würden wir ausgeladen werden.

Da hatten wir also diese qualvolle, grauenvolle Reise gemacht, da hatten wir diese bösen Nächte durchgestanden, im Wortsinn durchgestanden, um jetzt wieder ungefähr in der gleichen Gegend zu landen, von der wir ausgefahren waren.

Unser Zug hielt inmitten einer großen, mit Steinen übersäten Wiese. Man sagte uns, wer wolle, könne den Zug verlassen und auf der Wiese schlafen. Der Tag war heiß gewesen, aber wie häufig im südlichen Frankreich wurde es mit Beginn der Nacht sehr kalt. Trotzdem kletterten viele aus dem Zug und suchten sich einen Platz auf der Wiese, in der scharfen Kälte. In den Waggons entstand dadurch, daß viele auf der Wiese schliefen, Platz zur Genüge, so daß man sitzen, ja liegen konnte.

Ein großer Bauernhof war in der Nähe, es gab Wasser, Milch, auch etwas Wein. Wir streckten uns aus, die in dem Wagen und die auf der Wiese. Lang, dunkel, schäbig stand der Zug da. Aber dies war die letzte Nacht in ihm und um ihn, morgen werden wir ihn nicht mehr sehen.

Ich hatte mir die Wiese gewählt, auf ihr zu schlafen. Ich räkelte mich, dehnte mich, wickelte mich fester in meine Decke. Zu meinen Häupten war der besternte Himmel. Glücklich schlief ich ein.

Am nächsten Morgen mußten wir früh aufstehen und in der alten Einteilung, Deutsche, Österreicher, Fremdenlegionäre, antreten.

Dann warteten wir wieder einmal. Es war das übliche, endlose Gewarte, und wir fragten uns, warum man das Wecksignal so früh geblasen hatte. Im übrigen war diesmal das Warten nicht einmal so schlimm. Man hatte viel Schlaf nachzuholen, viele streckten sich denn auch aus und schliefen in der guten, höher steigenden Sonne, die andern hockten und dösten. Der Himmel war hell, die Luft rein, sehr würzig. Sanfte blaue Berge hoben sich im Umkreis. Der Zug freilich, jener gespenstische Zug, der uns diese schlimme Ewigkeit hindurch beherbergt hatte, stand noch immer da. Aber siehe, jetzt ratterte auch er fort. Mit einem tiefen Aufatmen sahen wir, wie er um die Kurve bog, entschwand. Mit ihm glitt von uns fort die Bitterkeit der scheußlichsten Fahrt unseres Lebens.

Wohin wir gebracht werden würden, wußten wir nicht. In der

Umgebung der Stadt Nîmes kamen für Lagerzwecke zwei oder drei Örtlichkeiten in Frage. Alles deutete darauf hin, daß ein längerer Fußmarsch vor uns lag. Der Marsch als solcher schreckte uns nicht; was aber sollte mit dem Gepäck werden? Es wird mühsam sein, es hinauf in die Berge zu schleppen.

Einige ältere Herren machten sich an den Kapitän heran. Der war ein Neuer; unsere alten Wachmannschaften, Offiziere und Soldaten, waren mit dem Zug davongefahren. Der neue Kapitän erklärte barsch, Wagen stünden nur für das Gepäck der Kranken zur Verfügung, die Gesunden sollten ihre Bagage gefälligst selber schleppen. Die älteren Herren murrten. Sie hatten den Rest ihrer Habe durch all die Schrecken dieser Fahrt gerettet, sie wollten ihn nicht verlieren. Die Strapazen des Zuges hatten sie tapfer ertragen, jetzt, bei diesem geringfügigen Anlaß, begehrten sie auf. Erregt und finster eröffneten sie dem Offizier, sie seien alte Männer und einfach nicht mehr imstande, ihr Zeug die Berge hinaufzuschleppen. Der Offizier antwortete grob, dann müßten sie eben darauf verzichten. Vor sich hin murrte er, die Militärbehörde habe zur Zeit andere Sorgen als die Unterwäsche einiger Boches.

Dann marschierten die ersten Gruppen ab. Das heißt, sie marschierten nicht, sondern noch auf der Wiese lösten sie sich auf, und ein jeder ging, wie er konnte und wollte. Durcheinandergemischt, Wachsoldaten, Sergeanten, Internierte, zogen wir dahin durch die schöne Landschaft, auf steinigem Weg. Blaue Berge, viel Gehölz, viele Steineichen. Täler, Bäche, Heideland, alles unfruchtbar, Schluchten und ein Fluß und darüber ein sehr heller Himmel. Es ging immer bergauf, in großen, langsamen Kehren. Ich schaute zurück auf unsere Wiese. Die war übersät mit Gepäckstücken jeder Art. Die meisten hatten einfach ihre Sachen zurückgelassen. So hatte auch ich es getan.

Niemand beeilte sich. Ein Sergeant, ein paar Wachsoldaten drängten, ohne Ernst. Das Ganze war eher ein Spaziergang, wir hatten ihn verdient nach der bösen Fahrt. Vielleicht kamen wir wiederum in ein Gebäude wie die Ziegelei von Les Milles. So kosteten wir diesen Spaziergang unter freiem Himmel noch nach Kräften aus und blieben oft stehen, um zu verschnaufen und den schönen Ausblick zu genießen.

Der Weg dehnte sich. Jetzt folgte er ein paar hundert Meter der Landstraße. Sie war leer, es gab nur wenig Autos, es fehlte an Benzin. Einmal überholte uns ein dicht besetzter Autobus, er trug die Aufschritt: »Nîmes-Uzès.«

Wir stiegen nun bereits an die zwei Stunden. Ich entdeckte einen Steig, der zunächst in eine Wiesensenkung hinunterführte, um später steil hochkletternd die Chaussee wieder zu erreichen. Ich schlug den Steig ein. Unten war ein kleiner Bach und viele gelbe, hohe Blumen. Ich hockte mich auf einen Stein nieder. Ich war allein. Seit vielen Wochen war es das erste Mal, daß ich allein war, und noch dazu auf einer weiten Wiese unter einem blauen Himmel. Überall ringsum war welliges Land, überall blaue, verdämmernde Berge, reinste Luft. Ich war viele Wochen eingesperrt gewesen, jetzt saß ich in der schönen Freiheit. Ich sah die Berge und den Himmel und die Wiese, das kleine Wasser floß zu meinen Füßen, ich weiß nicht, ob ich eine kurze oder lange Weile so saß, aber es war eine gute Zeit, das weiß ich.

Dann stieg ich langsam wieder hinauf zur Landstraße. Der Aufstieg war nicht beschwerlich, doch auch nicht ganz mühelos, und als ich an der Straße anlangte, setzte ich mich von neuem auf einen Meilenstein und rastete.

Militär-Camions kamen vorbei. Sie trugen unser Gepäck. Der barsche Offizier hatte nicht nur das auf der Wiese verstreute Gepäck einsammeln lassen, die Camions hatten Auftrag, auch das Zeug derjenigen, die es selber schleppten, aufzunehmen. Obendrein hatte einer von uns in der Stadt zwei oder drei Leiterwagen aufgetrieben, auf denen man Plätze haben konnte. Den Rest unseres Weges fuhr ich.

Wir gelangten, nachdem wir insgesamt fünfzehn Meilen mochten zurückgelegt haben, an ein altes Ziertor. Darauf stand in verwitterten Lettern: »San Nicola«. Durch dieses Tor ging es in einen Gutshof, der seit längerer Zeit aufgelassen schien. Dieser Gutshof und seine Umgebung war offenbar zu unserer neuen Wohnstätte bestimmt. Ein Herrenhaus war da und einige kleine Ökonomiegebäude, alles altmodisch, primitiv, doch hübsch anzusehen. Die Offiziere und Wachmannschaften werden wohl im Haus und in den Ökonomiegebäuden untergebracht werden. Was aber wird aus uns?

Für uns war nichts da als freies Gelände, eine weite, mit Maulbeerbäumen bestandene Wiese und ringsum Gehölz und wieder Grasland, das Ganze sehr lieblich gelegen, doch zur Unterbringung vieler Menschen schwerlich geeignet. Wir litten nach dem langen Fußmarsch stark unter Durst. Die vorhandenen Brunnen gaben zweifelhaftes Wasser her für etwa zwanzig Leute, bestimmt nicht für zweitausend. Vorläufig waren wir auf die Maulbeeren angewiesen.

Immer mehr Nachzügler kamen. Schon auch hatten Leute aus der Stadt ihren Weg zu uns herauf gefunden. Sie boten Zigaretten an, Schokolade, Bonbons. Alles sehr teuer. Sie begründeten ihre hohen Preise mit dem langen, mühseligen Weg. Die Fahrt von der Stadt Nîmes hier herauf, erklärten sie, sei sehr umständlich. Unterwegs gebe es nichts, auch kein Wasser; alles müsse aus der Stadt heraufgeschafft werden. Dabei leide die Stadt Nîmes selber unter Mangel, sie sei voll von französischen, belgischen, holländischen Flüchtlingen, ihre Einwohnerschaft sei auf das Dreifache angeschwollen.

Wir schauten uns an, besorgt. Die Bedürfnisse all dieser Flüchtlinge gehen den unsern voran: wer wird sich um uns kümmern? Doch wir schüttelten unsere Befürchtungen ab. Es war schöner Frühsommer und freier Himmel über uns. Es war zehnmal besser als in der Ziegelei von Les Milles, hundertmal besser als in dem verdammten Zug.

Und da kamen ja auch schon die ersten Wagen mit den Dingen, die uns die Militärbehörde schickte. Gespannt eilten wir, zu beschauen, was es geben mochte. Wasser? Lebensmittel? Es war nicht Wasser, es waren nicht Lebensmittel, es waren auch nicht Bretter, um Baracken zu bauen, oder Hacken, um Latrinengräben auszuheben. Es war Stacheldraht.

V. MORGENSEGEL EUROPAS

Walter Neumann

Provence

Dein Auge
fieberndes Blau.
Spiel des Mistrals auf weißen Felsen.
Rhône, du dunkle,
aprikosenschwer –
nach Afrika fährt unser Schiff.

Du berauschst mich,
heiße Schwester,
mit deinem Leib, deinen Küssen,
Morgensegel Europas –
nach Afrika fährt unser Schiff.

Ein Kind war ich,
als ich dies Lied sang.
Viel Tod hängt an meinen Spuren,
das brach mir die Zunge.

Komm Abend,
Zugvogel später Schöpfungsstunden,
wir fliegen nördlich.

Aber ich denke immer
der hellen Felsentische.
Da spielt der Mistral
auf Knochen sein klares Lied.

Kasimir Edschmid

Côte d'Azur

Die Côte d'Azur ist eine einzige Liebeserklärung an das Mittelmeer. Sie ist ein anmutiges Werben in den stillen Buchten, sie ist eine leidenschaftliche laudatio in den tropischen Gärten, sie steigert sich zu dramatischer Inbrunst in dem Gebirge, das sie begleitet und dessen Schneespitzen weiß vor dem lila Himmel stehen, sie ist von üppiger Beredsamkeit in den Städten, deren Strandpromenaden sich dem Wellenschlag entgegenwölben, aber sie ist auch von harter Eindeutigkeit da, wo die Berge ihre Urformen zeigen und die Felsen knochenweiß in die See vorspringen... als wollten sie den Ausgleich schaffen zwischen dem Überschwang der Blumenkaskaden und der Einsamkeit der Bayen, die sich vom Estérel-Gebirge und Toulon nach Marseille und weiter nach Aigues Mortes und in die Landschaft von Barcelona hinziehen.

Welch phantastische Küste: Die Schlösser von Pomponiana und Bréganson... die Kape von St. Tropez... die Palmen von Hyères... das Sarazenengebirge von La Garde Freinet... die roten Berge von Théoule... der Garten des Hotel du Parc in Cannes... die Seealpen von Antibes... die Blumenlawinen von Grasse... die Feste im »Negresco« in Nizza... aber auch die Esel in den Gärten von St. Paul und Cagnes, die mit abgeblendeten Pupillen, mit verbundenen Augen den wochenlangen Rundgang um den vier Meter breiten Durchgang ihres Ziehbrunnens machen und im Wasserschöpfen ihre Pflicht tun, die brave Arbeit, welche die Weinberge nährt, die tapfere Arbeit Europas, welche ohne Wollust ist, aber ihnen die Vorstellung läßt, zu glauben, sie wanderten durch die Welt.

Die italienische Riviera entläßt über das blumenreiche Bordighera und Ventimiglia die Küste in die Atmosphäre der französischen Souveränität, ohne daß damit der Eigenart der Natur etwas hinzugefügt oder weggenommen würde, zumal schon nach wenigen Kilometern die Grenze des Fürstentums von Monaco beginnt. Tatsächlich war diese ganze Küste bis weit in den französischen Raum hinein einmal dem großen Seestaat Genua tributär, Festungen der Doria begleiten die Bergzüge, und selbst die Dynastie, welche den drei Kilometer langen und achthundert Meter breiten Staat Moncao regiert, geht blutmäßig auf eine der großen genuesischen Patrizierfamilien der Frühzeit, die Grimaldi, zurück.

Das Meer und die Luft sind hier so unwirklich bunt, daß die grandiosen Felsrücken, auf denen einander gegenüber Monaco und Monte Carlo gebaut sind, mit der Leichtigkeit einer zauberischen Vision wirken. Jedes Wort nimmt hier den Laut der Grazie an, jede Bewegung wird in seltsamer Angleichung voll Anmut.

Man muß dieses Fürstentum, das eigentlich aus zwei Klippen besteht und von französischem Gebiet umschlossen ist, von La Turbie und seinen Römerruinen aus sehen oder vom tausend Meter hohen Mont de la Justice, der noch einen antiken Steingalgen besitzt. Die beiden achtzig Meter hohen Felsrücken, rechts Monaco und links Monte Carlo, formen die Bay, an deren Ende die Molen sich wie die Fühler von verliebten Schmetterlingen kreuzen.

Tatsächlich, von der Grande Corniche aus, einer der zwei Höhenstraßen, die zum Teil in fabulösen Schlingen am Rand der Bergzüge über der französischen Riviera entlangziehen... von der Grande Corniche aus ist Monte Carlo von einer Harmonie der Farben und von einer Eleganz der Linien, die seine Wirklichkeit immer wieder bezweifeln läßt.

Im Jahr 1861 verkaufte Karl der Fünfte, Herrscher von Monaco, das ganze Gebiet von Mentone mit Roquebrune für vier Millionen Goldfrancs an Frankreich. Dreiunddreißig Jahre später folgte ihm sein Sohn Albert, der im Januar 1911 die von seinem Volk, mehrere zehntausend Monegassen, erbetene Verfassung proklamieren ließ, dem später sein Sohn, ein französischer Brigade-General, folgte und in dessen souveräne Position sodann jener Fürst Rainier eintrat, der im

Jahre 1956 die amerikanische Filmschauspielerin Grace Kelly heiratete.

Die Regierung des Fürsten Albert hatte einen gewissen Reiz, weil seine »Altesse Serenissime« einen Teil der spektakulären Gewinne, welche der aus Bad Homburg vertriebene Pächter Blanc aus der Spielbank Monte Carlos zog, dadurch in humanitärem Sinne der Menschheit wieder zuzuführen wußte, daß er für seine ozeanischen Studien einen Palast erbaute. Dieses Aquarium, das mehr als vierhundert Fischarten besitzt, ist ein Märchengarten an Farben, eine so vielfältige und unerwartete Sammlung von lebenden Seetieren, daß dieses Wunder, das doppelt soviel gekostet hat, als Mentone einst einbrachte, allein schon die Existenz Monacos rechtfertigt.

In dem Museum sind auch Modelle der Jacht »Hirondelle« aufgestellt, und da hängen Bilder, die zeigen, wie der Fürst mit Harpunen auf Walfische schießt... seltsame Pendants zu den Kanonen, die auf dem Schloßplatz stehen und die einst der vierzehnte französische Ludwig einem monegassischen Fürsten aus der Familie Grimaldi geschenkt hat, von denen eine »Nero« und die andere »Löwin« heißt, schön ziselierte Monumente einer Haltung, die wenig mit der Wissenschaft und gar nichts mit der Jagd auf ozeanische Seltenheiten zu tun hat.

Wenn Monaco und Monte Carlo auch den Ruhm besitzen, durch ihr Taubenschießen, ihre russischen Ballette, ihre französischen Komödien und ihre italienischen Opern, ihre Tennis-Turniere, ihre Luxusbälle, ihre Galafeste auf den Terrassen des Spielkasinos, ihre Autorennen, ihre Rassehunde-Ausstellungen und ihre Gondelparaden im Hafen und schließlich auch immer noch durch die Roulettetische in dem mit barocker Scheußlichkeit errichteten Casino zu den wenn auch nicht exklusivsten, so doch Reichtum am penetrantesten zeigenden Orten der Welt zu gehören, so ist doch etwas in Monte Carlo wirklich königlich: der Park, der vom Portal des Casinos in die Höhe zieht, den nackten Bergen zu, die das Hinterland der Côte d'Azur sind.

Es gibt viele wohlgelungene Parke in Europa, in Sevilla, in Florenz, in Schwetzigen, in Miramar, in Ajaccio, in Verona, die alle nicht nur in der Beachtung des Malerischen, sondern auch im Geiste der Harmonie etwas Beglückendes haben. Hier jedoch in Monte Carlo ist jeder Baum ein König, hier stehen wundervolle Exemplare jener Palmen, deren es zahllose Sorten gibt und deren Eigenwilligkeit sich in ihren Formgestaltungen demonstriert. Auch ohne Beete, Wege, Schatten und gärtnerische Spielereien wirken sie in Monte Carlo unvergleichlich. Diese Allee ist einer der zaubervollsten Parke der Welt.

Schräg über Monte Carlo, nicht weit von der »Grande Corniche«, die Napoleon zwischen Mentone und Nizza anlegte, keine zwei Kilometer entfernt von dieser Straße, die zu den panoramareichsten Europas gerechnet werden, liegt etwa vierhundert Meter hoch, wie auf einem Riff, ein altes Nest: Eze. Der Ort ist reizend in seiner Ursprünglichkeit, wahrscheinlich haben die Sarazenen hier schon gehaust und ebenso wahrscheinlich haben bereits die Phönizer auf dem Felsen ein Heiligtum besessen und eine ihrer exzentrischen Göttinnen verehrt. Dieses Dorf auf dem pyramidenförmigen Stein war eine Weile verlassen, weil es hier oben plötzlich kein Wasser mehr gab. Die Häuser standen gähnend leer... eine Stunde über dem Saum der Riviera, die an Fülle und Reichtum, an Kostbarkeit und Luxus um diese Zeit von keiner Landschaft der Erde übertroffen wurde.

Man kann ein gleichgültiges Herz dafür haben, daß die Menschen für die Dämonie des Baccarat-Spiels einen Palast bauen, den sie zu gewissen Stunden und in manchen Perioden nur de rigueur im Abendanzug betreten durften und in dem riesige Summen umgesetzt wurden – aber wird ein Mensch, der Vernunft besitzt, beim Anblick eines Dorfes, das dicht neben diesem Schauplatz der rollenden Glückskugel gezwungen ist, wegen Wassermangel seine armseligen Bewohner auszustoßen, je verstehen können, daß man nicht ein Pumpwerk baute, um diesem Mangel abzuhelfen, eine Handlung, die jeder römische Präfekt zur Zeit, als diese Region noch den Cäsaren unterstand, hätte vornehmen müssen, weil man ihn sonst entlassen hätte.

Die Geschichte ist eine entzückende Spielerin, die Bälle der Gegensätzlichkeit sich selbst von einer Hand in die andere zuzuwerfen. Auf der Burgruine von Eze lebte eine Zeitlang im Mittelalter eine Dichtersippe, die Troubadours Blancart und

Blancasset. Die Feste dieser Ritter in ihrem Adlernest waren während des dreizehnten Jahrhunderts berühmt durch den Geist, der dabei entfaltet wurde, und durch die Blumenschlachten, die an diesem Liebeshof ausgefochten wurden und die vielleicht die Goldbälle übertrafen, die im Freien auf der Terrasse Monte Carlos stattfinden... zumal dadurch, daß sie sicher im Besitz von Quellwasser und damit auch ohne das Malaise der Bevölkerung durchgeführt werden konnten.

Das Fürstentum Monaco ist nur eine sekundenlange Episode in dem breiten Roman der französischen Landschaft, die sich mit unzähligen graziösen Vorgebirgen, romantischen Kapen und idyllischen Golfen das Mittelmeer entlangzieht, um schließlich Nizza, das Herz der Côte d'Azur, zu erreichen.

Eine Route, die abenteuerlicher ist als diejenige, welche dem italienischen Küstenstreifen folgt, führt vom Genfer See über Annecy, Aix-Les-Bains, Chambéry durch Savoyen am Mutterkonvent der Kartäusermönche, der »Grande Chartreuse«, vorbei nach Grenoble, wo das Geburtshaus Stendhals noch steht (und ein Museum mit Erinnerungen an ihn), und dann noch 350 Kilometer durch die Alpen über die Route d'hiver (wo Napoleon auf der Rückkehr von Elba auf die königlichen Truppen stieß und ihnen mit nackter Brust entgegenging), bis schließlich nach stundenlangen Windungen durch Haine von Steineichen, Oliven, Seefichten und Tamarinden sich als Vorbote der Küste der Ort Grasse mit seinen riesigen Blumenfeldern öffnet. Ihr Duft ist ebenso unwahrscheinlich wie die Ernte, die aus ihnen gewonnen wird und aus ein paar Millionen Pfund Rosen-, Nelken- und Orangenblüten besteht. Dreißig Kilometer weiter, im rosa Duft der Ferne leicht erkennbar, schwingen sich die Buchten des Mittelmeers die Küste entlang.

Aber auch wenn man vom »Jardin des Oliviers« Monacos aus sich Nizza nähert, hat die Küste deliziöse Aspekte. Hinter Villefranche bei Schloß Montboron erblickt man schon die »Promenade des Anglais«. Über der Engelbay Nizzas treten im Hintergrund, wie mit Tusche gemalt, hauchdünn die Golfe von Cannes hervor, und noch weiter am Horizont, rührend in ihrer Feinheit, die von St. Raphael. Die Berge von Cannes, die einer

Gewitterwolke gleichen, erscheinen am Abend in vollendeter Purpurröte. Die Seealpen tragen, sich über sie hinaus entwikkelnd, ein kaltes Weiß, und die Berge von Nizza ziehen durch die rosa Dämmerung ein unwahrscheinlich tiefes Violett.

Außer Kairo hatte vor dem ersten Weltkrieg keine Stadt der Welt so sehr wie Nizza den Ruhm gepachtet, die Stadt des Luxus zu sein. Die Blumen-Corsos und die Carnevalbälle wurden von ein paar Tausend Menschen gestartet, die weder Hemmungen kannten noch die Scheu, sich zu dem Reichtum als dem obersten Regulator der Dinge dieser Welt zu bekennen. Ungarische Magnaten, russische Großfürsten und indische Potentaten brachten ihre Pferdeställe und ihre Harems mit, die hochgezüchtetsten Frauen der Welt wurden die Liebhaberinnen dieser Stadt, in der sie große Vermögen verbrauchten und in der sie alles wiederfanden, von dem sie wünschten, daß ihr eigener Spiegel es ihnen zeige, verschwenderische Reize und die Üppigkeit einer nie versagenden Natur.

Das Klima läßt es hier in der Regel nur fünfzigmal im Jahr zwei Stunden regnen. Wenn man das nasse Belgien den »Pot de Chambre« Europas nannte, so hieß Nizza »Europas Himmelbett«.

Aber wie alle Stätten des Luxus keine reine Kontinuität besitzen, da sie im Netz der Wirtschaftsgesetze hängen, erlebte auch Nizza Zeiten (vor dem zweiten Weltkrieg, als die Börsen der neuen und alten Welt samt ihren Kursen in den Abgrund sanken), in denen statt der Konzerte der Place Masséna die Schauer der Weltangst über die Dächer strichen und statt schön gemalter Kokotten schwarze Katzen den »Quai des Etats Unis« bevölkerten. Doch welches Erwachen brachten nach dem Krieg, in dem Nizza teilweise stark bombardiert worden war, die Divisionen der internationalen Fahrtenomnibusse und die chromblitzende Phalanx der Wagen jener Schichten, die nach den Greueln des Weltzusammenbruchs wieder in die Elite des Besitzes und der Macht eingetreten waren. Illuminierte Nächte in den kunstvoll beschnittenen Gärten von Cimiez, improvisierte Frühstücke in den Blumenfeldern von Grasse..., ach und wie phantastisch wirkten die Schwimmpartien zwischen den Felsen von Eden Rock, während im benachbarten Cannes von den Sensationen des Film-Festivals geträumt wurde. Die Welt war wieder neu, aber war sie richtig neu?

In Nizza lebt am alten Hafen der belgische Zeichner Frans Masereel, der wie kein anderer schon im ersten Weltkrieg in der Genfer »Feuille« durch Kontrastwirkungen gegen den Irrsinn des Krieges kämpfte, indem er – etwa – den Worten des Staatsmanns Clémenceau »heute nacht habe ich gut geschlafen« das Bild gegenüberstellte, auf dem Soldaten, in den Stacheldrahtverhauen hängend, starben. In Nizza landete auch einst nach dem zweiten Weltkrieg der Nobelpreisträger Maurice Maeterlinck aus der amerikanischen Emigration, und man gab ihm nur für zehn Tage die Aufenthaltserlaubnis und so gut wie keine Unterstützung. So liegen die Epochen des Vergeudens und die der Not oft dicht beieinander, aber alles dies kümmert nicht die Natur, deren Pflanzen seltsamerweise fast alle aus exotischen Ländern eingeführt wurden und hier einen Boden ungeahnten Wucherns gefunden haben. Das Leid der Menschen hindert auch nicht die Melodie des Meeres, zärtlich an den Strandpromenaden entlangzustreichen, und es hindert nicht die Sonne, mit ihrer fast immer guten Laune auf Gerechte und Ungerechte herab zu scheinen.

In Nizza wohnte auch eine Zeitlang einer der großen französischen Meister, der Maler Matisse, der, als es ans Sterben ging und er sich nur noch schwer bewegen konnte, mit einem an einen Stock gebundenen Pinsel an die Decke seines Zimmers malte. Fährt man von Nizza oder Cannes dreißig Kilometer in das Hinterland der Riviera hinein, zu den Hügeln, die mit Olivenwäldern, Baum auf Baum in zierlichem Abstand voneinander getrennt, bedeckt sind, so fährt man sofort in die Provence. Hier liegt, mauerumringt, die uralte Stadt Vence auf einem Hügel, mit Resten einer Templerburg und einer Kathedrale aus dem zehnten Jahrhundert. Hier lebten eine Weile der englische Romancier D. H. Lawrence und der deutsche Dichter René Schickele. Hier starben sie, hier wurden sie auf dem kleinen Gottesacker, gegenüber dem vollen Panorama der Provence, beigesetzt, um später wieder in ihre Heimat zurückgeholt zu werden. Nicht weit von diesem idyllischen Friedhof hat Matisse den Dominikanerinnen, um eine Dankesschuld abzutragen, eine Kapelle eingerichtet und ausgemalt: Chapelle Notre Dame du Rosaire. In dieser Kapelle war alles neu erdacht, der Raum, der Altar, die Ausschmückung der Wände, und es war kein Wunder, daß dieser Bau bald eine Sensation für den internationalen Snobismus wurde, wie bald darauf die Kirche von Ronchamp bei Belfort, die Le Corbusier baute. Dicht daneben, auf einem anderen zierlich geschwungenen Hügel, zwischen Reben und Feigenplantagen, liegt, ebenfalls mauerumgürtet, der Ort St. Paul de Vence. Hier speist man gerne im Freien auf ländliche Art, mit guten Kräutern hergerichtet, die Fische des Mittelmeers, die Hühner und die Pasteten der Provence zu Weinen der Gegend, von denen einer rosafarben ist.

[...]

Auch die Küche der Côte d'Azur hat ihre Romantik. Ihre berühmteste Création ist die Bouillabaisse, eine Fischsuppe, die mit größeren oder kleineren Abwandlungen an den meisten Häfen des Mittelmeeres gekocht wird. An der Küste zwischen dem Kriegshafen Toulon und Marseille, einer Küste, welche die ganz willkürlich so benannte Côte d'Azur fortsetzt, einem Strand, der von gewaltigen weißen und nackten Felsen im Meer begleitet wird, ist die marseillerische Zusammensetzung üblich. Dann zwischen den Hyerischen Inseln und St. Raphael, einer Küste, die mit Tamarisken, blühendem Oleander und flachen Pinien bedeckt ist, setzen die Eingeborenen, wie es gerade paßt, Reis, Muscheln, Speck und Senf hinzu. Die Mode hat es mit sich gebracht, daß aus dieser im Ursprung langweiligen, aber scharfen Fischsuppe, die zuerst aus Makrelen, Safran und Zwiebeln hergestellt wurde, ein exzellentes Gericht wurde, das Prunier in Paris ebenfalls seinen Gästen mit allerlei Beigaben serviert, zu denen auch eine Partie Languste gehört, obwohl dies Unsinn ist, denn das Fleisch der großen scherenlosen Mittelmeerhummern verliert dadurch sein ursprüngliches Aroma.

Es gibt an der Küste der Riviera eine Anzahl Restaurants, die, wie das von Pascal in Marseille (hinter dem Segelschaluppen – Quai des Belgues) oder das von »Adolphe« in Nizza am Fischmarkt hinter dem »Quai des Etats Unis«, durch ihre bescheidene Anlage nur verbergen, welche Künstler hier dirigieren.

Wenn die Bouillabaisse das Revolutionspamphlet der französischen Küche ist, so ist Monsieur Adolphe ihr Garibaldi, ohne daß dieser Vergleich den großen Patrioten Italiens kränken soll, der auch in Nizza geboren wurde und eine Zeitlang hier seine brasilianische Frau beigesetzt hatte, ehe ihre Reste zu Füßen ihres Reiterdenkmals auf dem Gianicolo Roms in italienische Erde gelegt wurden.

Die Pole der großen und der kleinen Welt sind hier dicht aneinandergerückt, denn nur eine Pavillonreihe trennt das kleine Restaurant Adolphes von der siebentausend Meter langen Palmen-Promenade des Anglais, dem Hauptquartier der Hotelpalazzi, in denen zu leben oder zu logieren der Traum nicht nur der Besucherinnen von Hollywood-Filmen ist. Ein Mann wie Adolphe mit dem Schnurrbart des vierzehnten französischen Ludwig wird seinen Gästen nicht nur empfehlen, was sie wünschen sollen, er wird sie auch mit einem Blick, der ihre gastronomische Repräsentanz sofort erfaßt, beraten. Er wird ihnen vielleicht eine Langouste à l'Americaine vorschlagen, ihnen aber ein paar Minuten später, wenn ein neuer Fang eingelaufen ist, raten, einen »loup de Nice« zu nehmen, den er, als wilde Fischdelikatesse zubereitet, dann vorsetzt.

Und dann die Muscheln, die, zu Hunderttausenden sortiert und gestapelt, an der Küste gesammelt werden und im Geschmack milder als die Austern sind! Die Clovisses und Paires kommen, mit Zitrone genommen, den Austern sogar am nächsten. Ein beispiellos scharfes Essen sind auch »pieds et paquets«, das in Safran und Zwiebeln wie Miesmuscheln gekocht und noch mit drei Sorten scharfer Saucen und verschiedener Senfe vervollkommnet wird. Dazu lieben die Mittelmeerbewohner, die ja über das herrliche Öl des Südens verfügen, seltsamerweise süße Weine, Hautes Sauternes, Anjou und Barsac und natürlich ihren opalenen Landwein.

Zwischen Cagnes und Antibes liegt eine provenzalische Besitzung, die ein Herr namens Baudoin unter dem Namen »La bonne Auberge« zu einem der zwölf berühmtesten Restaurants Frankreichs gestaltet hat: Nicht nur was die Qualität betrifft, sondern auch was die Blumen, die Möbel, die Garnitur der Tische angeht und die aparte Möglichkeit, durch eine Glaswand die einzelnen Kapitel, unter denen sich das Epos der Speisenzubereitung vollzieht, beobachten zu können ... von der lebenden Languste bis zu dem Stadium, in dem das Schalentier, als »Croustade« verwandelt, an die Tische geschickt wird.

Aber an dieser Küste haben nicht nur Genießer gelebt, im Amphitheater von Fréjus haben Gladiatoren vor zehntausend Zuschauern gekämpft, auf der schönsten der lerinischen Inseln wohnte der Mann mit der »Eisernen Maske« als Verbannter, und später der Marschall Bazaine, dem Frankreich vorwarf, den Krieg 1870 verloren zu haben, in Nizza wurde der General Masséna geboren, der Sohn des Glücks -- und da, wo die Nelkenfelder endlos gegen die Pinienhaine und die Wälder von kalifornischen Zypressen am Golf von Juan-Les-Pins heranfluten, ist Bonaparte zweimal gelandet. Einmal, als er, ein Triumphator, von Ägypten zurückkehrte, das zweite Mal, als er von Elba kam, die Schicksalswürfel zum letztenmal in seiner Hand.

Diese ganze Küste ist antikisches Gelände gewesen, die römischen Legionen zogen an ihr entlang, wenn sie nach Gallien und an den Rhein marschierten, und schon viele Jahrhunderte vorher hatten Griechen hier ihre Häfen angelegt und Plantagen bebaut, der Name Nizza leitet sich ab von dem der Siegesgöttin Nike, und auch die alten Geographen haben bereits von dieser Landschaft berichtet, die damals schon die roten Klippen von Théoule besaß, aber nicht den Überschwang mexikanischer, chinesischer und südamerikanischer Flora, die in der Folge hier angesiedelt wurde.

Indes, inmitten dieses dauernden Rausches, welchen die Côte d'Azur selbst zur Zeit, in der die neuen Camping-Schwärme sie bis zum Überdruß entstellen, erzeugt, gibt es Stätten, die mit urbaner Gewissenhaftigkeit der Wissenschaft dienen. An der Engelsbucht von Nizza liegt das »Centre Universitaire Mediterranéen«, ein kleines, zierliches Palais, ein Institut, das zwar keine Universität ist, aber dem Genie des Mittelmeers auf ernsthafte Weise zu dienen gewillt ist. Der Saal des Centre ist als Amphitheater angelegt, und auf seiner Schauwand befindet sich ein großes Gemälde, das wie in einem riesigen Spektrum die Geschichte des Mittelmeers darstellt, vom Bau der Pyramiden bis zu den Trümmern von Karthago und der Markuskirche. Manchmal wehen auch, wenn hier Kongresse stattfinden, im Geiste der antiken Universalität die Fahnen aller Nationen vor der Front des kleinen Palazzo. Daß dies Haus dem guten Geist aller Völker gewidmet ist, besagt der Spruch: Hic est domus omnium gentium.

An dem Strand, der sich nach Toulon und den stillen Buchten von Sanary, Bandole, La Ciotat und dem purpurroten Cap der Bay von Cassis ausstreckt, wohnten einst auch Stämme der sagenhaften Ligurer, welche in der Dämmerzeit der Geschichte von kolonisierenden Hellenen unterworfen wurden.

In der Tat, auf der elastisch ins Meer vorspringenden Halbinsel von Antibes haben schon griechische Akropolen und römische befestigte Lager gestanden, und hier haben die mittelalterlichen Grimaldifürsten eine Festung errichtet. Dies ist einer der erregendsten Riviera-Orte, denn das auf Felsen errichtete, vom Meer toll und blau umbrandete Schloß birgt eines der merkwürdigsten Museen Südeuropas. Ein Spruch, der auf einem Grabstein der klassischen Zeit steht, besagt in lateinischer Sprache, daß Steine und Holz helfen mögen, die Rätsel der Welt zu entziffern, welche die Gelehrten zu deuten nicht imstande sind. Zwischen Sarkophagen und antiken Reliefs, zwischen Vasen und Grabplatten etruskischer Art mit Totenfiguren, die auf den Sargdeckeln freundlich zu schlummern scheinen, stehen hier plastische Arbeiten Picassos, die dem nahen Töpferort Vallauris und seiner Keramik unerwarteten Zulauf brachten. Und hier hängt eine Anzahl der berühmtesten Fresken Picassos, gemalt auf eine Mischung von Karton und Zement, mit allen Visionen und Farben des Mittelmeers dargestellt, Mythos und Gegenwart über die Jahrtausende hinweg in einer vielleicht verwirrenden, aber bezaubernden Art vermischend... und jene Einheit des frühen Menschengenies wieder bezeugend, welche die Völker in tragischer Clownerie immer wieder zu zerreißen sich bemüht haben und allzu sichtlich immer wieder zu zerstören am Werke sind.

Wolfgang Koeppen
Reisen nach Frankreich

Das Rhôneufer roch nach Heu und nach Schnee, selbst in der strahlenden Sonne duftete es montblancisch nach Schnee und nach grünen Almen, doch nichts war schweizerisch idyllisch, und die Luft über Vienne, der alten, überrundeten, wirtschaftlich zurückgebliebenen Rivalin von Lyon, war schon südlichrömisch, und überall sah und spürte man die Hinterlassenschaft des antiken Weltreichs, die Vienne noch heute seine Größe gab, weit über seine provinzielle Gegenwart hinaus. In der Kirche Saint-Pierre, wie ich glaube einer der ältesten in Frankreich, einer grauen Basilika, die für den Gottesdienst aufgegeben und zu einem Museum gestaltet war, vermählte sich Heidnisches mit Christlichem, sang Orpheus aus einem lebendigen bunten Mosaik, daß die Vögel bewundernd verstummten, lächelten Faune, blickten Gorgonen, kniete eine Venus überaus wollüstigen Leibes, waren Götter und Halbgötter auferstanden, aus den Wellen der Rhône geboren, den grünen Hügeln, der dunklen Erde, den faulenden Jahrhunderten entrissen. Die Tore des Museums waren weit geöffnet. Kein Wächter kümmerte sich um mich. Ich stand allein vor den blinden Augen, vor dem zum Schrei aufgerissenen Mund der alten Tragödie. Nebenan in der romanisch-gotischen Kathedrale von Saint-Maurice, prächtig wie ihre Schwestern in Paris und Reims und hier an einem stillen Platz mit schlafenden kleinen Restaurants ein absolutes Wunder, dufteten Lilien und brannten Kerzen zu Ehren und zum Geleit eines Verstorbenen, der in seinem im Kirchenschiff aufgestellten Sarg wie ein Büßer unter einem schwarzen Tuch ruhte. Kinder kürzten, indem sie achtlos durch die Kirche gingen, lachend vorbei an der Bahre, den Schulweg ab. Priester eilten geschäftig. Der Tod war ihnen vertraut. Die

Götter waren lange schon gestorben. Das römische Theater lag über der Stadt wie ein erloschener Krater. Der Weg hinauf führte durch enge Gassen, an kleinen Läden vorbei. Geschlossene Fenster, hinter ihnen Schatten von alten Frauen, neugierige oder mißtrauische Blicke, Maurer und Erdarbeiter nahmen sich im römischen Theater der Antike an, kitteten klaffende Risse, schütteten in die Unterwelt führende Löcher zu. Vienne schien unten im Sonnendunst zu sieden. Die Zeit, selbst der schöne kräftige Fluß der Rhône schienen im Mittag stillzustehen. Auf einem benachbarten Hügel läutete die Glocke einer Kapelle. Die Maurer, die Erdarbeiter gingen zu Tisch. Ich folgte ihnen in die kleine Wirtschaft einer engen Gasse. Die Maurer setzten sich in ihren weißen Mörtelanzügen zum Mahl, und ich bekam wie sie, von einem freundlichen derben Mädchen aufgetragen, das Menü: eine Leberpastete, mit Käse überbackenen Tomatenreis, gekochtes Ochsenfleisch, eine Schüssel voll grünem Salat, ein großes Stück Käse, Kirschen nach Verlangen und dazu einen halben Liter algerischen Rotwein. Diese Speisenfolge, von dem Wirt, den man in einem blauweiß-gestreiften Hemd hinten am Herd stehen sah, sorgsam bereitet, kostete 600 Francs, was ungefähr sechs Mark waren. Die Maurer hatten vor dem Essen noch jeder einen Apéritif getrunken, und hinterher nahmen sie einen Kaffee. Apéritif und Kaffee waren extra zu bezahlen. Das Essen war gut. Lebten die Maurer, die Erdarbeiter wie Gott in Frankreich? Standen die Kosten ihres Mittagsmahles in einem wirtschaftlichen Verhältnis zu ihrem Lohn? Wofür aber, wenn nicht für Essen, konnte man in Vienne schon Geld ausgeben? Das Leben in den Straßen stagnierte. Man arbeitete, man aß, man trank, man schlief und starb. Die lange Rhônebrücke bebte und klapperte, als hätte sie schon Hannibals Elefanten getragen und wolle nun zusammenbrechen. Ich fuhr zum Friedhof. Überall blühten Blumen in angenehm verwilderten menschenleeren Gärten, doch auf jedem Grab lagen künstliche Blüten aus Stoff oder gar aus Metall – welch rührende Beschwörung der Ewigkeit! Die teuren Verstorbenen blickten aus ihren Grabsteinen aufgeklebten Photographien auf ihre letzte Ruhestätte; manche ernst und gefaßt, andere mit einem überraschenden Optimismus. Am Ortsende von Vienne, hinter einer kleinen, an die Rhône verpflanzten Pyramide, in der Nähe eines grauen Mauerbruchs, einer Spina, der Wendemarke einer römischen Arena, hielten chromglitzernde, aus aller Welt herbeigeraste Automobile. Ihre Besitzer trafen sich in einer nach außen hin unscheinbaren Villa, in einem der teuersten Restaurants in Frankreich. Dicke Teppiche dämpften den Schritt, und selbst die Wände, die Decke, die Sessel, die Tische, alles ringsum schien wohlgepolstert zu sein. Man speiste Gratin de queues d'écrevisses, Truite farcie braisée au porto, Volaille de Bresse en vessie, man trank Schloßabzüge von Condrieu, man huldigte den Göttern der genießenden Zunge und des schweren Bauches, man betete zum Dämon der erzürnten Leber. Man tat es hinter einer hohen Mauer, manchmal in einem von Kerzen erhellten Garten; es war eine Feier des internationalen Snobismus an der Heerstraße Paris–Côte d'Azur und hatte mit Vienne wenig gemein. Vienne war viel unheimlicher und war am Abend der alte Tempel des Augustus und der Livia. Säulengetragen, von Flutlicht angestrahlt und gehoben, wuchs er in der Nacht, überirdisch und göttlich, aus kleinbürgerlichsten Verhältnissen, und Vienne duckte sich am Tempelplatz in den Schatten ringsum, und die Menschen duckten sich in den niedrigen Häusern, duckten sich in den engen Kammern, duckten sich selbst noch in den ererbten kleinstädtisch-bäuerlichen Betten, nicht unzufrieden mit ihrem Los, von kommunaler oder staatlicher Lebenslust vortäuschen sollender Lautsprechermusik berieselt, deren sentimentale oder werbende Klänge an den feststehenden Säulen des stolz ragenden Tempels zerschellten.

Etwas weiter die Rhône hinunter hat unsere Zeit, hat das Frankreich von heute dem Gott der Technik einen Tempel gebaut, haben zeitgenössische Prometluden das Wasser des Stroms umgeleitet, die Erde bewegt, die Landschaft verändert, haben den Canal de Donzère-Mondragon geschaffen, ein Meisterwerk der Ingenieurkunst mit einem künstlichen Wasserfall, einer riesigen Schleuse, dem größten Elektrizitätswerk Westeuropas, eine stolze Leistung, gleichwertig ähnlichen Zaubereien zum Glück des Menschen und seiner nie gelingen wollenden Befreiung vom Fluch der Arbeit in Asien und in Amerika.

Mondragon selbst ruhte am Fuße eines Felsens, schien menschenleer zu sein, unberührt von zwei Milliarden Kilowattstunden, und oben auf dem Stein trauerten die Ruinen eines Schlosses dem dunkelen oder himmelsnahen Mittelalter nach.

Trauerte die ganze Provence? Soweit sie römisch war, trauerte sie nicht. Soweit sie römisch, war die Provence groß, erhaben und auf ernste Art heiter. Alles andere schien in Städten, Dörfern, Flecken, Eremitagen, Wäldern, Schluchten, Steinen, salzkrustigen Morästen, selbst in seiner Fauna und Flora erstarrt zu sein und Grafen und Rittern für immer nachzuweinen, Grafen und Rittern und Troubadouren, die von überall sichtbaren Drachen gefressen waren. Das Tor zur Provence ist der Triumphbogen von Orange, er ist die schönste, zugleich die abweisendste Pforte zum Süden, zur lateinischen Welt. Der Triumphbogen ist ein in seinen edlen Maßen gedrungener Block mit drei Durchlässen, er führt aus dem Schatten ins Licht, er galt einem Sieg über die Gallier und ist noch immer ein gegen jede Barbarei gesetztes Zeichen. Hier schwimmt der mittelmeerisch gewandte Touristenstrom um ein Riff. Das alte Tor, das sich selbst genügt, wird schnell photographiert. Die Automobile fahren weiter: ihre Besitzer wissen nicht, was sie tun. Die Einwohner von Orange winken mit Andenken, Strohhüten, Lavendelsträußen. Verkaufsbuden säumen die Durchfahrt, aber hinter dieser Saisonkulisse bleibt ein schattiger Hof, mit einem Maulbeerbaum und einem kleinen Restaurant, vom Fremdenverkehr ganz unberührt, träumt wie die Katze auf dem buntgedeckten Tisch, wie der dicke Stadtpolizist unter der Trikolore vor der Gendarmeriestation. Das schönste am antiken Theater von Orange ist seine Mauer. Sie steht gerade, schmucklos, grau, sonnendurchglüht zur breiten Straße, zu einem, von Festspielzeiten abgesehen, leeren sandigen Platz. Diese Mauer, dieses Theater, diese Ruine biedert sich nicht an; diese Steine sind Rom, sind eine Fassade der reinen Vernunft, und was sich dahinter auf den Rundbänken versammelte, waren Menschen, die Klarheit suchten, selbst aus dem Mund von Göttern. Es war natürlich, daß die Söhne dieser Menschen den Canal de Donzère-Mondragon und das große Elektrizitätswerk der zwei Milliarden Kilowatt geschaffen hatten.

Vorher die Sänger, die Könige und die Päpste und all die einfallenden Völker und Briganten von der Küste her! Châteauneuf-du-Pape: ein zerrissener Turm mit hohlen Fenstern auf dem Hügel, alte Mordhäuser zu seinen Füßen, in weiterem Kreis neuere Villen provenzalischen Stils, kleine Festungen gegen die Sonne und den Wind, und natürlich ein Restaurant, in der Schüssel Coquelet en Clos des Papes, der Wein Châteauneuf-du-Pape durch den roten Tankwagen geleitet. Ich hatte Glück. Der Mistral wehte. Er fegte den Himmel rein, wehte die Schwüle, die Wolken fort. Der Horizont war unermeßlich hoch, von reinstem Blau. Und in dieser klaren Luft waren die Bäume sturmgepeitscht, Felder und Sträucher wie das erregte Meer; das Automobil war auf der Landstraße kaum in der Spur zu halten, man mußte gegen den Wind steuern, man fühlte noch in den Händen seine unwahrscheinliche Gewalt. So kam ich nach Avignon. Reiseautobusse umlagerten das französische Rom und sahen aus wie feindliche Heere. Die Mauer aus dem vierzehnten Jahrhundert umzog mit ihren Zinnen und Türmen noch immer die eiförmige Stadt, das Gewirr ihrer engen und krummen Gassen und die ganze Geschichte von der babylonischen Gefangenschaft der Kirche. »Wohin haben sie mich geschickt!« schrieb ein verzweifelter Volkskommissar 1791 aus Avignon nach Paris. »Es ist das Land der Falschheit. Das Italienertum hat hier tief Wurzel gefaßt, und ich befürchte, daß diese lebensfähig sein werde.« Und Taine nennt in seiner »Geschichte des modernen Frankreich« Avignon zur Zeit der lauen und korrupten Verwaltung der Päpste und ihrer Legaten eine Stadt der dunklen Existenzen, der Diebe, der Hehler, der Mörder. Avignon wehrte sich auch heute noch mit Erfolg gegen die geldbringenden neugierigen Fremden. Avignon überließ ihnen den Papstpalast. Sonst eigentlich nichts. Selbst auf dem einen breiten Boulevard dominierte die einheimische Jugend, rebellierte mit Blue Jeans und Petticoats gegen die Welt der Erwachsenen, und in den engen krummen Gassen blieb sowieso jeder bessere ausländische Wagen stecken. So traten sie dann unterm Wanderhut, in Shorts und bunten Hemden grotesk gewandet, den Photoapparat schußbereit in der Hand, die Besichtigung der geistlichen Exilburg an, wurden vom schnellsprechenden, trinkgeldheischenden Guide durch die hohen kalten Räume, in die mauerumwehrten Verliese des Trotzes und der Furcht geführt, die Geschichte langweilte sie, aber sie schluckten sie, man war in Avignon und mußte bei den emigrierten Pontifizes gewesen sein, und abends saß man im Hotel, allenfalls vor dem Hotel, wie in einem Getto. Hoch oberhalb des Palastes, im schönen Garten auf dem Gipfel des Schutzfelsens wandelten nur Avignoner Mütter mit ihren Kindern. Man blickte auf die Stadt, auf das Gewirr ihrer alten roten Dächer hinunter, man sah das mistralbewegte Land, den großen, prächtigen Bogen der Rhône, man sah die berühmte, besungene, halb in den Fluß gesunkene Brücke, man sah alte Burgen und aufgewirbelte Staubsäulen wie von sich nähernden Heerwürmen, man konnte meinen, der verbannte, der erzürnte, der sich fürchtende, der mächtige und ohnmächtige und wohl manchmal auch – unter diesem Himmel, in dieser Landschaft – vergnügte Papst zu sein. Der Mistral rüttelte den alten Gasthof, schlug die Fenster. Ich ging durch gewundene Gassen zur Rhône. Lichtlose, stumme Häuser. Nur manchmal ein Schritt auf dem holprigen Pflaster. Ein Geistlicher – pergamentbleichen Gesichts zeitlosen Charakters und mit der ganzen Würde der Kirche – trat aus einem schönen schweigenden Haus und schloß sorgsam hinter sich eine schwere Tür, auf der kein Name stand. Der Sturm zerrte an den verrosteten Seilen der alten, noch immer benutzten Hängebrücke. Die Brücke schwankte wie eine Schaukel über der Rhône. Ihr Tal lag, in etwas Mondlicht getaucht, groß, urweltlich und ungeheuer geheimnisvoll da. Der Pont Saint-Bénézet, der Pont d'Avignon des hübschen Liedes von den tanzenden Herren und Damen, war von Scheinwerfern angestrahlt, wie auch der, aus dunkler Ferne gesehen, gewaltige Papstpalast. Die Brücke und die Glaubensburg hoben sich schön, aber auch gespenstisch aus der Nacht. Es war, als sei die Vergangenheit ins grelle Licht gerückt, ein Leichnam ... Im geschützten Binnenhof des teuersten Hotels saßen die Gäste, Pelzmäntel über der Abendkleidung, im milden Schein von in Windgläsern angezündeten Kerzen. Unterhalb der Papstburg bildeten niedrigste verfallenste Häuser einen Platz aus Sand, vom Sturm bewegt, und hinter klirrenden spanischen Glasperlenvorhängen wirtschafteten bei offnem Holzfeuer alte, in Avignon seit den Päpsten heimische Zigeunerfamilien. Der Morgen weckte mit Militärmusik, der Mistral, noch stürmischer, noch himmlischer geworden, zerriß die stolzen Fanfarenklänge, eine Kompanie marschierte durch die Rue de la République, ein Offizier schritt ihr voran, der wie ein Jugendbildnis des Dichters, des Rebellen, des Ministers Malraux aussah, ein ernstes, ein waches, ein von jungen Gedanken schweres Gesicht, und unter Führung der lächerlichen Kapelle des Trupps, dick wie ein Komiker der Paukenschläger, lahmärschig der Posaunist, zogen sie vor ein Warenhaus, stellten sich dort auf, bliesen, trommelten die Marseillaise und den Algerischen Marsch, während im Kaufhaus eine Ausstellung eröffnet wurde, »Die Sahara und die Französische Armee«, und man sah die weite, die zugleich beschwingende und trostlose Wüste, man sah die Flugplätze, man sah den Kampf, man sah den domestizierten, den Frankreich freundlichen Teil der arabischen Bevölkerung, man sah die verlorenen Posten der Fremdenlegion, und man sah das Öl der Sahara, sah seine Bohrtürme, die Frankreich stärken sollen, in den heißen fremden Himmel ragen, und ich fragte mich, welche Gedanken sich der an den jungen Malraux erinnernde Offizier bei seinen Werbeständchen wohl machte. Der Mistral hatte das alte Avignon wie ein zerknülltes Papier in seinem Wehen.

Die Provence bebte im Wind. Sie lag spanisch, urweltlich, bergwellig, kargwüchsig und dann auch wieder üppig, blühend, tropisch fruchtbar, mit allem, was nicht aus Stein war, sturmgepeitscht. Ein Blick in die unendliche Höhe des blauen Himmels machte trunken. Bauernhöfe wie alte Burgen, mit festen Mauern an die Erde gekrallt, vollkommen verlassene, aufgegebene tote Städte, Stadtgespenster, Zivilisationsschutt im Département Vaucluse, die, wieder Natur und Felsen gewordenen Schloßruinen von Les Baux, störrische Maulbeerbäume, hochmütige, der Gegenwart und dem Himmel trotzende römische Arenen. »Die Sonne ist hier so gewaltig, daß sich mir die Gegenstände in Silhouetten zu verwandeln scheinen, nicht nur in schwarze oder weiße, sondern in blaue, rote, braune, violette«, notierte Paul Cézanne. Der Pont du Gard, ein wunderbar erhaltenes römisches Mauerwerk, eine noch immer gute Straße, eine bogengetragene Wasserleitung überspannt eine Schlucht fremd blühender Granatäpfel, wildwachsender Orangenbäume. Der Pont du Gard ist immer einsam, auch wenn ihn Touristen umschwärmen, ihn auf ihre Filme bannen und mit ihren Autobussen seine Tragfähigkeit erproben. Eine Geröllhalde, eine Steinwüste in der Nähe der Brücke ist ein Parkplatz geworden und von Unrat bedeckt. Ein Automat verkauft Zigaretten, ein anderer Ansichtskarten und Briefmarken. Ein Bauernhaus, das statt vom Feld von der Dummheit lebt, bietet ein Menü zu 1800 Francs an. Alles zittert im Sonnenlicht und im kräftigsten Mistral.

Tarascon war der abweisendste Ort. Die wohlerhaltenen Mauern seines Schlosses boten dem Fremden die Stirn; sie schienen ein Drama zu umschließen, das nicht offenbar werden sollte. Die Gassen der Stadt waren nicht mehr als schulterbreit. Tarascon war bewohnt. Seine Einwohner hatten Mülltonnen vor ihre Häuser gestellt, aber man sah die Menschen nicht, von denen schließlich nur Müll übrigblieb, man sah nur eine Meute von sehr großen, sehr hungrigen Hunden, die um die Abfallkübel strichen, sie mit ihren schweren Pfoten umwarfen und den Unrat durchschnüffelten. Der Sturm drang kaum in das graue Steingewirr; er strich über die Dächer, rumorte wie eine Schar von Teufeln in der Luft. Die Sonne teilte die Gassen schwarzweiß: blendend helle Mauern oder düsterste Schatten. In kleine, höhlenartige Läden schien niemals ein Käufer einzutreten. Die Perlenschnüre der Türvorhänge rieben sich leise in eigener Bewegung aneinander. Beim Rathaus gab es alte Arkaden. Sie bargen nur modrige Luft und wiederholten sich, diesmal aus Beton gebaut, kalt, nüchtern, häßlich und unsagbar trostlos in einem Viertel plötzlich sinnlos breiter Straßen, die durch Kriegsereignisse zerstört gewesen und nun in einer nicht überzeugenden, nicht zu dem verwunschenen Tarascon passenden, neuen und doch schon wieder altmodischen Sachlichkeit errichtet waren. In Tarascon wohnten uralte Nachtmare und waren begreifbar, soweit es ein Spuk sein kann. Im neuen Quartier am Stadtrand aber wohnten Gespenster aus unserer Zeit, sichtbar und doch nicht zu fassen. Zehrten sie von Tarascon? Unter den Betonarkaden gab es ein Restaurant, das aufgemacht und geleitet war, wie man sich in der Provinz das feinste Lokal von Paris vorstellt. Hier saßen die reichen Junggesellen der Stadt. Tarascon ernährte sie, ernährte sie teuer mit nicht gut gekochten Speisen, die in silbernen Schüsseln serviert wurden. In den Gesichtern der Esser spiegelte sich der Geiz und die Genußsucht alter Familien, die Enge und der Starrsinn der Provinz, die Disziplin guter Schulen und eine für die gehobene Gesellschaft von Tarascon zugeschnittene Religion. Man zahlte die Atzung nicht bar, man schrieb am Ende des Monats oder des Jahres einen Scheck. Man trank einen guten Kaffee. Man trat wieder hinaus in die häßliche Betonstraße, in den starken Wind, die grelle Sonne und verschwand schließlich und wirklich geheimnisvoll in den engen, den echten Gassen der alten unheimlichen Stadt.

Wie lieblich, wie freundlich, wie heiter, wie ganz und gar menschlich zeigt sich dagegen Aix, der heilende Ort der römischen Bäder, das trauliche Nest der Grafen der Provence, die zufriedene Gemeinde der plätschernden Brunnen und rauschenden Bäume, die akademisch-bohemische Promenade der studierenden Jugend. Sie saßen auf den Bänken der Place de la Libération, wandelten unter den hohen Platanen des Cours Mirabeau, bevölkerten die lange Reihe der Kaffeehäuser, sahen wie von der Schule überanstrengt aus und doch als ob sie unendliche Muße hätten, sie waren modisch schick oder modisch verwildert nach berühmten Vorbildern gekleidet, sie bemühten sich um die nötige Tristesse, Malaise und Kälte in ihren noch kindlichen Gesichtern. Die Beziehung zwischen Student und Studentin war schwierig, sie huldigten der Libertinage der führenden Literatur, nichts war ihren Gedanken fremd, aber sie lebten in der Provinz, auch das freundliche Aix war Provinz, und die Mädchen standen mit Wippröckchen, durchbrochenen Blusen und sinnlichem Mund unter dem alten Familiengesetz von der Bewahrung für die Ehe. So fühlten die Männer Verzweiflung, und um die Mädchen schwebte das Verlangen und ließ sie manchmal in einem Sonnenstrahl, durch das Platanendach des Cours Mirabeau gebrochen, brennen! Schwarzgekleidete alte Damen, den Rocksaum knöchelbedeckend, den weißen Spitz an der Leine, gaben dem lockeren Bild der Jugend den ernsten, bewahrenden, auf die Zukunft weisenden Rahmen. Manche mochte dies in den Wahnsinn treiben. Eine junge Irre ging vorüber, der man noch ererbte Wohlhabenheit, gute Kinderstube, strenges Behütetsein ansah; nun fielen ihre langen, noch immer sorgsam gekämmten roten Haare auf einen im Staub nachschleifenden, mönchskuttenartigen schwarzen Mantel, und ihre schönen und schrecklichen irren Augen suchten auf jeder Kaffeehausterrasse den Engel der Erlösung. Ich suchte das Atelier Cézannes. Ich fand es nicht, aber die hügelanführenden Gassen, die gelben Häuser, die weißen Mauern der Gärten, die kleinen Lokale, die Trinker vor ihnen, die spielenden Kinder, die alten Frauen in ihrem Schwarz, sie alle waren Cézanne. Ein rührendes kleines Pferd, ein Fohlen, war an eine Laterne gebunden, ein großer betrunkener Mann versuchte, die arme Kreatur mit einer Bürste zu striegeln, das Tier wich scheu zurück, und der betrunkene große Mann beschimpfte es grob, und dann wieder bemühte er sich, ihm freundlich Zucker zu geben. Ein Karren stand neben der Szene, ein Wagen mit zwei Pferdeköpfen bemalt: es war der Karren des Roßschlächters. Am Abend fand ein Radrennen statt. Militär hatte große Strohballen um die Fontäne der Place de la Libération gelegt. Das Stroh roch nach Stall und irgendwie nach römischem Zirkus. Die Wasserspiele der Fontäne waren illuminiert. Lampions hingen in den Platanen des Cours Mirabeau. Die sportlichen Ritter des Pedals, den Sturzhelm aufgesetzt, das bunte Vereinstrikot wie die Farben des großen provenzalischen Königs René tragend, sausten wie Gladiatoren oder wie junge Götter um die Promenade des Grafen Mirabeau, des Deputierten des Dritten Standes, des großen Redners der Menschenrechte, der Freiheit, der Revolution, und legten sich auf dem Platz der Befreiung von verhaßter Besatzung kühn in die Kurven. Vor den Kaffeehausterrassen rezitierten Sänger die Lieder von Frédéric Mistral, dem provenzalischen Dichter, der sich nach dem wütenden, herrlichen Wind seines Landes genannt hatte. Die Studenten blickten finster. Die Mädchen zitterten. Ein Kino hieß »Le Cézanne« und hatte rote Wände, gelbe Türen, einen blauen Himmel mit weißen

Sternen und den Kopf einer Vedette du cinéma. Auf einem kleinen stillen Platz standen ernste Männer und spielten das alte Kugelspiel: Boule.

Olivenbäume, Maulbeersträucher, Platanen, Granatäpfel, Weinfelder, blühende Disteln, Sonnenfeuer, Gewitterfronten, von van Gogh gemalte Landschaften und dann schwerer, am Boden haftender Ölrauch, ein beinahe süßlicher, ein dekadenter und zugleich explosiver Geruch, mich erinnerte er an Texas, an die höllische Gegend von Houston und Baton Rouge, und das Licht reflektierte nun in Frankreich wie dort in der Neuen Welt weißglühend, böse in Leichtmetall und brackendem Wasser, facettiert in Rauch- und Hitzeschleiern, so erschöpfend wie aktivierend. Das Brackwasser war der Étang de Berre, das glitzernde Metall Frankreichs jüngstes und expansivstes Industriegebiet, ein Panorama aus Ölraffinerie, Petroleumleitungen, Benzinbehältern, Tankschiffen, Eisenbahnwagen, hohen Schornsteinen und überall flackernden Bränden. Der fette goldwerte Saft der arabischen Wüsten, die reichen, noch gar nicht recht erschlossenen Ölfunde der Sahara wurden hier veredelt, zum oktanhaltigen Futter für alle europäischen Maschinen verwandelt, und wenn es nach Frankreichs Wünschen geht, wird die flüssige Kraft einmal in Pipelines ins Ruhrgebiet geschickt werden. Diese Zauberküche lag auf dem Wege nach Marseille, war eine Gründung von Marseille, der ältesten Stadt Frankreichs, der einstigen Kolonie der Seefahrer aus Phokäa. Noch immer lebte Marseille vom Meer, blickte von seinen Hängen wie aus der Runde eines antiken Theaters erwartungsvoll auf die Wellen, und die Hauptschauplätze seines Lebens waren noch immer die Canebière, der Cours Belsunce und der Alte Hafen. Auf dem Cours häuften sich die Austern und Muscheln, dünsteten dort in nicht eisgekühlten Körben, auf der Promenade begegnete, vermischte sich Afrika und Europa, in allen Cafés saßen malerisch gekleidete, etwas verkommene und sehr ängstliche Scheichs, vor den freundlichen Stuhlreihen wanderte, europäisch-schäbig angezogen, arabisches Proletariat, schritt, mit Gott weiß was für Waffen im zerrissenen Jackett verborgen, der arabische Haß. Der Cours Belsunce war ein Kriegsschauplatz, ein Partisanendschungel, ein Spionagezentrum, ein strategisches Vorfeld des algerischen Krieges. Neben den Verhüllungen der frankreichfreundlichen Scheichs sah man die roten Barette der Fallschirmjägersoldaten, die weißen Käppis der Fremdenlegionäre, die nicht zu enträtselnden Gesichter der Negertruppen. Marseille war Etappe, war Marschgarnison und Lazarett. Als Belohnung für die Krieger oder als letztes Erlebnis vor dem Tod gab es Mädchen und Frauen jeder Aufmachung und für jeden Geschmack, dazu vor dem Café au Palais ein Rudel hinterhältiger Strichjungen. Seit der Zeit der Griechen hatte sich da nichts geändert. Die Neger aber bevorzugten reife, verblühte oder mütterliche Frauen, das letzte Aufgebot der Prostitution in den tiefen Straßenschluchten des Hintergrunds. Ein Kind drehte sich in einem Hula-Hula-Reifen. Gauner lockten zu Kartenspielen ohne Gewinn. Die Neger standen mit unendlicher Geduld an die Häuser gelehnt, warteten und lugten wie das Wild in ihren Wäldern und Savannen; sie waren erstaunt und blasiert, sie waren scheu und aggressiv, sie schienen zu frieren und glühten, und die ältlichen weißen Frauen betrachteten lange die unter Frankreichs Fahne gezwungenen Neger, die in dieser Gasse verirrte Jäger und in die Falle gegangene Opfer waren, und zählten aus der Ferne den Sold in ihren Taschen. Weniger afrikanisch, weniger vom Schatten des Krieges getroffen, weniger von Soldaten begangen war die berühmte Canebière, die alte Straße der Kapitäne; sie war freundlich unter dem Laub ihrer Bäume und ein Welthandelsplatz in ihren Geschäftspalästen. Hier auf der Canebière sah ich zum erstenmal das Liebespaar von Marseille, und während ich in der Stadt weilte, begegnete ich ihm immer wieder auf allen meinen Wegen, eng umschlungen, aus der Welt gesunken, mitten im Verkehr vom Tod bedroht in Küssen hingegeben, sie war groß und blond und trug ihr Haar lang und offen, er war klein und schwarz, sie waren beide jung und nach gewissen tragisch-düsteren Gestalten des französischen Films gebildet, und als ich, an meinem letzten Tag in Marseille, das Mädchen allein sah, sehr blaß und mit nichts erkennenden Augen, wußte ich, daß die Tragödie klassisch geendet hatte. Die Canebière führt zum Alten Hafen. Kriegsschiffe lagen nebelgrau am Kai. Sie störten nicht. Noch immer war das in seiner

Übersichtlichkeit so schöne Becken Anlegeplatz der Fischerboote, und unter ihren roten oder rostbraunen, so herrlich und so ehrwürdig mediterranen Segeln lagen ausgebreitet in ihrer glitzernden, sterbend tragischen Schönheit die gefangenen Meeresbewohner, die silbernen, goldenen oder juwelenfunkelnden Fische, die an Licht gehobenen Geheimnisse der See. Aber sonst – welche Enttäuschung der Erwartung! Das alte enge, wilde, ungesunde und doch tausendundeinenachtgleiche Hafenviertel der Strandräuber, der Deserteure, der Schmuggler, der Gangster, der Bordelle, der Mischtiegel aller Rassen des Mittelmeeres, die größte afrikanische Kolonie, eine Kasba auf europäischem Boden war verschwunden, war von deutschen Pionieren in die Luft, ins Nichts gesprengt, und die Marseiller Bürger danken es den Pionieren noch heute. Was hat man aber nun um den schönen Hafen herum aufgebaut? Betonschlösser, Betonwohnkasernen, so kalt, daß sie noch in prallster Sonne zu frieren scheinen. In den Sockel dieser Bauten versucht das gastronomische Gewerbe zu retten, was zu retten ist. Es ist nicht viel. Man richtete Betonhallen wie alte Kneipen aus der Zeit der Entdeckung Amerikas ein, man dekorierte die Terrassen wie für Seeräuber und erwartete dort doch nur den Strom geldausgebender Touristen, dem man die Bouillabaisse vorsetzte, ein mildes, dem Allerweltsgeschmack angepaßtes Fischsuppengericht, in dem ein einsames Langustenbein schamrot den Preis von 1000 Francs zu rechtfertigen versucht. Dennoch – am Abend saß es sich gut auf diesen Terrassen, eingelullt in Kitsch und falsche Historie. Sänger, Kapellen, Lautsprecher wetteiferten in der Darbietung der letzten Sentiments, beleuchtete Vergnügungsboote schaukelten zum Château d'If des Grafen von Monte Christo, und die Mitglieder des vornehmen Jachtklubs setzten oder rafften die weißen Segel ihrer teuren Hobbys. Die Pforte des Alten Hafens bewachten zwei auf Felsen gebaute Festungen, die wie fromme Kreuzritterburgen aussahen.

Karl Krolow

Zauber

Taschenspieler Tag mit Karten
Unterm gelben Tuch der Hitze,
Mischt sie mit Platanenfingern
Lautlos: eine Handvoll Blitze,

Zinkt sie mit der schwarzen Mater,
Pantomime alter Schatten.
Und vom Zauber rasch entkleidet,
Glühn, die sich verloren hatten:

Mädchentorsen, sanft zerschnitten
Von dem Liebes-Trick der Stunde,
Aufgelöst zu Knie und Hüfte
Und mit feuchtem Licht im Bunde.

Heiterkeit der Aubergine
Wird als Flötenruf genauer,
Biegt gymnastisch sich nach oben,
Tanzt wie Stroh vor heißer Mauer.

Midi

Eine Gruppe weißer Baskenmützen.
Wer sich ihr nähert,
Muß mit goldenen Schultern und Händen
Über den Platz.
Der Schattenfisch ließ sich an dieser Stelle
Noch gestern fangen.
Jetzt lebt er auf dem Grunde
Leerer Weinfässer in Hauseingängen.
Midi, gegerbt von Katzenharn!
Eine dünne Glocke fällt einer anderen
Ins Wort.
Zwei kraftlose Augäpfel
Werden vom Licht geerntet.

Im Rücken den Sommer

Frédéric Mistrals Pilgerflasche,
mit Wein gefüllt.

Ich habe im Rücken den Sommer,
eine Dichtung
von Brot und Zwiebeln.

Orbis terrarum aus Steineichen
und heißen Hufeisen.

Landstreicher zünden Zigaretten
mit der Luft an.

Unter den Nägeln
nimmt der Staub zu.

Schatten werden
von endemischem Fieber
geschüttelt.

Dünne Schuhe verlieren sich
im unbeschnittenen Laub.

Ernst Jünger

Ein Vormittag in Antibes

Antibes ist das alte Antipolis, die Gegenstadt: nach einigen Autoren von Marseille, nach anderen von Nizza; Strabo, Polybius und Ptolemäus haben es erwähnt. Thrasso Castanakis, ein griechischer Professor, der dort seine Tage verbringt, stimmte der Meinung bei, daß Antibes von den Einwohnern Nizzas gegründet worden sei, der alten, nach der Bezwingung der ligurischen Ureinwohner von den Griechen der Siegesgöttin Nike geweihten Stadt. Die Magistrate und Geschäftsleute von Nizza hätten hier, des milden Klimas wegen, ihre Villen und Weingärten gehabt. Man habe in Antibes seit jeher angenehm gelebt. Das kann ich bestätigen. Die in der Rue Barbacane verbrachten Tage sind mir in guter Erinnerung.

Das Gäßchen liegt in der Nähe des Palazzo Grimaldi, dessen weißer Turm die Stadt dem Seefahrer ankündet. *Barbacane* ist ein altes Wort für »Schießscharte«. Das Haus hatte wohl früher eine Rolle bei der Verteidigung des auf die Klippen gegründeten Mauergürtels gespielt, der sich in der von Vauban geschnittenen Form erhalten hat. Wenn ich morgens Kirschen aß, konnte ich die Steine aus meinem Fenster ins Meer knipsen.

Das Haus stand auf schmaler Grundfläche; es war turmartig. Die Stockwerke, von denen jedes kaum mehr als die enge Treppe und ein Zimmer faßte, erhoben sich bis zum flachen Dache, von dem aus man in den Nächten die Lichter Von Cannes und Nizza wie Säume glimmender Holzkohlen die Küsten entzünden sah. Der Raum in der Cité war immer knapp bemessen, daran wird sich wenig geändert haben, seitdem die Griechen sie gründeten.

Das Speisezimmer lag als Nebenraum zur Küche im Erdgeschoß. Wenn ich Umm-el-Banine die erste Sure des Korans, die Fatiha, aufsagen hörte, wußte ich, daß das Frühstück gerichtet war. Wir tranken Kaffee, während Madame Thérèse mit ihrem Korb zum Fischmarkt ging. Ehe ich dann zum Strand fuhr, gab es in der Küche ein Konsilium.

Die Fische waren noch lebendig, sie spreizten die Flossen, hoben die Deckel von den Kiemen, die purpurn leuchteten. Die Augen glänzten, und Madame Thérèse versäumte nie zu sagen: »Voyez, comme ils ont les yeux coquins«.

In der Tat sah man den »schelmischen« Augen an, daß die Tiere noch in der Frühe im Meere gespielt hatten. Die Augen der Fische bilden, was die Frische angeht, ein wichtiges Kennzeichen. Nach ihnen blickt der Käufer auf dem Markt zuerst. Der Fischer Riccardo, mit dem wir zuweilen im Café du Bastion saßen, meinte, daß sogar die Pariser darüber Bescheid wüßten. Er hatte sich daher ein Hilfsmittel ausgedacht, um Ware, die überständig geworden war, noch an den Mann zu bringen, indem er sie künstlich auffrischte. Er ging mit den Fischen ans Meer, machte dort Toilette mit ihnen und nahm ihnen die grau oder schon weiß gewordenen Augen heraus. Dafür setzte er ihnen gläserne Puppenaugen ein, von denen er immer einen Vorrat mitführte. Wenn er die Fische bei den Sommergästen ablieferte, erbot er sich, sie in der Küche zurechtzumachen, und nahm ihnen beim Ausweiden auch die Augen zu fernerer Verwendung wieder fort. Dessen rühmte er sich beim Wein als einer verdienstvollen Tat und wie ein Mann, der sein Licht nicht unter den Scheffel stellt.

Madame Thérèse war eine erfahrene Köchin. Sie hatte jahrelang ihre Künste im Dienst eines der orientalischen Potentaten verfeinert, die sich an der Riviera ihres Reichtums erfreuen und deren Namen in aller Munde sind.

Die Tiere, die sie brachte, waren immer wie eben aus dem Netz gehoben, nicht nur die Fische regten ihre Kiemen, sondern auch die Langusten spielten mit den gestielten Augen und den Fühlhörnern, die Krebse hielten die Schwänze und Scheren eng an den Leib gepreßt, und die Muscheln hatten ihre Schalen so fest geschlossen, daß das Messer nur mit Mühe den Zugang fand.

Am Markt von Antibes hängt eine Tafel, auf der mit Kreide die Fische nebst den Tagespreisen verzeichnet sind. Oft standen die Namen von fünfzig Sorten darauf. Für Auswahl war also reichlich gesorgt. Unsere Morgenkonferenz beschäftigte sich mit der Zubereitung und der Zutaten. Beides hätte ich Madame Thérèse getrost überlassen können, indessen ist vom Essen Reden kein geringerer Genuß als das Essen selbst. Erst will die Phantasie und dann das Auge, endlich der Gaumen sich erfreuen. Das Reden bewegt sich auf dem unerschöpflichen Felde der Einbildung, während dem Essen allzu bald die Sättigung folgt. So ists mit allem, was die Sinne betrifft.

Um mitreden zu können, hatte ich mir das berühmte Buch von Jean-Baptiste Reboul »Die Provençalische Köchin« besorgt. Es ist in zahlreichen Auflagen erschienen, und bereits Mistral rühmte es als unentbehrlichen Schatz seiner Bibliothek. Natürlich spielt der Fisch eine Hauptrolle darin. Bei den allgemeinen Bemerkungen betont der Autor den Wert des Auges als Erkennungszeichen für den Käufer – es soll gewölbt, klar, sprühend sein. Das eingesunkene, trübe, verschleierte Auge dagegen kündet die abgestandene Ware an – den »poisson avancé«. Reboul fügt hinzu, daß dieses Kennzeichen durch den Verkäufer am wenigsten zu beeinflussen sei. Riccardos Kunstgriff lag also außerhalb seiner Vorstellung.

Vielleicht findet sich noch Gelegenheit, auf Meister Rebouls verdienstvolles Werk an Hand einiger Beispiele einzugehen. Vorerst wollen wir Madame Thérèse das Weitere überlassen und sehen, was der Strand zu bieten hat. Ihre Küche hat übrigens den Vorteil, daß sie den Gast nicht in seiner Freiheit beschränkt. Die Tischzeit wird durch sein Belieben bestimmt. Die Gänge werden für das Feuer vorbereitet, und zwanzig Minuten nach seiner Rückkehr wird serviert. So kann er auf die Uhr verzichten und auf das lästige Bewußtsein ihm zugemessener Zeit. Damit fängt die Erholung an.

Wenn man in dieser Stadt und um diese Zeit zum Baden fährt, kann man nicht nur die Uhr, sondern fast alles zurücklassen. In Anzugsfragen herrscht letzte Lockerung. Niemand nimmt Anstoß, wenn ich, nur mit einer Badehose und ein Paar Bastschuhen bekleidet, mich auf dem Rade durch die engen Gassen der Stadt zwänge.

Unter diesen Gassen erwähne ich, des Namens wegen, die Rue Sade. Die Indifferenz in Sittenfragen geht noch nicht so weit, daß sie nach dem göttlichen Marquis benannt wäre; vielmehr ist sie seit alten Zeiten dem mächtigen, hier eingesessenen Geschlecht gewidmet, dem er entstammt. Immerhin trifft es mich jedesmal wie ein kleiner schändlicher Anhauch aus den »Hundertundzwanzig Tagen von Sodom«, wenn meine Blicke im Vorbeifahren das Schild streifen. Mit den Familiennamen ist es wie mit allen Erbgütern: es kommen Individuen, die sie vernutzen und ein für alle Mal aufbrauchen. Das gilt nicht nur für die Übeltäter: es ist ohne Zweifel eine Plage, wenn man Sade, es ist aber auch nicht angenehm, wenn man Goethe heißt. In dieser Hinsicht ist ein Allerweltsname eine gute Abschirmung.

Auf dem Markt muß ich vorsichtig sein. Die Stände drängen sich unter einem langen blauen Glasdach zusammen und greifen auch darüber hinaus. Der Fischmarkt liegt ein wenig abseits, im Schatten des römischen Turmes, ebenso der Platz, an dem die Töpfer ihre Ware auf Lagen von Stroh ausbreiten. Die Sonne leuchtet auf dem herrlichen goldgelben Ton von Vallauris, der nicht nur die Freude der Handwerker, sondern auch der Künstler ist. Er wird hier in der Stadt in einer Reihe von Öfen gebrannt.

Es ist nicht einfach, ohne abzusteigen sich durch das Gewimmel hindurchzuwinden, das die Auslagen umdrängt. Man gleitet durch Schichten von Gerüchen, den Duft von Pfirsichen und reifen Melonen, die Symphonie der Blumenstände, die Witterung der Fleischerscharren, den Dunst der Parmesanlaibe, die in zentnerschweren Rädern auf Strohmatten feil liegen.

Schon sind Bekannte unterwegs, meist Männer, die sich den Einkauf vorbehalten haben, wie es bei den Phäaken üblich ist. Dort feilscht Professor Castanakis, Athener und Epikuräer, mit einer Fischfrau um einen Meeraal; er hält das Tier dicht hinter dem Kopfe, wo es die schmackhafteste Stelle besitzt. Ich grüße ihn im Vorbeifahren. Früher kam es vor, daß ich ihn mit

Niko Kazantzákis verwechselte, der auch am Kap wohnt und zu Banines Freunden zählt. Beide sind Griechen, beide Autoren und tragen Namen, die zur Verwechslung herausfordern. Kazantzákis, ein wenig gallig, nahm es übel, während Castanakis, stets bei guter Laune, darüber lachte und den Irrtum mit einem »C'est l'autre« berichtigte.

Ich sehe auch Georges Lemar, einen großen Liebhaber des Boulespieles oder der »Pétanque«, wie man hier sagt. Er hatte früher den Ehrgeiz, einer unserer großen Maler zu werden, zog dann aber hierher, um auf der Straße mit Knaben Boule zu spielen, und widmete sich der Töpferei. »Wissen Sie, wenn ich mein ganzes Leben lang angestrengt arbeite, erreiche ich vielleicht, daß so ein Bild von mir im Louvre hängt.« Er deutete dabei mit den Händen einen unwahrscheinlich kleinen Rahmen an und wies dann, weit ausladend, auf den Strand, das Meer und die Kette der Seealpen.

Zuweilen besuche ich ihn an seinem Ofen, in dem er viele Sorten von Früchten und Fischen bäckt. Besonders prächtig sind die Tomaten, deren Rot den höchsten Grad der Reife ausdrückt und denen er einen kleinen grünen Stiel anheftet. Kein Chinese könnte ihn übertreffen darin. Er zieht die Flamme der elektrischen Heizung vor. »Das Holz hat viel mehr Geist.« Man darf dort Widmungen auf Teller und Schüsseln malen, die dann gebrannt werden. Das erinnert an die Tage nach Weihnachten, den ersten Tuschkasten. An einem der Tische des staubigen Gewölbes sitzt ein alter Maler; er zaubert mit blauer Farbe Meerestiere auf ein vielteiliges, zum Servieren der Bouillabaisse bestimmtes Geschirr. Er mustert mit ihnen die Teller, Schüsseln, Platten, deren noch ungebrannter Grund die Farbe begierig trinkt. Um den Knauf der Terrine zu bilden, stelzt sich ein Seestern fünfstrahlig auf. Es muß sich um die Laune eines reichen Mannes handeln; der Maler heißt Chagall.

Übrigens vermute ich, daß Georges zu dieser für ihn frühen Stunde den Markt besucht, weil ich ihn gebeten habe, für mich einen Oktopus zu modellieren, wie ich deren bereits einige aus seinem Ofen hervorgehen sah. Er bat mich, zu warten, bis er wieder ein schönes Exemplar erstehen könne, da er sich nie wiederholt, sondern stets von neuem nach der Natur arbeitet.

Seine Modelle haben das Angenehme, daß sie sich genießen lassen, nachdem sie der Kunst gedient haben. Bis vor kurzem hatte ich gedacht, daß das hinsichtlich des Oktopus ein zweifelhaftes Vergnügen wäre, da ich einmal an einem seiner Arme wie an einem Stück Gummi gekaut hatte. Madame Thérèse hat mich eines Besseren belehrt. Sie weiß das Innere dieser Arme, das sie ihr Mark nennt, auf eine Weise zu blanchieren, die ihm Wohlgeschmack verleiht. Das Fleisch erinnert dann an die Languste und wird auch, wie ich höre, zu ihrer Verfälschung verwandt.

Auch Gerstäcker, der Goldhändler, der zwischen Paris, Pforzheim und Antibes pendelt, kommt mit gefülltem Korbe vorbei. Er bewohnt ein Studio in der Rue du Bâteau, im obersten Stockwerk eines der alten Häuser, die wie Türme über den Wall emporragen. Der Aufstieg ist eng und dunkel; die Mauern sind von der Salzluft zerfressen – man hockt dort oben zwischen den alten Möbeln wie im Mastkorb eines Schiffes, das leise schwankt.

Mit Gerstäcker verbindet mich insofern eine angenehme Symbiose, als ich ihn häufig begleite, wenn er die Juweliere der Côte d'Azur besucht. Mit einem Goldkoffer im Fond reist man lieber in Gesellschaft als allein, und ich gewinne eine gute Kenntnis des Küstenstreifens dabei.

Wir fahren eifrig die Hohe, Mittlere und Untere Corniche entlang, die man als Traumstraßen des Kontinents bezeichnen kann, rasten vor kleinen Cafés an der Croisette oder der Promenade des Anglais, baden am Sandstrand zwischen den roten und weißen Klippen, die aus der Küstenlinie vorspringen, verirren uns auch nach Grasse, Saint-Paul oder in die Felsnester des Hinterlandes wie Tourette-Saint-Loup. Dazwischen gibt es immer wieder kleine Aufenthalte, wenn Gerstäcker sich entfernt »pour faire l'article«, wie es im Jargon der Geschäftsreisenden heißt. Cannes, Nizza, Monte Carlo sind besonders goldhungrig. Auch das Gold hat seine Moden; die schönen Frauen verlangen nach immer neuen Formen, immer neuen Fassungen. Wenn Gerstäcker die Ringe, Clips und Colliers mit seinen des faszinierenden Vorweisens kundigen Händen ausbreitet, lobe ich, doch, wie Gretchen sagt, »halb mit Erbarmen«, die Kollektion. Mit dem Empire haben nicht nur das Silbergeschirr und die Möbel, sondern hat auch das Gold eine Abkühlung erfahren, die hin und wieder gemildert, doch nie behoben worden ist. Aphrodite ist schlecht bedient.

In den Jachthäfen gibt sich der Reichtum der Welt ein Stelldichein. »Ich möchte mir gern eine Jacht zulegen. Was kostet das ungefähr?« fragte ein reicher Amerikaner einen anderen. »Wenn Sie fragen, was es kostet, so lassen Sie es lieber gleich.« Unter den in Cannes ankernden Jachten ist eine von der Größe eines mittleren Passagierdampfers; auch ihr fährt eine ägyptische Prinzessin ihre Freunde durch die Welt. Eine andere ist ebenholzschwarz mit spitzen weißen Segeln und vom Steuermann bis zum Schiffsjungen mit Negern bemannt. Nur der Besitzer, ein Filmschauspieler für Piratenrollen, ist von weißer Hautfarbe. Seitdem er hier neulich durch eine Klage wegen Verführung einer Fünfzehnjährigen Ärger gehabt hat, läßt er sich vor jeder näheren Bekanntschaft den Geburtsschein vorlegen. Ein Pirat mit Hemmungen.

Vor Saint-Tropez machen kleinere Segler nach der geruhsamen Überquerung des Atlantik Rast, komfortable Gehäuse aus Luxushölzern, an denen Land und Meer vorübergleiten – man fragt sich, ob der Weg oder das Ziel, die Fahrt oder das Verweilen angenehmer ist. Eines Abends, als wir dort mit Banine in der Dämmerung saßen wie vor den Deux Magots mit Mittelmeerkulisse, kam ein seltsames Paar vorüber: ein Jüngling in hellblauem Leinen, das Blondeste, was Schweden zu bieten hat, gefolgt von einem in Weiß gekleideten Begleiter, dessen Farbe an die einer frisch gerösteten Costaricabohne erinnerte. Auch er war noch sehr jung; den dunklen Flaum um Kinn und Wange hatte noch keine Klinge berührt. Sie setzten sich lässig, bestellten Pommery, von dem sie nippten, dann bezahlte der Blonde, und sie gingen wieder an Bord.

Von dem Grade des Wohlwollens, mit dem ein avanciertes Publikum auf einen solchen artistisch geführten Schock reagiert, läßt sich auf die Substanz schließen – zunächst auf ihr Vorhandensein und dann auf ihren Aggregatzustand. Die Vision eines Weißkittellamas taucht auf, der einen Glasstab in eine Flüssigkeit taucht, um zu sehen, wie sie abtropft und ob sie schon Fäden zieht.

Daß Nietzsche diese Küste liebte, hat komplexe Ursachen, nicht zuletzt die, daß sich hier Kristallisationspunkte der europäischen décadence ansetzten. Hier versammelten sich Wesen, die schwach auf der Brust oder aus anderen Gründen auf ein Schonklima angwiesen waren, vom Kronprinzen Friedrich bis zu Marie Bashkirtseff, die ihren schon von der Schwindsucht gezeichneten Körper in luxuriösen Spiegeln bewunderte, im gleichen Nizza, in dem Nietzsche in der »Pension de Genève« hauste.

Die Häuser jener Epoche bilden noch ansehnliche Viertel der Rivierastädte. Sie leuchten in goldbraunem Sandstein als prunkvolle Relikte des »stile pâtisserie« oder der »architecture grand-ducale«, wie Banine sie im Vorbeifahren tauft, sei es auf Grund ihrer Schnörkel oder ihrer Erbauer, zu denen enorm reiche Russen ein Kontingent stellten. Ihr Einfluß ist nicht wegzudenken und muß, vielleicht weniger unmittelbar als atmosphärisch, auf den Mann des Jahrhunderts gewirkt haben.

Das wäre vorauszusetzen als Oberfläche, als zeitliche Haut über dem Altprovençalischen der Landschaft, das den vornehmen Sinn anspricht und unter dem sich wiederum die Urlandschaft verbirgt, der glühende Fels über dem leuchtenden Meer. Sehr deutlich wurde mir das in einer der weniger bekannten Residenzen Nietzsches, dem Felsnest Èze. Als wir vom Kap Ferrat aus den Ort in der Höhe erblickten und Gerstäcker mir seinen Namen nannte, bat ich ihn, hinaufzufahren, da ich mich entsann, während des Krieges eine Broschüre gelesen zu haben »Nietzsche à Èze«, die mir inzwischen abhanden gekommen ist. Dort oben fand ich das Adlernest, auf dessen Steingärten eine schon afrikanische Sonne herabglühte. Einwohnern, die ich nach dem Hause fragte, in dem Nietzsche gewohnt hatte, war der Name unbekannt. Ich sah eine alte Mühle am Hange, die ich mir als Denkhütte vorstellen konnte; sie war auch bereits »installé« für eine Dame aus Illinois.

Hier war alles, Fels und Sonne, Meer und Himmel, Adler und Schlange und, sogar noch heute, köstliche Einsamkeit. Zuweilen überfällt uns der Wunsch, einen prophetischen Geist zu zitieren, um ihm zu zeigen, was sich inzwischen ereignete. Aber wir können im Spektrum nicht mehr, nichts anderes vorweisen, als was im blendenden Lichte zu schauen war. Das gehört auch zum Nachweis des Ranges eines Denkers: inwieweit es ihm den historischen Menschen in sich zu überwinden gelang. Prophet sein heißt, mehr als die Zukunft kennen: die tiefste Gegenwart.

An unbekannten, oft seltsam gekleideten Gestalten erfreut die Wiederkehr. So fällt mir regelmäßig ein dicker Kolonialer auf, dessen ungeheurer Bauch sich über einer Badehose wölbt. Außer ihr trägt er ein Paar Pantoffeln und einen Tropenhelm. So sitzt er um diese Stunde bei »Pierre au Port« behaglich in der Sonne, liest bei einem ersten apéritif seine Zeitung und raucht die Pfeife dazu. Auf diese Weise muß er unglaublich viel Zeit bei der Toilette sparen, und das Schönste dabei ist, daß er diese Zeit durchaus nicht als Ersparnis, sondern als freies Kapital zu betrachten scheint. Er setzt sie völlig in Muße um und ruft damit, allein schon durch den Anblick, den er bietet, eine beruhigende Wirkung hervor – als ob die Weltlage doch nicht so schlimm wäre, wie man in trüben Stunden meint. Das gehört zu den Annehmlichkeiten dieses Strandes überhaupt. Die unheilvollen Gerüchte dringen nur vage, nur aus der Ferne ein und trüben kaum die reine Existenz.

In der Nähe des Strandes tauchen in Bikinis gekleidete Gestalten auf, Gazellen, die in kleinen Rudeln zum Meere ziehen. Es scheint ein Wettbewerb zu herrschen, der auf den geringsten Stoffaufwand zielt. Dabei muß aber immer etwas bleiben, die Ersparnis darf nicht absolut werden. Das gehört zu den Spielregeln. Auch Ordensbänder werden oft so diskret getragen, daß sie kaum wahrzunehmen sind; aber etwas sieht man eben doch noch, und wäre es nur ein roter Zwirnsfaden. Man sieht: es ist ein dekorierter Herr. Würde man gar nichts sehen, so wäre er ein Herr wie alle anderen.

Der Bikini ist, wie fast jede Mode, keine Erfindung unserer Zeit. Terrakotten und Wandmalereien verraten, daß er bereits in Kreta getragen wurde, längst vor dem Trojanischen Krieg. Es ist wohl anzunehmen, daß er immer wiederkehrt, denn er ist die natürliche Verhüllung des weiblichen Körpers seit dem

Sündenfall. Schon die Venus von Milo deutet ihn mit ihren Gesten an.

Alles kehrt wieder, auch an dieser Küste, Frühzeit und Spätzeit, Entvölkerung und Übervölkerung. Schon oft haben sich die Hänge mit Villen und Palästen überzogen und wurden wieder menschenleer. Wenn viel gebaut wird, weltstädtisches Wesen vordringt wie heute, lockern sich die Sitten; sie werden wieder strenger, wenn Piraten und schweifende Nomaden auftauchen, wenn nachts der Schakal die Ruinen umkreist, die Eule über ihnen schwebt. Immer aber bleibt eine Regel, ein modus in rebus, selbst in der Lockerung.

Um noch einmal auf den Bikini zu kommen: das Wort hat seinen Reiz auch für den Liebhaber etymologischer Studien. Solche Bildungen, mit denen die Sprache sich bereichert, gelingen nicht zufällig. Da ist nicht nur die Verteilung der Vokale und Konsonanten, besonders die dreifache Zuspitzung im *I*, dessen sich der Sprachgeist mit Vorliebe bei den die Prüderie und die Enthüllung betreffenden Wendungen bedient. Dazu die Anklänge bildhafter Art. Man sieht das Atoll, die braunen Samoanerinnen am Korallenriff, zugleich den verheerenden Blitzstrahl, den mächtigen Rauchkegel. Das Wort gibt nach vielen Richtungen hin zu sinnen; es gehört in das Kapitel der zivilisatorischen Naivität. Man sieht, was imponiert.

Die Schwalben kreisen immer noch über den rostigen Dächern, die in den Farben alter Fayencen leuchten; die Sonne hat sie vergilbt. Die Schreie sind gläsern, zerschneiden wie Diamanten den Azur.

Des Windes wegen ist heut das Bad am Sandstrand vorzuziehen. Bei stillem Wetter ist es an den Klippen schöner, etwa bei La Garoupe. Der Weg führt zu einer Aussicht, die der große Kenner des Mittelmeeres, Guy de Maupassant, als eine der schönsten bezeichnet hat:

»Ich habe nichts Überraschenderes gesehen als Antibes vor den Alpen, wenn die Sonne verglüht.«

Bei ruhigem Wetter kann man sich dort im Meere treiben lassen und, die Arme hinter dem Kopf verschränkt, im warmen Wasser fast einschlafen. Die Ohren sind eingetaucht, man hört ein leises Klickern, als ob Glas spränge. Auf der heißen Klippe verfliegt die Zeit wie im Traum. Die Zikaden schrillen auf den Kiefern so rastlos, daß man sie nicht mehr hört. Wenn es ganz still wird, steigen marmorierte Krabben aus den Felsspalten empor.

Der schönste Sandstrand ist bei Juan-les-Pins. Der Weg zu ihm führt über das Kap. Es ist übervölkert dort. Jeder zweite Laden ist eine Bar oder ein Schönheitssalon. Beim »Eden Rock« kommt man an einer Terrasse vorüber, auf der hochblonde Amerikanerinnen mit brillantroten Fußnägeln und von Ambre solair glänzend sich langsam wie auf Toaströstern in der Sonne drehen. Zuweilen erfrischen sie sich in einem blauen Schwimmbecken. Das Bild erinnert an Boschs »Garten der Lüste«; es ist auch ein wenig Hölle dabei.

Draußen treiben Paare auf blauen und gelben Luftmatratzen, den »Barracudas«, auf denen man durch kleine Fenster die Fische betrachten kann. Andere fahren auf grotesken Treträdern vorbei. Schwimmer, die sich mit den Bewegungen von Meerestieren auf einen Wettkampf vorbereiten, die Arme lässig wechselnd und mit den Beinen das Wasser peitschend, leuchten wie brauner Bernstein in der Flut. Am Strand sind Badekabinen gereiht, dazwischen Snackbars und Schnellküchen.

Dahinter wird es wieder einsam – dort, wo die Klippen aus blendend weißem Kalkstein aufragen. Sie fallen senkrecht zu großer Tiefe ab und bilden eines der besten Reviere für den Taucher, der die Pflanzen und Tiere, die sie beleben, sich gegen den Felsen abzeichnen sieht, als wären sie auf Porzellan gemalt. Wenn er Glück hat, sieht er dort die großen Brassen mit stumpfem Maul die Muschelbänke abweiden.

Der Kieselstrand, die Plage des Galets, für den ich mich heute entschieden habe, ist wenig besucht. Allerdings fallen auch hier, im Verhältnis zum Vorjahr, Veränderungen auf. Wo damals noch eine schöne Stelle war, erheben sich Gerüste, werden Bauplätze abgesteckt. Der freie Raum wird schnell beschnitten, man merkt es von einem Jahr zum anderen. Und es sind meist die besten Plätze, die so verloren gehen. Das gilt nicht nur für die belebte Küste, sondern auch für die innere

Provence. Man hat sich noch bis vor kurzem an einer alten Mühle, einer verlassenen Wirtschaft, einem Mas mit gedrehten Schornsteinen erfreut. Wenn man wiederkommt, wird bereits für einen Maler, einen Schauspieler, eine reiche Amerikanerin umgebaut. Zu den Zeichen der Zeit, den Symptomen des Schwundes gehört der schmerzhafte Drang nach den alten Stätten beseelter Heimat, überlieferter Kultur. Sie werden parasitär beflogen und psychisch abgegrast. Auch das erinnert an späte Römerzeiten, an Martial, der die Schönheit etruskischer Krüge und ländlicher Kamine besingt. Sie wird nachleuchtend, wird erst im Verluste offenbar.

Der Kieselstrand hat seinen Namen verdient. Noch an keinem Orte sah ich eine so ungeheure Masse von Kieseln aufgehäuft. Sie sind mattgrau und von einem Netz haarfeiner Quarzadern durchwoben, die sich überschneiden wie die Linien der inneren Hand.

Am schönsten geht es sich an der Strandlinie, wenn die Wellen nur sanft anschlagen. Die Kiesel drehen sich dann ein wenig und folgen dem Sog mit einem leichten, heiteren Klingen, das die Sorgen vertreibt.

Unweit des Strandes zieht sich die nach Nizza führende Bahn entlang. An ihrem Damm haben sich Agaven angesiedelt und zum Gestrüpp verfilzt. Zahlreiche Schäfte sind aus ihm hervorgetrieben; es muß ein günstiges Jahr sein für die Blüte dieser Pflanze, die zugleich ihren Tod ankündet. Sie entfaltet sich urtümlich in geballter, mexikanischer Kraft. Es ist wohl kein Zufall, daß aus ihrem Saft ein feurig berauschender Trank gegoren wird. Einmal, nach vielen Jahren stillen Wachstums auf trockenen Böden, öffnet sich ihr Herz, und ein grüner Sproß in der Form eines riesenhaften Spargels schießt aus ihm empor, sich in der Höhe zu einem Kandelaber verzweigend, der Tausende von duftenden Blüten trägt. So wird das Liebesspiel gerafft. Die Blüte, wie sie ein Apfelbaum in sechzig Jahre aufteilt, wird hier in einem gewaltigen Frühling verschwendet und erschöpft. Das ist ein Merkmal der Agaven, die auch zu jenen zählen, »welche sterben, wenn sie lieben«, wie es vom Stamme Asra heißt. Viele der Schäfte sind im Sprießen, einige haben das weiße, wattige Blütenspiel bereits entfaltet, dazwischen sind die vom Vorjahr schon zu zundrigem Holz vertrocknet, das hier im Süden als Stoff für Federhalter dient. Dabei muß ich an einen Autor des vorigen Jahrhunderts denken, an Alexander von Villers, der in seinen Briefen den Wunsch äußert, »nach einem Aloeschaft als Feder und dem Vesuv als Tintenfaß«.

In diesem Klima gedeihen die Agaven prächtig. Man pflanzt sie in vielen Arten, sowohl in dem kleinen Stadtpark als auch im Jardin Thuret, der besonders der Zucht und Einbürgerung fremder Gewächse dient. Dort wuchern sie von ihren riesenhaften Vertretern bis zu winzigen Spielformen, wie Kakteenfreunde sie an den Fenstern ziehen. Darunter erstaunte mich ein baumartiges Gewächs, aus dem sich die Blüte als ein zweiter Baum in Form eines leuchtenden und duftenden Springbrunnens entfaltete. Der Anblick erinnerte an den singenden Baum des Märchens, an die Erhebung auf eine höhere Stufe durch Musik. Jedesmal während dieses Ganges am Bahndamm beschäftigt mich die Frage, wie ein solcher Aufwand möglich ist. Man stößt da sogleich, wenn man sich nicht auf der Oberfläche halten will, auf Unerklärliches. Das ist aus dem Universum einschießende Macht. Wir werden ihr Geheimnis niemals lösen; es muß genügen, daß es uns beglückt.

Noch eine andere Pflanze regt auf diesem Gange stets zum Verweilen an, ein kurioses Kraut, das eine grüne Decke aus filzigen Blättern über den heißen Schotter breitet: Momordica, die Esels- oder Spritzgurke. Sie gehört zu den Kürbisgewächsen und bringt gleichzeitig eine Unmenge gelber Blüten und stachliger Früchte von der Form einer winzigen Melone hervor, die mit der Reife explosiv werden. Wenn man sie dann nur ganz leicht berührt, öffnen sie sich mit dem Knall einer Kinderpistole und schleudern Fruchtwasser und Samenkörner aus. Einmal traf mich die Ladung ins Gesicht; sie hatte einen bitteren, zusammenziehenden Geschmack. Bei vorgeschrittener Jahreszeit braucht man nur durch die Polster zu gehen, damit man wie von einer Artillerie aus Liliput beschossen wird. Die leichte Erschütterung durch die Schritte, ein Hauch der Luft genügt, endlich sogar das pure Sonnenlicht. Die Eselsgurke gehört, wie das Rührmichnichtan unserer Wälder und der indische Sandbüchsenbaum, zu den Gewächsen, die durch raffinierte Vorkehrungen die Frucht sprengen. Dieses Wachstum mit der finalen Absicht der Selbstzerstörung hat etwas Bestürzendes, auch wenn man sich sagt, daß es zur Erhaltung der Art geschieht. Dazu kommt, daß jähe Bewegungen dem Pflanzenreich und seinem stillen Werden im Grunde fremd sind und Gedanken an eine bewußte, zielende Intelligenz wachrufen. Reife und Tod freilich sind immer verwandt.

So führt der Weg zum Meere zwischen der Agave, die sich in der Blüte, und dem Springkraut, das sich in der Frucht zerstört, dahin. Aber immer wieder treibt die eine neue Hecken empor, breitet die andere neue Teppiche aus. Der Weg ist der gleiche wie im Vorjahr und wird auch im nächsten Jahre wieder der gleiche sein.

Unweit der Mündung eines die Brague genannten Flüßchens liegt ein einsamer Ort. Er wird durch einen der zahlreichen Bunker bezeichnet, die immer noch den Strand säumen. Sein Gewölbe dient mir dazu, das Rad unterzustellen, und die mit Lavendel bewachsene Kuppe bietet eine gute Aussicht auf das Meer. Der Platz wird strandwärts vom Schilf einer flachen Lagune, an den Seiten und im Rücken durch Buschwerk gedeckt. Man kann sich nackt auf ihm bewegen, während wenige Meter entfernt die Luxuszüge nach Cannes, Nizza und Monte Carlo vorbeibrausen.

Während die Schmetterlinge an den Lavendelblüten saugen, kommen wie sie Gedanken angeflogen, verweilen ein wenig und fliegen wieder fort. Der Lavendel strömt einen reinen Duft aus; er erinnert an Kräuterkissen in alten Wäscheschränken und an Geschichten, die längst vergessen sind.

Benoit erzählte mir, daß er, bevor er zur Fremdenlegion ging, sich hier in der Provence zwei- oder dreimal mit der Lavendelernte beschäftigte. Es ist möglich, daß ich mich irre und daß es bereits nach seiner ersten Dienstzeit war, jedenfalls war er wenig über zwanzig Jahre alt. Er hatte in Lyon als Maurer gearbeitet, war dann zu Fuß in die Nähe von Grasse gewandert und hatte dort im Auftrag eines kleinen Fabrikanten im Gebirge Lavendelöl destilliert. Dazu gehörte zunächst die Anwerbung der Sammlerinnen in einem Abruzzendorfe, zu dem nur Saumpfade emporführten. Es gab dort weder Rad noch Wagen, sogar die Fässer waren zweiteilig. Sie waren auseinanderzuschrauben, um als Traglast für Maultiere geeignet zu sein. Aus diesem Bergnest brachte er für die Blütenernte etwa zwanzig Pflückerinnen mit, wilde Hummeln, die weder lesen noch schreiben konnten, aber munter und unermüdlich arbeiteten. Sie wohnten in einer einsamen Ferme. Die Mädchen schwärmten am frühen Morgen mit großen Netzen in die Macchia aus, während ihr junger Chef sich mit der Destillation beschäftigte. Gegen Abend machte er mit Pferd und Wagen die Runde und sammelte die prall mit Lavendel gefüllten Netze ein.

Die Mädchen kochten dann ihre polenta, und er mußte in der von ihnen bestimmten Reihenfolge mit jeder das Mahl teilen. Nachdem sie gescherzt und gesungen hatten, machte wiederum jede für sich in der Scheune auf den Lavendelpolstern mit zwei Leinentüchern ihr Nachtlager zurecht. Auch die Reihenfolge, in der er bei jeder zu schlafen hatte, war ausgemacht; er durfte keine vernachlässigen.

Ich hatte, als ich das hörte, zu früh gelächelt, denn es handelte sich wirklich nur um das Schlafen, dem ein kurzes Geplauder vorausging, und auch ein Kuß war erlaubt.

Die Geschichte gefiel mir, sie paßte gut zum reinen, starken Dufte des Lavendelkrautes, der sie mir wiederbringt. Übrigens entspricht sie auch dem Modus, nach dem ein junger Mensch in dieser Lage sich einzig verhalten kann. Sonst kommt es zur Despotie des Harems mit seinen Umtrieben, zur schnellen Zerstörung der Gemeinschaft und ihrer Aufgaben.

Die Vorliebe für den Lavendel ist nicht zufällig verteilt. Sie bildet eine der namenlosen Sekten, die sich weniger durch den Zusammenschluß als durch die Existenz ausweisen. Wir werden immer wieder Menschen begegnen, die auf den Lavendel schwören und seinen Duft als das einzig erlaubte Parfüm bezeichnen, und diese Menschen werden sich in mancher Hinsicht ähnlich sein. Das Wort *Lavendel* hängt seit alten Zeiten mit dem lateinischen *lavare*, »waschen«, zusammen und auch diese Bezeichnung hat nichts Zufälliges.

Die Vorliebe für die weiße Farbe gehört hierher, auch das Zeichen der Jungfrau hat mit dieser Neigung zu tun. Es könnte sein, daß sie eines Tages schwindet, wenn andere Blumen erblühen. Das ist ein großes Thema; auch ein Gespräch, das ich neulich mit Kazantzákis führte, brachte uns darauf. Wir standen in seinem Garten unter einem Feigenbaum, von dem er ein Blatt brach und mich daran riechen ließ. Der Duft ist angenehm aromatisch; Manna stellt man sich ähnlich vor. Kazantzákis erzählte, daß er bei ihm zu Hause als Mittel gelte, die Jungfräulichkeit zu prüfen: reicht man ein solches Blättchen einem unberührten Mädchen, so wird es ein Gesicht ziehen, als ob es eine Schlange erblickte, mit dem Fuß auf den Boden stampfen und das Blatt verächtlich fortwerfen. Hat es dagegen schon vom Baum der Erkenntnis gekostet, so wird es wohlgefällig lächeln, sich drehen und wenden und den Duft tief einatmen.

Ja, Feige und Lavendel sind ganz verschiedene Gewächse, obwohl man sie oft nebeneinander am gleichen Hange trifft. Jede Pflanze hat ihre Aura oder, wie die Alten sagten, ihre Tugend; sie hat ihre Freunde und Verehrer, ihre Mythen, ihren Zauber, ihre Gifte und Heilkräfte. Sie hat ihr Wachstum, nicht nur aus dem Keimgrund in die ausgedehnte, sondern auch aus der Substanz in die qualitative Welt. Hier beginnt der Reiz der höheren Botanik, der Wissenschaft von den Geheimnissen der Pflanzen, die zu den Zweigen der Symbolik gehört. Jeder Mensch hat nicht nur sein Sternzeichen und sein Wappentier, sondern auch seine Blume, seinen Baum, seine Frucht. Es gibt hier ein Entzücken, zu dessen Erklärung Duft und Farbe nicht genügen; es muß auf Verwandtschaft beruhen.

Die Pflanze spricht, indem sie ihren Zauber um sich breitet, den wir durchschreiten, oft ohne es zu merken, als ob wir Netze zerrissen, die zu fein für uns gesponnen sind. Das wurde mir eines Abends deutlich, als ich im Dünensande einen Strauß der großen duftenden Trichterlilien gepflückt hatte, die der Italiener Meeresnarzissen nennt. Indem ich, ihn in der Hand haltend, durch die Dämmerung schritt, kamen große, schwarz und rot gestreifte Nachtschwärmer, Sphinxe mit sammetweichen Flügeln, angeflogen und tauchten den Rüssel in die Blüten ein.

Ich hielt den hellen Strauß wie einen Kelch; sie kommunizierten aus ihm, mit ihm und um ihn in einer träumenden Welt.

Immer bleibt es ergreifend, wenn wir auf unserem Wege Wesen begegnen, die für einander geschaffen sind – nicht nur deshalb, weil sich in ihrem Anblick die Weltordnung und ihre Harmonie bestätigt, sondern mehr noch, weil wir durch ihn in einen feinen Strudel einbezogen werden, der weithin trägt; die Schwere mindert sich. Das kann nur für Augenblicke sein, wie neulich, als ich mich in den Gartenwegen des Kaps verirrt hatte. Als ich es merkte, blieb ich stehen, um mich zu orientieren; mein Blick fiel auf ein Schildchen mit der Inschrift »Clair Azur«. Es mußte der Name eines Hauses sein. Die Sonne brannte; es war Mittagszeit. Ich stand zwischen verwilderten Gärten, die Hecken einschlossen. Man sah aber weder die Gitter noch die Büsche; sie waren durch zahllose tellergroße Blüten einer hellblauen Winde verdeckt. Zwischen ihnen schwirrten schwere goldene Scarabäen den Weg entlang.

In solchen Augenblicken wird es stiller; die Welt wird heimatlich. Wir haben an einer Feierstunde des Universums teilgenommen und waren Gäste in einer jener Kammern, in denen es sich selbst genügt. Der Scarabaeus war Priester, die Winde Priesterin, die Kammer Heiligtum. Die Winden schlugen sie mit blauem Atlas aus. Daß diese Pracht bereits am frühen Abend verblichen, vergilbt ist, zählt zu den Zeichen des großen Überflusses: der Festherr wirft den Becher in das Meer.

Ich war auf dem Wege zu Kazantzákis gewesen, als ich mich bei »Clair Azur« verirrt hatte. Die Griechen leben gern in der Provence. Sie haben seit den ältesten Zeiten eine Vorliebe für das Land, durch das sie sich an Attika erinnert fühlen. Sie finden die gleichen Bäume und Früchte wieder, das braune, von Felsen durchsetzte Erdreich, die duftenden, bienendurchsummten Berghänge, das große, ausgewogene Verhältnis zwischen Wildnis und Kultur. Es ist kein Wunder, daß ihre Pflanzstädte hier so gut gediehen.

Kazantzákis' Arbeitszimmer ist auf das Haus gesetzt wie die gläserne Kuppel eines Leuchtturms oder einer Sternwarte. Der Blick fällt nach jeder Richtung auf die Gärten und weit

hinaus über das Meer, auf dem er die Schiffe verfolgen kann. Es müßte auch in unseren Breiten schön sein, so einen Glaskäfig auf dem Dache zu besitzen. Wenn man auch bei der Arbeit zu stark abgelenkt würde, so könnte man ihn doch hin und wieder beziehen wie eine Seewarte. Man könnte die Sonnenstunden während der rauhen Monate genießen, aber auch die Unwetter, und manchmal oben schlafen, um, zuweilen erwachend, das Kreisen der Gestirne und den Fall der Sternschnuppen zu sehen.
[...]

Peter Jokostra

Unweit von Tarascon

Es begann mit dem Eis des Nordens.
Still standen das Jahr und die Zeit.
Du mit den herben Früchten des Meeres,
mit der Minze, dem Thymian und dem brennenden Bild.
Ein Fächer aus Feuer und Wind.
Denn ich verlernte das Fragen,
und du fragst mich nicht mehr.

Mit dem Eis des Nordens begann es.
Silberne Blüten schossen empor
rund um den herrlichen Teich,
einst von Flamingos durchwatet.
Die silbernen Tanks des Petrol,
dicht bei dem Dorf Marignane.

Du aber fragst mich nicht mehr,
und die Stille spielt mit der Nacht,
wirft die Blumen der Hoffnung den Liebenden zu
über das Flugfeld der arktischen Kälte.
Denn du fragst mich nicht mehr.

Eine Woge aus Staub ließ sich nieder
am Rande des kindlichen Schweigens
mit den Flamingos, die wachten
unter dem Sternbild des Widders,
lang noch im Kristall meiner Frage.

Still standen das Jahr und die Zeit
mit dir und den Flöten der Nacht.
Du aber, klein, zwischen den Polstern gemieden,
verließest den Zug schon in Tarascon.

Über Arles

Römisch, heidnisch, gallisch, christlich, blutig und zigeunerhaft – in den Außenbezirken schäbig modern –: so sah ich Arles-en-Provence. Die Stadt an der unteren Rhône ist ein afrikanischer Vorposten in Europa.

Hier ist das Tor, durch das alle Wege nach Rom und in die Camargue führen. Denn es ist ein Doppeltor, ein von Zentauren und Zyklopen, von stoßbereiten Stieren und durch eine Legende galoppierender Reiter bewachtes Tor. Hier lebt man gefährlich, wenn man nicht schon draußen vor dem Eingang abgefertigt wird, wie es dem oberflächlichen Touristen geschieht, der dieses verblüffende Ensemble von Tod und Leben, von Stein gewordener Geschichte und gärendem Urschlamm mit halbem Auge streift.

Aber wie kommt man nach Arles, in die Königsstadt, die Hauptstadt eines kleinen, aber glücklichen Imperiums, das vor tausend Jahren einen Glanz entfaltete, von dem heute noch der Stein leuchtet?

Ich habe von allen Wegen den einfachsten gesucht, denselben Weg, den Vincent van Gogh gegangen ist, den er gehen mußte, als er an einem mistraldurchwühlten Nachmittag aus dem Bahnhof ins Freie trat und im Hintergrund des schlafenden Vorplatzes als erstes die schattenrißscharfe Silhouette der Arena erkannte und rechts davon, weiß und wuchtig, in makelloser Symmetrie, den vierfach gestuften Turm der Kathedrale Saint-Trophime.

Van Gogh verbrachte damals – er traf im Febraur 1888 in Arles ein – den Nachmittag versunken auf den Stufen der Arena, diesem gewölbten und buckligen Zeugen millionenfachen Lebens und Todes. Van Gogh konnte sich von dieser Vorstellung nicht losreißen. Hier starb man also vor zwei Jahrtausenden, wenn man zum Kämpfen gezwungen wurde, und hier stirbt man heute, wenn man ein »Held am Nachmittag« ist und Hemingways Idealbild vom Menschen als Helden entspricht, als Copeador – wenn man die spanische Variante vorzieht – oder als Razeteur, wenn man provenzalisch sterben oder siegen möchte.

Hier oben begegnete Vincent, der Maler, dem Ungeheuerlichen, dem »Démon du Midi«, der Glutsonne, der er nicht gewachsen war. »Die Sonne von Arles«, schrieb einer seiner Biographen, der Kunsthistoriker René Huyghe, »hat ihn ins Gehirn gebissen, und er ist nie mehr davon genesen.«

Das kleine gelbe Haus an der Place Lamartine – Motiv eines seiner berühmtesten Bilder – wurde van Goghs provisorische Herberge. Der Reisende, der als Entdecker kommt und es ernst nimmt mit seiner Aufgabe, findet hier den ersten Anschluß zum Vergleichen. Denn die Zeit begreifen, heißt vergleichen, die Gegenwart an der Vergangenheit messen.

Wir sind aus dem weiß blendenen Bahnhof getreten, einem der saubersten im Süden und nicht von der Vorstadtkulisse wüster Industrieanlagen und verwahrloster Straßen entstellt, und erreichen, von der Erinnerung an den unglücklichen Maler begleitet, nach wenigen hundert Metern den berühmten Platz, der von seinem Ruhm nichts weiß. Auch seine Bewohner, die Tankstellenbesitzer und Gäste des Hotels »Terminus et van Gogh« wissen nichts davon. Denn das Andenken an Vincent ist ausgelöscht. Es gibt in Arles so gut wie keinen Anhaltspunkt für seine leidenschaftliche Existenz. Kein Standbild, kein Gemälde in dem sonst vorzüglich eingerichteten Museum Réattu, wo man von Gauguin bis Picasso fast alles findet, was Malerei genannt werden kann, wenn auch in sehr dosierter Form und Menge. Aber keinen van Gogh!

An der Decke, schräg gegenüber dem heutigen Hotel »Terminus« saß ich noch vor zehn Jahren in dem zwar vom Krieg etwas ramponierten, aber immer noch Atmosphäre ausstrahlenden »Café von Gogh«. Es ist abgerissen. Öde Garagen und dahinter eine Front stilloser Appartementhäuser umgeben den anonymen Platz, der weder etwas von Lamartine noch von Vincent van Gogh ahnen läßt. Der Maler und Beschwörer der

Sonne von Arles ist aus den Mauern dieser römischen Stadt verbannt. Als ob man ihm noch heute seinen Wahnsinn verübelt und nachträgt, seinen anarchischen Haß auf den Freund Gauguin, seine ebenso besessene Liebe zu dem Gehaßten, sein vergebliches Brudertum, dessen Ethos dem antiken Geist fremd ist und bleiben wird. Nichts hat man bewahrt von seinem stürmischen Leben in dieser Stadt. Mistral und Staub haben die Erinnerung an den Maler begraben. Und nun liegt der ausgesparte Raum des großen Platzes schattenlos unter dem fast transparenten Blau eines an den Rändern rötlich schimmernden Himmels.

Arles beginnt erst hinter den monotonen Fassaden der Appartementhäuser. Zum Glück lassen sie den Platanen, die ebenfalls erst in den letzten zehn Jahren gepflanzt worden sind, Raum, ihre schön gefächerten Schattenhände auszubreiten. Vielleicht wird dieser vorstädtische Platz – den man überqueren muß, wenn man mit dem Auto von Tarascon kommt – einmal wieder bewohnbar.

Ich betrat die Stadt an den dicken Tortorsen der Porte de la Cavalerie vorbei und stieg zur Arena hinauf. Ein Zwischenfall hielt mich dann doch noch zurück und demonstrierte mir auf sehr sinnfällige Weise, daß, unbemerkt von der Ehrungen verteilenden oder vorenthaltenden, Denkmäler errichtenden oder verweigernden Stadtverwaltung etwas geblieben ist von dem guten Geist des Dankenkönnens. Aus einer Garage neben dem mit Strandhafer überwachsenen Platz, den einst das kleine Café einnahm und wo heute noch die vor fünfzehn Jahren durch Bomben gefällten Baumleichen faulen, wo sich abgetakelte Autowracks in Schrott auflösen, trat ein kleiner rußiger Mann in einer Monteurbluse auf mich zu. Lebhaft und mitteilsam, animiert durch meinen fotografierenden Begleiter, der sein Stativ aufgebaut hatte, um das Hotel »Terminus et van Gogh« zu »schießen«. Wir wollten vor allem das anschließende dreistöckige Eckhaus, das noch heute, wie auf dem Gemälde Vincents, eine Bar beherbergt – keine Nachtbar allerdings, es gibt kein »Café de la nuit« mehr in Arles –, als Zeugen für unseren vergessenen Maler festhalten. Denn von seinem Wirken gibt nur der verballhornte Name auf einem Hotelschild Kunde.

Der kleine Mann war begeistert von unserer Motivwahl. »A, vous cherchez des motifs de van Gogh?« wollte er wissen. Als ich das gelbe Haus erwähnte, stürzte er davon und kam mit einem fettigen, aber noch erkennbaren Foto des von Bomben zerstörten Hauses zurück. Das war der Anlaß einer detaillierten Beschreibung der Unglücksnacht. Es gab – wenn man seiner Darstellung glauben kann – wenig Tote, weil die Sirenen gut funktionierten und die Bewohner die Bunker in der Umgebung aufgesucht hatten. Aber es gab einen nicht registrierten Toten: den Maler Vincent van Gogh. Mit dem Haus verschwand auch die Erinnerung an ihn.

Eine strickende Alte, schwachsinnig, wie es ihr leeres Lächeln verriet, gesellte sich zu uns und lallte mit monotoner Stimme immer dieselbe Frage »C'est pour un roman?« Es klang wie eingeübt, wie eine Routinefrage an alle Touristen, die hierherkommen, um das gelbe Haus mit den grünen Fensterläden zu suchen und die doch nur das nichtssagende Eckhaus wiederfinden, das unverändert geblieben ist und dem Kenner der Tragödie wenigstens einen Hauch ihrer schrecklichen Wahrheit vermittelt.

Aber der Himmel über Arles ist unverändert in seiner harten Bläue und, wenn man die Avenue de Stalingrad hinunterblickt, wird das Auge von dem Eisenbahnviadukt festgehalten, der ebenfalls noch in seiner alten Form existiert. Nur daß nun kein schwarzer Dampfzug Wattebäusche seiner Rauchfahne hinter sich herzieht, die wie Mistralwölkchen in dem Tintenblau des Bildes schwimmen. Diese Szenerie ist typisch für Arles und van Goghs sehr differenzierte Palette. Aber Avenue de Stalingrad: das ist ein fast exotischer Name für eine provenzalische Straße. So fremdartig erscheint hier die Erinnerung an das Massaker in Feuer und Schnee, von dem den Flaneuren nicht einmal die Fakten bekannt sind. Die Rhônebrücke hinüber nach Trinquetaille, wo sich jetzt profillose Wohnblöcke erheben, wurde durch Bomben zerstört und nicht wieder erneuert. Die Eckpfeiler stehen als schwarze fossile Stümpfe im Uferschlamm des Stromes. Ein Motiv, das wie eine getreue Kopie der Pfeilerfragmente von der zerstörten Brücke über den Rhein bei Remagen anzusehen ist. So gleichen sich die Bilder der Heimsuchung.

Der kleine Mechaniker wird von einem eiligen Kunden in seine Werkstatt gerufen, aber bevor er über den Strandhafer und das sonnenversengte Hungergras davonstürzt, zeigt er uns einen in die Erde eingelassenen, unbeschrifteten Quaderstein.

»Hier hat Vincent seine Staffelei aufgestellt, als er das da drüben malte«, behauptete der eifrige Apologet des vergessenen Malers. Einige unbekannte Enthusiasten haben diesen Stein hier eingegraben. Wenn niemand mehr Kenntnis davon nimmt in dieser römischsten Stadt des französischen Südens, wollen wir die Erinnerung an dieses improvisierte Gespräch bewahren. Denn mag auch heidnisches Denken die Toten vergessen – hier starb ja auch 1953 der begabte junge Schweizer Dichter Alexander Xaver Gwerder, der seinem Vorbild von Gogh nachfolgen wollte – durch Freitod – mag es so sein: wir sind nach Arles gekommen, um aufzuspüren und zu erfahren, was von ihrem leidenschaftlichen Leben noch weiterwirkt.

Trotz aller Wunden, die eine pseudomoderne Entwicklung und falsches Ökonomiedenken Arles geschlagen haben, ist es eine königliche Stadt geblieben. Königlich in demselben Maß, wie es der größeren Rivalin Avignon nicht gelang, eine päpstliche Stadt zu werden. Die Hauptstadt der Vaucluse konservierte mit ihrer Papstburg, diesem Koloß steingewordener Geschichte, auch den Unrat der Jahrhunderte. Es gibt zuviel Elendsviertel in Avignon. Arles blieb zierlich, graziös, verspielt.

Arles oder Gallula Roma, das kleine gallische Rom, dessen keltisch-ligurische Vorgeschichte im Dunkel liegt, soll im Jahre 46 vor unserer Zeitrechnung als Veteranen- und Legionärssiedlung zur römischen Kolonie erhoben worden sein. Höhepunkte dieser reichen Phase der Entwicklung war die Zeit des Kaisers Konstantin. Damals soll die Stadt über 100000 Einwohner gehabt haben, heute sind es etwa 40000, von denen fast die Hälfte fremde Saisonarbeiter – hauptsächlich für den Reisanbau – sind. Die glanzvolle Vergangenheit hat Arles mit den berühmten Thermen Konstantins, unmittelbar am Ufer der Rhône, ein kaiserliches Siegel aufgedrückt. Unter Kaiser Hadrian, etwa um 130 nach Christi, entstand das 120-torige Amphitheater, heute »Les Arènes«, genannt, das nur vom Kolosseum in Rom an monumentaler Wucht und Mächtigkeit übertroffen wird. Neben dem Pont du Gard und dem Theater von Orange ist dieser ovale Kampfplatz für Gladiatorenspiele und Tierhetzen einst, für provenzalische Stierkämpfe und spanische Corrida heute, das eindrucksvollste Bauwerk römischer Architektur im Midi.

Die königliche Geschichte dieser Stadt, die im 9. Jahrhundert Hauptstadt des Königreiches Arelat wurde, gipfelte in der Krönung Kaiser Friedrich Barbarossas zum König von Arles, 1178, in der Kirche Saint-Trophime, die zu Ehren des ersten Bischofs und Heiligen Trophimus errichtet wurde. Dann folgte noch ein Krönungsakt, als Kaiser Karl IV. ebenfalls nach Arles kam, um sich hier 1365 krönen zu lassen.

So greifen hier römische und christliche Geschichte ineinander, und die Grenzen verfließen. Denn aus der Identifikation dieser beiden Hauptströme geistigen und künstlerischen Wachstums entsteht das Provenzalische, das kraftvolles, unabhängiges und phantasiebegabtes Leben hervorbrachte. Nichts demonstriert das sinnfälliger als Kirche und Kreuzgang von Saint-Trophime im Zentrum der Stadt, der heutigen Place de la République, wo sich auch das nach Plänen von Mansard im 17. Jahrhundert erbaute Rathaus mit seinem beherrschenden Turm erhebt. Auf diesem Platz vereinigen sich Genie und künstlerisches Weltgefühl zu einer mitreißenden Vision. Auf der Mitte des Gevierts, neben einem von Tauben umflatterten Brunnen, deutet ein schlanker Obelisk in den Mistralhimmel. Er wurde an der Stelle des römischen Zirkus gefunden und unter Ludwig XIV. wieder aufgerichtet. Hier versammelt sich am Tage der Confrérie das Musikkorps der Gardians. Heidnische Geschichte und christliches Leben, Frömmigkeit und weltliche Machtfülle verleihen Arles seinen Glanz und bilden zusammen die Aura dieser Stadt. Aber das Parfüm, das in früheren Jahren von den Alleen, den Zypressen und Pinien des öffentlichen Parks herüberwehte, dieser unvergleichliche Duft der Provence erstickt unter Auspuffgasen, und die Stille wird zerfasert von quietschenden und ratternden Straßenbaumaschinen, den Insignien des modernen Lebens, den Baggern, Kränen und Preßluftbohrern.

Aber es gibt Fluchtmöglichkeiten. Gleich hinter dem Volkspark erwartet uns das unter Augustus erbaute antike Theater. Das imponierende Ruinenfeld wird überragt von zwei erhaltenen Marmorsäulen, die ein Dachfragment tragen. Dahinter reckt sich, durch eine Reihe tiefgrüner Zypressen vom Horizont abgehoben, der Glockenturm der Kathedrale Saint-Trophime, daneben der barocke Turm des Rathauses, der sich ins Blickfeld schiebt, wo man auch steht.

Bevor wir in den kühlen Schatten des Kreuzganges von Saint-Trophime untertauchen – hier werden wir hermetisch abgeschirmt gegen jede Störung von außen –, wenden wir uns zurück, überqueren den turbulenten Boulevard des Lices, den »Kurfürstendamm« von Arles (wie ihn mein Begleiter etwas ironisch nennt) und gelangen durch die Avenue des Alyscamps zu der vielbedichteten und besungenen frühchristlichen Gräberallee.

Rilke und der dänische Dichter Jacobsen haben diese von Libellen umschwirrten, von Hunderten grün schillernder und umherhuschender Eidechsen bewohnten Marmorsärge bewundert und immer wieder zum Motiv ihrer poetischen Auseinandersetzung mit der Welt gewählt. Rilke hat in seinen berühmten ›Aufzeichnungen des Malte Laurids Brigge‹ den »Verlorenen Sohn« als Hirten in der Landschaft des Midi beheimatet: »Fremde sahen ihn auf der Akropolis, und vielleicht war er lange einer der Hirten in den Baux. Oder soll ich ihn denken zu Orange, an das ländliche Triumphtor geruht? Soll ich ihn sehen im seelengewohnten Schatten der Alyscamps, wie sein Blick zwischen den Gräbern, die offen sind wie die Gräber Auferstandener, eine Libelle verfolgt?«

Saint-Trophime blendet die Augen durch eine verwirrende Fülle von Details, mit denen das romanische Portal ausgestattet ist. Die Miniaturen auf dem Fries der neben den Erlösten und den Verdammten sitzenden Apostel erscheinen fast stilisiert. Im Türbogenfeld Christus der Herrscher. Die allgemeine Bewunderung für die im 19. Jahrhundert en vogue gelobte romanische Kunst hat sicher die Bedeutung dieses kleinen Portals, das vom Autoverkehr fast verdeckt wird, überschätzt. Man begreift heute nur noch schwer die überhitzte Briefbotschaft Vincent van Goghs an seinen treuen Bruder Theo, als er schrieb: »Es gibt hier ein gotisches Portal, das ich nachgerade bewunderungswürdig finde, das Portal von Saint-Trophime. Aber es ist so grausam, so ungeheuerlich wie ein chinesischer Alptraum, daß mir sogar dies schöne Denkmal eines so großen Stils zu einer anderen Welt zu gehören scheint, der ich ebenso froh bin, nicht anzugehören, wie der ruhmreichen Welt des Römers Nero.«

Aber dann wurde ich wunderbar angerührt und beruhigt von der tragenden Kühle des Kircheninneren, von den schönen Farbmustern und Szenen der Wandteppiche von Aubusson. Und ich blieb erfrischt auf einer der vom Alter tabakbraun gebeizten Bänke unter dem gotisch-romanischen Gewölbe sitzen, belustigt über einen wandernden Lichtstrahl, der durch die Seitentür ins Schiff fiel und jeden Besucher abtastete.

In Arles findet und erkennt der Reisende sich selbst. Nocheinmal umfasse ich von dem spanisch strengen und kahlen Platz über der Arena mit der kleinen Kirche Notre-Dame-la-Major das ebene Land unter mir. Das ist der Blick, von dem Vincent sich nicht lösen konnte. Drüben, weiß, kubisch, der in die Ebene geschleuderte, quadratisch aufgestellte Block der im 18. Jahrhundert auf Befehl Richelieus zerstörten Abtei von Montmajour. Vor mir, ganz nah, unter den Mauern der Stadt, die glitzernden Teiche der Reiskulturen. Weiter ins Land verstreut die Hallen der »Rizerien«, der Reisfabriken, dann die staubige, brauntote Crau und endlich am Horizont, scharf wie ein Schattenriß, die Kalkrippen der Alpillen. Im Blau, an den Himmel geheftet, die Kumulustürme der Mistralwolken, wie sie auf fast keinem Bilde unseres Malers aus Brabant gefehlt haben.

Die neue Zeit hat die nächtlichen Straßen von Arles menschenleer gemacht. Auch hier verbringt man jetzt die Abende vor dem Fernsehschirm. Und die Liebespaare müssen ihre Frist nützen, wenn sie, umschlungen und selbstvergessen, unter den Platanen des Boulevard des Alyscamps – dessen Bäume an einer Krankheit sterben, die von den Abgasen des Straßenverkehrs hervorgerufen wird – davonschlendern. Die Kulisse ist die gleiche wie vor siebzig Jahren, als sie der »verrückte Rothaarige« (wie van Gogh bei den Arlesiern hieß) mit einem gewaltigen südlichen Sternhimmel konfrontierte und in seine Bildkomposition zwang. Aber das Leben ist anders. Wer vermag die Verluste zu zählen? Und wer vermag heute schon eine Bilanz zu ziehen, in der Gewinn und Verlust gegeneinander aufgerechnet werden?

Erst auf der Fahrt durch das abendliche Land, durch den duftenden Maquis des Plateaus von Castelet werfe ich die Last meiner Zeit ab.

Walter Helmut Fritz

Noch unterwegs oder schon zurückgekehrt

Im Zug, nach der Lektüre einiger Essays von Montaigne, schreibe ich ein paar Abschnitte, wozu ich mich auf Reisen selten entschließen kann; gehe aus von der Annahme, ich sei schon zurückgekehrt:

(Ich war unterwegs, das ist sicher. Vielleicht bin ich es noch. Ich versuche den Weg wiederzuerkennen, auf dem ich fortgegangen bin. Noch unterwegs oder schon zurückgekehrt: möglicherweise gibt es da keinen Unterschied. Woran sollte man ihn erkennen? An den Schritten, die man macht, wenn man unterwegs ist? An der Bewegungslosigkeit, die sich einstellt, wenn man zurückgekehrt ist?

Ich weiß auch nicht, wo ich war. Ich überlege, bin erschöpft, sinke in Schlaf. Denke nach dem Erwachen an die Fehler, die ich machte. Man kommt da immer so weit hinaus, man verliert sich. Dann gibt es nur die Möglichkeit, eine Weile beim allernächsten zu bleiben, bevor man wieder die Frage stellt, wie etwas aus seinem Gegenteil hervorgehen kann. Wie aus dem Fortgehen ein Zurückkehren wird, oder umgekehrt.

Es ist besser, noch einmal an Montaigne zu denken. Er erzählte von sich, sagte, er werde nicht nur durch die Zufälle bewegt, sondern auch durch die Unbeständigkeit seiner Haltung; selbst die Beständigkeit sei nichts anderes als eine schwächere Art des Schwankens; den Gegenstand seiner Betrachtung vermöge er nie festzuhalten, undeutlich und taumelnd bewege er sich vor ihm her; er zeichne nicht das Sein, sondern den Übergang, nicht den von einem Lebensalter in ein anderes, sondern den von Tag zu Tag, von Minute zu Minute; er müsse seinen Bericht der jeweiligen Stunde anpassen; es komme oft vor, daß er sich selbst widerspreche; er bleibe dauernd im Stadium des Probens.

Wir gingen nicht sehr rasch, er deutete gelegentlich auf ein Haus, das ihm gefiel, sprach dann von seinem Arbeitszimmer. Er blätterte da manchmal in diesem Buch und manchmal in einem anderen, ohne Ordnung, ohne Plan und ohne Zusammenhang; bald gebe er sich seinen Überlegungen hin, bald mache er Notizen.

Vor allem ist mir in Erinnerung, daß er betonte, je mehr er sich verfolge und kennenlerne, desto weniger finde er sich in sich zurecht.

Er erwähnte kurz seine Reisen, seine Aufenthalte in Bar-le-Duc, Clermont-Ferrand, Cahors; auch den Grammatiker und Drucker Millanges, bei dem er die erste Ausgabe seiner Essays hat drucken lassen.

Es muß ein Tag im Winter gewesen sein. Das Land – war es in Frankreich, Italien, Deutschland? – war ziemlich leer, das Licht tastend, schweifend. Ich habe noch oft an die tonlose Art gedacht, mit der er sprach.)

Die meisten Fahrgäste steigen in Narbonne aus. Der Schienen-Bus hält oft und lang. Etangs, langhingezogene Wasserflächen, durch einen Streifen Land vom offenen Meer getrennt. Auf der anderen Seite Wein. Dahinter die Corbières, die das Roussillon vom Languedoc trennen, ein mittelhohes Gebirge mit vielen Wehranlagen. Fort des Salses gleitet vorüber, blaßrot. Ein Farbton, der seine Gegenwärtigkeit durch die Menge des Steins betont. Hier beginnt das Roussillon. Der rosa Stein, von dem das Land seinen Namen hat, wird wiederkehren in den Felsen der Küste, an Häusern, Türmen, Brükken.

Vom Dorf aus muß man eine Viertelstunde gehen. In einem Steinbruch der Corbières hämmern Preßluftbohrer. Das trokkene, bellende Geräusch gibt der Landschaft Nähe. Blühende blaue und gelbe Disteln, Ginster, ein Feigenbaum, um die Festung Gräben. Ursprünglich hatte hier eine galloromanische Villa gestanden, später, seit der Mitte des zwölften Jahrhunderts, ein Schloß, das verfiel. Anfang des sechzehnten Jahrhunderts errichtete ein spanischer Ingenieur das Fort, um den Franzosen den Zugang zum Roussillon, das jahrhundertelang Spielball im Kampf zwischen Frankreich und Spanien war, zu verwehren. Obgleich man später wieder daran gearbeitet hat, vor allem Vauban, wirkt es wie aus einem Guß. Ein großer Hof, Ställe, Schlafsäle, Bäder. Dann die Wälle, von denen man einen Blick über die Einsamkeit hat, die von allen Seiten herankommt. Aber es ist auch so, daß Einsamkeit von den Mauern ausgeht und sich das Land rundherum untertan macht.

Ankunft in Perpignan gegen Abend, am Ufer der Têt. An der Stelle, an der die Straße nach Spanien den Fluß überquerte, gründeten die Römer die Stadt Ruscino. Der heutige Name ist erst seit dem zwölften Jahrhundert überliefert.

Viele Straßen suchen die Place Arago. Im Palmarium tanzt man Sardanes. Auf der Straße, die auf die Place de la Loge zuführt, steht eine Venus Maillols, der Verkehr windet sich darum herum, Touristen haben sich auf dem Sockel niedergelassen, um Picknick zu halten. Im Hof des Rathauses ein zweiter Maillol, La Pensée.

Gelegentlich hat er zwei Weisen des Sehens beschrieben. Man konzentriert sich auf die Details, bis das Wahrgenommene seine Stufungen erkennbar werden läßt. Aber es gibt auch den nur kurzen Hinblick, das bewußte Wegsehen, Absehen von der Vielfalt. Auch so gelangt man zu Wirklichkeit, weil das nur kurze Hinsichen Bilder in uns entstehen läßt. Schon während des Sehens sieht man an den Dingen vorbei, wird die Ränder gewahr, mit denen sie andere Dinge suchen.

Nach Elne. Reben, Platanen. Über die Gärten sieht man das Meer. Elne ist das alte Illiberis, einstmals Hauptstadt des Roussillon. Unter seinen Mauern hat Hannibal mit seinen 92000 Mann gelagert, als er, 219 vor Christus, nach Rom zog. Die Stadt verfiel, man baute sie wieder auf, Kaiserin Helena hatte darauf hingewirkt, sie gab dem Ort den Namen. Auf dem Platz vor dem Kloster bürstet eine Frau einen Esel. Der Garten, der Kreuzgang mit den Zwillingssäulen, Höhepunkt der romanischen Skulptur des Roussillon. An den Kapitellen Greife und Löwen, Blüten, Palmblätter, Akanthus. Manchmal menschliche Gesichter, in fast allen ist der Ausdruck von Entsetzen. Sirenen-Vögel, Sirenen-Fische, rhythmisch wiederkehrend, Drachen, Pfauen miteinander kämpfende Chimären, Adler mit geöffneten Flügeln, kauende Ochsen, Genien. – Später ein Gewitter, die größere Deutlichkeit aller Umrisse.

Port-Vendres, in einer Brasserie. Die Durchgangsstraße, dahinter der Hafen mit den vertäuten Schiffen. Jenseits steigt das Vorgebirge der Pyrenäen an, die Häuser ziehen sich ein Stück weit hinauf, dann nur noch Halden mit Geröll. Der Perlvorhang erzeugt, wenn jemand hereinkommt oder hinausgeht, das Geräusch von Wellen, die über Kiesgrund zurücklaufen. Ein Kind schiebt eine Handvoll der Schnüre beiseite, sieht kurz herein, geht weiter. Der Vorhang gliedert die von hier sichtbare Welt, macht sie durchsichtig, indem er die Sichtbarkeit aufteilt.

Collioure, der alte Hafen, Schatten unter Kastanien, ein Spielplatz, ein Karussell, die Basare. Mit Haut, Kleidern, Schritten tragen die Menschen den Geruch des Meeres durch den Ort. Matisse hat zwischen 1905 und 1914 viermal einen Sommer hindurch hier gelebt und gearbeitet. Hier begann er sich zu lösen von dem pointillistischen Oszillieren vieler seiner bisherigen Bilder, malte er seine ›Lebensfreude‹.

Am Abend fahren die Fischerboote hinaus, mit starken Lampen. Man sieht sie sich rasch entfernen in die Herrschaftsbereiche der Nacht. Zuerst gleiten sie den silbernen Steg entlang, den der Mond über das Wasser legt, dann schwenken sie davon ab, suchen sie die tiefere Dunkelheit. Am nächsten Vormittag sind die Männer des Orts am Ufer versammelt, die Fänge, Thunfisch und Sardellen, abwägend im voraus und im nachhinein.

In Collioure steht das Haus, in dem Antonio Machado im Februar 1939 als Flüchtling starb, nachdem er – 63 Jahre alt – zu Fuß über die verschneiten Pyrenäen gekommen war. Er hatte geschrieben: »Das Auge, das du siehst, ist nicht / ein Auge, weil du es siehst, / sondern weil es dich sieht.« Und: »Jeder einzelne rede von sich selbst so gut, als er kann.« Und: »Daß wir darauf warten müssen, daß ein Ei kocht, daß sich eine Tür öffnet oder der Pfeffer reift, ist etwas... das unser Nachdenken verdient. Solange unser Leben mit unserem Bewußtsein zusammenfällt, ist die Zeit die äußerste Wirklichkeit.«

Reiner Kunze

In der Provence

Der himmel ein harter blauer stein
in der fassung des mittags

Der ginster weidet in gelben herden

Der Staub
schwingt sich auf zu dem herrn, der er ist.

Orientierung in Marseille

Morgens wenn die nacht aus –
und der tag noch nicht eingekuppelt ist –

wenn zwischen gasgeben und gasgeben
die kurven aufatmen

und wenn die frauen lange brote
wie fahnenstangen durch die straßen tragen an denen
der warme duft weht

findest du plötzlich im süden
die mitte.

Peter Handke

Die Anhöhe der Farben

Die Sainte-Victoire ist nicht die höchste Erhebung der Provence, aber, wie man sagt, die jäheste. Sie besteht nicht aus einem einzigen Gipfel, sondern aus einer langen Kette, deren Kamm in der fast gleichmäßigen Höhe von tausend Metern über dem Meer annähernd eine Gerade beschreibt.

Als der jähe Gipfelberg erscheint sie nur unten aus dem Bassin von Aix, das, einen halben Tagesgang entfernt, ziemlich genau im Westen liegt: was von dort aus die endgültige Bergspitze ist, bedeutet erst den Anfang des Höhenkamms, der dann einen zweiten Halbtag lang weiter in die Ostrichtung streicht.

Diese von Norden sanft ansteigende und nach Süden fast senkrecht in eine Hochebene abfallende Kette ist eine mächtige Kalkschollenauffaltung, und der Grat ist deren obere Längsachse. Zusätzlich dramatisch wirkt die westliche Ansicht des Dreispitzes, weil sie gleichsam einen Querschnitt des gesamten Massivs mit seinen verschiedenen Faltenschichten darstellt, so daß auch jemand, der nichts von dem Berg weiß, unwillkürlich eine Ahnung von dessen Entstehung kriegt und ihn als etwas Besonderes sieht.

Um diese eine, aus der Ebene himmelhoch ragende Scholle liegen noch viele flachere, die durch Brüche voneinander abgehoben sind, unterscheidbar durch den Wechsel der Felsfarben und des Gesteinsmusters; auch sie, wo sie einst seitlich eingeengt wurden, aufgefaltet und so die Formen des Berges im kleinen in die Ebene fortsetzend.

Das Erstaunliche und Befremdliche an der Sainte-Victoire aber sind vor allem die Helligkeit und der dolomitische Glanz des Kalksteins, den eine Kletterbroschüre einen »Felsen bester

Qualität« nennt. Keine Straße führt da hinauf. Das ganze Gebirge, auch die flachwinklige Nordflanke, ist ohne einen fahrbaren Weg, und ohne ein bewohntes oder bewirtschaftetes Haus (am Kamm steht noch eine verlassene Mönchskapelle aus dem 17. Jahrhundert). Die Südwand ist nur für Bergsteiger; aber von allen anderen Seiten kommt man ohne viel Umstände hinauf und kann oben am Kamm noch lange weitergehen. Es ist, selbst vom nächstgelegenen Dorf unten, insgesamt eine Tagesunternehmung.

Ja, als ich dann an dem Julitag auf der Route Paul Cézanne in östlicher Richtung ging, wurde es, kaum daß ich aus Aix heraus war, mein Gedankenspiel, einer unbestimmten Mehrzahl Reiseempfehlungen zu geben (und ich war doch nur einer nach vielen, die seit Beginn des Jahrhunderts da unterwegs gewesen waren).

Auch der Gedanke, den Berg in Natur zu sehen, war lange Zeit bloßes Spiel geblieben. War es nicht eine fixe Idee, daß ein Ding, das einmal der geliebte Gegenstand eines Malers gewesen war, schon für sich etwas Besonderes darstellte? – Erst als das Gedankenspiel eines Tages in die Phantasie übersprang, stand der Entschluß fest (mit dem sofort auch ein Lustgefühl kam): Ja, ich werde die Sainte-Victoire von der Nähe sehen! Und so ging ich dann nicht so sehr Cézannes Motiven nach, von denen ich überdies wußte, daß die meisten inzwischen verbaut sind, sondern meinem Gefühl: es war der Berg, der mich anzog, wie noch nichts im Leben mich angezogen hatte.

In Aix, unter den Platanen des Cours Mirabeau, die oben zu einem geschlossenen Dach verwachsen sind, war es am Morgen geradezu düster gewesen. Das Ausgangstor der langen Allee, mit den weißen Fontänen des Springbrunnens, blendete im Hintergrund wie ein kleiner Spiegel. Erst an der Stadtgrenze zeigte sich rundum ein mildgraues Tageslicht.

Es war heiß und dunstig, aber ich ging in einer luftigen Wärme. Der Berg war noch nicht zu sehen. Die Straße verlief zunächst in Wellen und Kurven und führte insgesamt leicht bergan. Sie war schmal, und der Gehsteig hatte schon vor dem Stadtrand aufgehört, so daß es beschwerlich werden konnte, den Autos auszuweichen. Aber nach einer guten Gehstunde, hinter Le Tholonet, wurde der Weg ziemlich frei.

Trotz dem Verkehr empfand ich Stille; so wie ich am Tag zuvor, mitten im Lärm von Paris, in der Straße, wo wir einmal gelebt hatten, Stille empfunden hatte. Ich hatte noch überlegt, mit jemand zusammen zu gehen; jetzt war ich froh, allein zu sein. Ich ging auf »der Straße«. Ich sah im schattigen Graben »den Bach«. Ich stand auf »der steinernen Brücke«. Da waren die Risse im Felsen. Da waren die Pinien und säumten einen Seitenweg; am Ende des Wegs groß das Schwarzweiß einer Elster.

Ich sog den Duft der Bäume ein und dachte: »Für immer.« Ich blieb stehen und schrieb auf: »Was gibt es für Möglichkeiten – in der Jetztzeit! Stille auf der Route de Cézanne.« Kurz lief ein Sommerregen vorbei, mit einzeln in der Sonne blinkenden Tropfen; nur die Straße erschien danach naß, die Asphaltsteinchen sehr bunt.

Es war für mich eine Zwischenzeit; ein Jahr ohne Ortsansässigkeit. Die Geschichte von dem Mann mit den gekreuzten Armen hatte ich vor allem in einem amerikanischen Hotelzimmer geschrieben, und ihre Grundfarbe war mit dem täglichen Blick auf einen kleinen See das Morgengrau dieses Wassers geworden (es kam mir dann vor, als hätte ich »unter der Erde gepflügt«). Auch durch den Verlauf der Erzählung war es entschieden, daß ich in mein Ausgangsland zurückkehren würde – obwohl mich immer wieder ein Satz des Philosophen beschäftigte: Andere zu entwurzeln, sei das ärgste der Verbrechen – sich selber zu entwurzeln, die größe Errungenschaft.

Bis Österreich blieben mir ein paar Monate Zeit. Inzwischen wohnte ich nirgends oder bei anderen. Vorfreude und Beengung wechselten einander ab.

Schon öfter hatte ich ja erfahren, wie ein ganz fremder Ort, auch ohne einen besonderen oder gar glückhaften Moment dort, im nachhinein immer wieder für Weite und Beruhigung sorgte. Ich drehe hier einen Wasserhahn auf, und vor mir erstreckt sich ein breiter grauer Boulevard an der Porte de Clignancourt in Paris. So drängte es mich, nach einem Ausdruck von Ludwig Hohl, »heimzukehren in einem größeren Bogen« und einen Kreis in Europa zu ziehen.

Auch mein Held war dabei, wie schon für die vielen vor mir, der homerische Odysseus: Wie er hatte ich mich in eine (vorläufige) Sicherheit gebracht, indem ich sagen konnte, daß ich Niemand sei; und von der Hauptperson meiner Geschichte hatte ich mir einmal vorgestellt, daß sie, wie einst Odysseus von den Phäaken, im Schlaf im Herkunftsland abgeladen und dieses zunächst gar nicht wiedererkennen würde.

Tatsächlich dann auf Ithaka, verbrachte ich eine Nacht in einer Bucht, von der ein Weg in ein völlig dunkles Landesinnere führte. Ein Kind, dessen Weinen noch sehr lange zu hören ist, wird in die Dunkelheit getragen. Im Eukalyptuslaub brennen die Glühbirnen, und am Morgen dampft es von den betauten Holzplanken.

In Delphi, wo früher der Mittelpunkt der Welt angenommen wurde, flatterte es im Gras des Stadions weitum von den Schmetterlingen, die der Dichter Christian Wagner als »die erlösten Gedanken der heiligen Toten« gesehen hat. Doch vor der Sainte-Victoire, als ich auf der freien Stelle zwischen Aix und Le Tholonet in den Farben stand, dachte ich dann: »Ist nicht dort, wo ein großer Künstler gearbeitet hat, der Mittelpunkt der Welt – eher als an Orten wie Delphi?«

Sarah Kirsch

La Pagerie

Wir fuhren wie am vorigen Tag durch die Mittagsglut auf einer doppelten Platanenallee. Die Rinde der Bäume mit Landkartenmustern, Avokadogrün, Melonengelb, die Schatten und Sonnenflecken auf der Chaussee in dieser hirnverbrennenden Sonne zauberten pointillistische Bilder vor Augen.

Wir waren auf dem Weg nach St. Remy etwas über Vincent erfahren im Kloster des Heiligen Paul hinter den Mauern. Und sahen die sich verschleudernden Blumen, oftmals den glühenden Hibiskus, aber nirgends V.s Zelle. Alles war anderen Zwecken gewichen. Der Kreuzgang wurde gescheuert, es bimmelte ein Glöckchen. Ein Gesang hob an, seltsame Stimmen umschlangen sich, erst klang es fromm, später betrunken. Kinder heulten hinter verschlossenen Türen.

Der nahegelegene Steinbruch voll Thymian zwitschernder Schlangen war von den Römern benutzt worden, einen kühnen Arc de Triomphe auf den Asphalt zu stellen. Hindurch nach Les Baux! Auf dem Tafelberg mußten die Autos abgestellt werden. In der Sonne umsonst, dann kann man nachher das Lenkrad nicht halten, und wir hatten Mäuse im Handschuhfach.

Ein Drehkreuz wie in jedem beliebigen Supermarkt schob uns in die geschleifte Bergstadt. Unser neumodischer Baedeker aus dem Laden am Zoo wollte weismachen, Richelieu hätte hier ein wahres Sündenbabel, ein Hollywood namhafter Troubadoure und Callgirls geräumt. In Wahrheit ging es den Protestanten ans Leben.

Der Himmel war poliert, das Licht frisch geschärft, die Schatten der Ölbäume in der Ebene lagen kreisrund unter denselben. Die Menschen krochen mit hochhackichten Schuhn die heißen steilen Stufen zu den Felswohnungen auf; Belgierinnen verzogen schmerzhaft den Mund, wenn sie die übriggebliebenen Erker erreichten.

Die Sonne brannte ungehalten, und nachdem wir in einer rechten Knoblauchküche Wachtel und Hase gegessen, fuhren wir schnell noch Alphonse besuchen.

Wir parkten unter dem letzten freien Pinienbaum, steckten die Mäuslein ein und liefen durch ein Tal auf die Mühle zu. Daudet läßt in der Diele sein Porträt, Ansichtskarten des Hauses und die verschiedenen Auflagen seiner Bücher verkaufen. Die Menschen drängelten wild, Mühlenlampen flackerten, Mühlenspieluhren spielten *Frère Jacques* wenn man die Flügel bewegt, und von Zeit zu Zeit meckerte die weiße Ziege des Herrn Seguin böse vom Tonband. Daudet sitzt im oberen Stockwerk zwischen den Rädern und Hebeln der Mühle, trinkt Châteauneuf-du-Pape, rechnet dem Uhu die Einnahmen vor. Gottseidank ist er nicht mehr gezwungen, irgendein Amt anzunehmen, er ist frei! Wir wurden dauernd von Touristen unterbrochen, die einen Blick auf uns warfen, Autogramme verlangten, auch mal von mir, konnten uns dennoch gut unterhalten. Über die Ziege gings hin und her. Lieber weg in die Berge, selbst wenn man vom Wolf weiß; lieber mit dem eine Nacht kämpfen, als angebunden an einer Stelle. Da warn wir uns einig.

Im Schloßhof stehen die weißen Tische, sitzen die Stühle mit ihren rosa Pfefferminzplätzchenkissen, Licht wird verschwendet. Das Hündchen liegt da als ein Bettvorleger, knurrt und stinkt. Grünes Pergament in den Bäumen, jedes Blatt mit über dreißig Zipfelchen.

Der Süden

Wenn es nach mir ginge, ich säße den Tag
Angelehnt auf dem Faulbett, den Himmel
Vergleichend und Bilder vor Augen.
Über die Straße flattert ein Landhund.
Die alten Papierfabriken! Das grüne reine Wasser.
Eine Hand drinnen, die andere
Zugereicht. Höchstens vier Grad die Sorgue.
Petrarca kommt mit Laura den Weg uns entgegen
Auf einem Maultier. Beide über siebzig und Laura
Rauchte Zigarrn. Der Maler Klapper holt aus einem
  Schuhkarton
Fünfundzwanzig angefangene Bilder. Ein Ockertagebau
Ein Schwemmsystem um den Farbstoff zu fangen – alles
Unterm Mont Ventoux eines Tags im September, der
Währt schon ein Jahr

Biobibliographische Hinweise

Ernst Moritz Arndt, geboren 1769 in Groß Schoritz auf Rügen, gestorben 1860 in Bonn. Sohn eines zum Gutspächter aufgestiegenen Leibeigenen. Er konnte die Gelehrtenschule in Stralsund besuchen; danach Studium der Theologie, Geschichte und Naturwissenschaften in Greifswald und Jena. 1798–1799 machte Arndt eine Bildungsreise, die ihn durch Deutschland nach Österreich, Ungarn, Italien und Frankreich führte. Seine 1802–1803 veröffentlichten Reiseberichte bezeugen seine Begeisterung für die Freiheitsverheißungen der Französischen Revolution. Arndts politischer Kampf in Deutschland galt einer aus christlichen und germanischen Vorstellungen hervorgegangenen Idee der Volksfreiheit und Volkskultur. Als einer der glühendsten Patrioten verfaßte Arndt zahlreiche Kampfschriften und Freiheitslieder gegen die Napoleonische Herrschaft in Deutschland.

»Von Nizza nach Marseille«: Aus den Reiseberichten *Bruchstücke einer Reise durch Frankreich im Frühling und Sommer 1799*, erster Teil (erschienen bei Heinrich Gräff, Leipzig 1802).

Walter Benjamin, geboren 1892 in Berlin, gestorben (Freitod) 1940 in Port-Bou. Marxist bürgerlicher Herkunft, gehörte er zu den politisch progressiven Intellektuellen der Weimarer Republik. Benjamin hinterließ ein bedeutendes Werk literaturphilosophischer Schriften. Weniger bekannt ist, daß der Literatur- und Kunsttheoretiker über seine Eindrücke und Beobachtungen auf Reisen kurze Prosatexte veröffentlicht hat. Seit 1933 lebte Benjamin als freier Schriftsteller in Paris. 1940 versuchte er mit einem von Max Horkheimer besorgten Visum in die USA zu emigrieren; beim Überschreiten der französisch-spanischen Grenze nahm er aus Verzweiflung über den Erpressungsversuch eines spanischen Beamten Gift. Benjamin wurde in Port-Bou beigesetzt.

»Les Cahiers du Sud«: aus: *Gesammelte Schriften IV/1*, herausgegeben von Tillmann Rexroth (Suhrkamp 1972, S. 483–485); »Marseille«: ebenda (S. 359–364).

© Suhrkamp Verlag, Frankfurt/Main 1972.

BERTOLT BRECHT, geboren 1898 in Augsburg, gestorben 1956 in Berlin. Während eines Erholungsaufenthalts im Mai 1930 in Le Lavandou schrieb er das hier wiedergegebene kleine Gelegenheitsgedicht: Vor sich das Mittelmeer, im Rücken die Seealpen, kreisen seine Gedanken um die jahrhundertelange Herrschaft der Araber in der Provence.

»Hier standen die alten Mauren«: aus: *Gedichte I*, in: *Gesammelte Werke 8*, Werkausgabe edition suhrkamp (S. 332).

© Suhrkamp Verlag, Frankfurt/Main 1967.

LION FEUCHTWANGER, geboren 1884 in München, gestorben 1958 in Los Angeles. Erfolgreicher Autor überwiegend historischer Romane. Während einer Vortragsreise durch die USA wurde Feuchtwanger 1933 von der nationalsozialistischen Machtergreifung in Deutschland überrascht. Er kehrte nicht mehr nach Berlin zurück, sondern ging nach Südfrankreich ins Exil. Nach dem Einmarsch der deutschen Truppen in Frankreich wurde von der Regierung Pétain die Internierung aller Deutschen zwischen siebzehn und fünfundfünfzig Jahren angeordnet. Was Feuchtwanger in den Lagern von Les Milles und Nîmes mitmachte, schilderte er in *Der Teufel in Frankreich*. Es gelang ihm, aus Südfrankreich über Portugal in die USA zu fliehen.

»Les Milles – Nîmes«: Aus dem Erlebnisbericht *Der Teufel in Frankreich* (Fischer Taschenbuch Verlag, Frankfurt/Main 1987, S. 142f. und 147f.).

©Aufbau-Verlag, Berlin und Weimar.

MARIELUISE FLEIßER, geboren 1902 in Ingolstadt, gestorben 1974 ebenda. Die für die deutsche Gegenwartsliteratur wegweisende Dramatikerin schrieb für Zeitungsveröffentlichungen brillante Kurzprosa über eine 1930 unternommene Reise nach Andorra. Diese Berichte gehören zu den *Draws-Geschichten*, so genannt nach ihrem Reisegefährten, dem extrem konservativen Schriftsteller Hellmut Draws-Tychsen (von dem sich Marieluise Fleißer 1932 trennte).

»Sandsturm über Perpignan«: aus: *Roman, Erzählende Prosa, Aufsätze*, in: *Gesammelte Werke*, Zweiter Band (Suhrkamp 1972, S. 272–284).

© Suhrkamp Verlag, Frankfurt/Main 1972.

Walter Helmut Fritz, geboren 1929 in Karlsruhe. In kurzen Gedichten und knapper Prosa schildert Fritz alltägliche Handlungen und Gefühle, wobei sich die Grenze zwischen Realität und Irrealität verwischt. Die Begegnung mit der französischen Lyrik beeinflußte sein literarisches Werk; 1962 übertrug er einen Band Gedichte von Jean Follain ins Deutsche.

»Noch unterwegs oder schon zurückgekehrt«: Aus der Anthologie *Augenblicke unterwegs. Deutsche Reiseprosa unserer Zeit,* herausgegeben von Heinz Piontek (Deutscher Taschenbuchverlag, München 1973, S. 235–238).

© Walter Helmut Fritz, Karlsruhe–Waldstadt 1989.

Kasimir Edschmid, geboren 1890 in Darmstadt, gestorben 1966 in Vulpera (Schweiz). Der ursprüngliche Literat des Expressionismus wurde zu einem erfolgreichen internationalen Journalisten, der die ganze Welt bereiste. Seine Eindrücke und Erlebnisse in Europa, Afrika und Südamerika hat er in zahlreichen Reisebüchern veröffentlicht.

»Côte d'Azur«: Aus der Einführung zu dem gleichnamigen Bildband, herausgegeben von René Jacques (Wilhelm Andermann Verlag 1957, S. 5–16 und 47–52).

Peter Handke, geboren 1942 in Griffen/Kärnten. Mit Sprechstücken, Hörspielen, Erzählungen und Gedichten ist Handke einer der bekanntesten Vertreter moderner deutscher Literatur. Er lebte von 1973 bis 1978 in Paris. Seine Erzählung *Die Lehre der Sainte Victoire* gleicht dem Monolog eines Einzelgängers und ist ein dem Autobiographischen naher Text: Auf der Straße von Aix nach Le Tholonet durch die provenzalische Landschaft kreisen seine Gedanken um Farben und Formen, um den Maler Cézanne und das eigene Selbst.

»Die Anhöhe der Farben«: Aus der Erzählung *Die Lehre der Sainte Victoire* (Suhrkamp 1980, S. 38–45).

© Suhrkamp Verlag, Frankfurt/Main 1980.

Peter Härtling, geboren 1933 in Chemnitz. Der Lyriker und Romancier Härtling befindet sich in dem hier wiedergegebenen Gedicht an dem Ort, wo deutsche Schriftsteller in nationalsozialistischer Zeit eine sichere Zuflucht gefunden zu haben wähnten. Wie in einem Selbstgespräch erinnert er, ohne Namen auszusprechen, an ihre Leiden und ihre Verzweiflung.

»Erinnerung an eine Landschaft am Mittelmeer (Sanary-sur-Mer)«: aus: *Anreden, Gedichte aus den Jahren 1972–1977* (Luchterhand 1977, S. 9).

© Luchterhand Literaturverlag GmbH, Darmstadt 1977.

Moritz Hartmann, geboren 1821 in Duschnik / Böhmen, gestorben 1872 in Wien. Der Dichter Hartmann führte innerhalb Europas ein unstetes Wanderleben. Neben poetischen Werken veröffentlichte er Reisebeschreibungen, in denen genaue Beobachtungen, Abenteuer und novellistische Erfindungen miteinander verbunden sind.

»Maison carrée in Nîmes«: Aus dem *Tagebuch aus Languedoc und Provence* (Darmstadt 1853, S. 93–96).

Walter Hasenclever, geboren 1890 in Aachen, gestorben (Freitod) 1940 in Les Milles. Erfolgreicher, teils populärer Dramatiker. Unter dem Eindruck des 1. Weltkriegs wurde Hasenclever erklärter Pazifist; 1933 verließ er Deutschland und ließ sich schließlich in Cagnes-sur-Mer an der Côte d'Azur nieder. Von September bis Oktober 1939 im Sammellager Fort Carré bei Antibes interniert, dank der Hilfe von Jean Giraudoux wieder entlassen. Unmittelbar nach diesem Erleben entstand Hasenclevers Roman *Die Rechtlosen*. Im Mai 1940 wurde er erneut interniert, diesmal in dem Lager Les Milles bei Aix-en-Provence, wo er im Juni 1940 Selbstmord verübte.

»Interniert in der Festung Antibes«: Aus dem Roman *Die Rechtlosen*, in: *Gedichte, Dramen, Prosa* (Rowohlt Verlag 1963, S. 414–418).

© Rowohlt Taschenbuch Verlag GmbH, Reinbek 1963.

Hugo von Hofmannsthal, geboren 1874 in Wien, gestorben 1929 in Rodaun bei Wien. Für sein vorzügliches Schulabgangszeugnis belohnten die Eltern den Achtzehnjährigen mit einer Reise nach Südfrankreich. Gemeinsam mit seinem Französischlehrer trat er die Reise 1892 an, die ihn über Grenoble, Valence, Avignon und Arles durch die Camargue nach Marseille führte. Hofmannsthal hat, wie die Briefe an seine Eltern zeigen, die Reise mit jugendlicher Begeisterung genossen und seine Eindrücke in einem Feuilleton zusammengefaßt.

»Südfranzösische Eindrücke«: aus: *Loris, Die Prosa des jungen Hugo von Hofmannsthal* (S. Fischer Verlag, Berlin 1930, S. 68–74).

© S. Fischer Verlag GmbH, Frankfurt/Main 1950.

Peter Jokostra, geboren 1912 in Dresden. Nach dem Studium der Philosophie und Kunstgeschichte Wanderjahre als Landarbeiter, Fischer und Jäger in Masuren, Mecklenburg und Frankreich. 1958 verließ er die DDR und übersiedelte zu französischen Freunden in die Provence und Auvergne. Schreibt Lyrik und zeitkritische Prosa; 1966 erschien sein Reisebuch *Einladung nach Südfrankreich*. Jokostra lebt heute in der Bundesrepublik Deutschland.

»Unweit von Tarascon«: Aus dem Gedichtband *Die gewendete Haut* (Claassen Verlag 1967, S. 56).

© Claassen Verlag GmbH, Hamburg–Düsseldorf 1967.

»Über Arles«: Aus der Anthologie *Augenblicke unterwegs. Deutsche Reiseprosa unserer Zeit*, herausgegeben von Heinz Piontek (Deutscher Taschenbuchverlag, München 1973, S. 227–234).

© Peter Jokostra, Kasbach 1989.

Ernst Jünger, geboren 1895 in Heidelberg. Jüngers Romanwerk und Kriegstagebücher provozieren bis heute durch eine Grundhaltung, die Leben und Kampf gleichsetzt und einen antidemokratischen, soldatischen Heroismus vertritt. Seine elitäre, nonkonformistische Lebenseinstellung enhält auch ein Element des Abenteurers. Die mit großer sprachlicher Sensibilität geschriebenen Reiseberichte, in denen der Flora und Fauna genaue Aufmerksamkeit geschenkt wird, lassen erkennen, daß Jünger neben Philosophie auch Zoologie studiert hat.

»Ein Vormittag in Antibes«: Aus den *Reisetagebüchern*, in: *Sämtliche Werke, Tagebücher VI* (Klett-Cotta 1982, S. 389–407).

© Verlag Klett-Cotta, Stuttgart 1982.

Alfred Kantorowicz, geboren 1899 in Berlin, gestorben 1979 in Hamburg. Der Publizist und Redakteur der »Vossischen Zeitung« trat aus Opposition zum Nationalsozialismus 1931 der KPD bei. 1933 floh Kantorowicz nach Frankreich. Er nahm am Spanischen Bürgerkrieg teil und konnte in die USA emigrieren. Nach Kriegsende wurde Kantorowicz Professor für Literatur in Ostberlin. Er geriet in Widerspruch zur praktizierenden kommunistischen Herrschaft und übersiedelte in die Bundesrepublik Deutschland.

»Das Sammellager Les Milles«: Aus dem Sammelband *Exil in Frankreich* (Hans Christians Verlag 1983, S. 43–53).

© Hans Christians Verlag, Hamburg 1983.

Sarah Kirsch, geboren 1935 in Limlingerode/Harz. Die Autorin von Gedichten, Reportagen und Erzählungen verließ nach dem Protest gegen die Ausbürgerung Wolf Biermanns die DDR und zog in die Bundesrepublik in ein Dorf in Schleswig-Holstein. Nach einem in der Provence verbrachten Sommer entstanden Texte und Gedichte, die die Begegnung mit der Landschaft und Geschichte Südfrankreichs spiegeln.

»La Pagerie«: Aus dem Band poetischer Notizen *La Pagerie* (Deutsche Verlags-Anstalt 1980, S. 28–31).

© Deutsche Verlags-Anstalt GmbH, Stuttgart 1980.

»Der Süden«: Aus dem Band *Rückwand* (Langewiesche-Brandt 1977).

© Langewiesche-Brandt, Ebenhausen 1977.

Egon Erwin Kisch, geboren 1885 in Prag, gestorben 1948 ebenda. Begann seine literarische Laufbahn mit Gedichten und Erzählungen, bis er das Gebiet der journalistischen Berichterstattung für sich eroberte. Seine Reportage *Der rasende Reporter* (1924) sollte zum Synonym für den Verfasser werden. Kisch unternahm ausgedehnte Reisen durch Europa, die Sowjetunion, Asien, Afrika, nach den USA und China. Die NS-Zeit überlebte er nach abenteuerlichen Zwischenstationen im Exil in Mexiko.

»Das Verlies des Grafen von Monte Christo«: Aus dem *Kriminalistischen Reisebuch*, in: *Gesammelte Werke in Einzelausgaben*, Bd. 5 (Aufbau-Verlag 1983, S. 609–612).

© Aufbau-Verlag, Berlin und Weimar 1983.

WOLFGANG KOEPPEN, geboren 1906 in Greifswald. Neben Romanen und Erzählungen veröffentlichte Koeppen Erlebnisberichte in Reisebüchern über Rußland, Amerika und Frankreich: »Ich träume von Frankreich, von einem lieblichen Garten von Daseinsheiterkeit, von Lebenssüße und etwas freundlicher Frivolität.« Mit dem Sinn eines geistreichen Flaneurs schilderte er Landschaft und Menschen des französischen Südens.

»Reisen nach Frankreich«, aus: *Reisen nach Frankreich* (Suhrkamp 1981, S. 38–52).

© Suhrkamp Verlag, Frankfurt/Main 1965.

ANNETTE KOLB, geboren 1875 in München, gestorben 1967 ebenda. Ihre deutsch-französische Herkunft – der Vater war Münchner, die Mutter Französin – war bestimmend für Leben und Werk der »Europäerin« Annette Kolb. Sie war eng befreundet mit René Schickele und stand Thomas Mann und Rilke nahe; im Münchner Literaturleben gehörte sie zu den führenden Persönlichkeiten. 1933 emigrierte sie nach Paris, während der deutschen Besetzung lebte sie in New York. Nach dem Krieg setzte sich Annette Kolb für die Aussöhnung zwischen Deutschland und Frankreich ein.

»Marseille«: Aus dem Band *Wera Njedin* (Propyläen Verlag 1925, S. 125–129).

KARL KROLOW, geboren 1915 in Hannover. Die deutschsprachige Poesie nach 1945 ist wesentlich von Krolow geprägt. Als genauer Kenner der französischen Literatur hat er sensible Übersetzungen französischer Poesie geschaffen. Krolows dichterischer Rang wird mit dem Baudelaires und Mallarmés verglichen.

»Zauber«, »Midi«, »Im Rücken den Sommer«: aus: *Gesammelte Werke*, Bd. 1 (Suhrkamp 1965, S. 129, 195,276).

© Suhrkamp Verlag, Frankfurt/Main 1965.

REINER KUNZE, geboren 1933 in Oelsnitz/Erzgebirge. Der Sohn eines Bergarbeiters ist einer der bedeutendsten deutschsprachigen Lyriker seiner Generation. 1977 siedelte Kunze aus der DDR in die Bundesrepublik Deutschland über. Mit äußerster sprachlicher Verdichtung, oft auf wenige Zeilen reduziert, gelingt es ihm, die Atmosphäre eines Ortes zu vermitteln.

»In der Provence«, »Orientierung in Marseille«: Aus dem Gedichtband *Eines jeden einziges Leben* (S. Fischer Verlag 1986, S. 77–78).

© S. Fischer Verlag, Frankfurt/Main 1986.

ALMA MAHLER-WERFEL, geboren 1879 in Wien, gestorben 1964 in New York. Mit ihrem Mann Franz Werfel (1890–1945) emigrierte sie im März 1938 aus Wien nach Frankreich, wo sie nach einem kurzen Aufenthalt in Paris in Sanary-sur-Mer ein Haus mieten konnte. »Die Emigration ist eine schwere Krankheit«, klagte sie. Im Juni 1940, als die Deutschen vorrückten, flohen Franz und Alma Werfel nach Spanien (von wo sie dann über Portugal in die USA gelangten). Daraus wurde zunächst eine alptraumhafte Irrfahrt durch das chaotische Südfrankreich des Sommers 1940.

»Flucht aus Südfrankreich«: Aus der Biographie *Mein Leben* (Fischer Taschenbuch Verlag 1976, S. 254–268).

© Alma Mahler-Werfel, 1960. Abdruck mit Genehmigung der Fischer Taschenbuch Verlag GmbH, Frankfurt/Main.

ERIKA MANN, geboren 1905 in München, gestorben 1969 in Zürich. Die älteste Tochter Thomas Manns war ausgebildete Schauspielerin und trat im Theater und Kabarett auf. Nachdem sie 1933 in die Schweiz emigriert war, gründete sie in Zürich das antinazistische Kabarett »Die Pfeffermühle«. Ab 1936 lebte Erika Mann als selbständige Autorin und Mitarbeiterin ihres Vaters in den USA. Zu dem ein Jahr jüngeren Bruder Klaus bestand eine enge Bindung, die Geschwister arbeiteten gelegentlich zusammen und unternahmen gemeinsam Reisen.

»Zwischen Marseille und Toulon«: Aus dem Reisebuch *Das Buch von der Riviera*, Band XIV, *Was nicht im Baedeker steht* (Piper Verlag, München 1931, S. 38–45).

© edition spangenberg, München 1989.

KLAUS MANN, geboren 1906 in München, gestorben (Freitod) 1946 in Cannes. Der älteste Sohn Thomas Manns schrieb seit seinem 15. Lebensjahr. Gemeinsam mit seiner Schwester Erika unternahm er 1927 eine Weltreise, die in *Rundherum* (1929) dargestellt ist. Klaus Mann, der ein bewußtes Europäertum lebte, emigrierte 1933 aus Deutschland mit wechselnden Aufenthaltsorten. Er wurde zur zentralen Figur der internationalen antifaschistischen Literatur. In seinem Roman *Der Vulkan* schilderte er die unterschiedlichen Strömungen der deutschen Exilliteratur in Westeuropa.

»Ein kleiner Hafen (Villefranche)« aus: *Briefe und Antworten*, Band I: 1922–1937 (Brief an Doris von Schönthan), herausgegeben von Martin Gregor-Dellin (edition spangenberg, Verlag Heinrich Ellermann, München 1975, S. 65–68).

© edition spangenberg, München 1989.

KARL MARX, geboren 1818 in Trier, gestorben 1883 in London. Auf Anraten von Friedrich Engels war Marx Anfang Februar 1882 nach Algier gereist, um in dem warmen Klima eine Besserung ernster gesundheitlicher Störungen zu suchen. Am 2. Mai 1882 verließ er Algier wieder und fuhr über Marseille und Nizza nach Monte Carlo, wo er vom 6. Mai bis zum 3. Juni blieb. Auf dem Rückweg machte Marx vom 3. bis 5. Juni 1882 Station in Cannes.

»Briefe aus Monte Carlo und Cannes«: aus: *Marx–Engels Werke*, Bd. 35 (Dietz Verlag, Berlin 1967, S. 318: »Marx an Jenny Longuet in Argenteuil«; S. 61–62: »Marx an Engels in London«; S. 325, 327–329: »Marx an seine Tochter Eleanor in London«; S. 68–70: »Marx an Engels in London«).

CHRISTIAN FRIEDRICH MYLIUS, (Lebensdaten unbekannt), Pfarrer im süddeutschen Dorf Kirchen, ließ sich 1812 ein halbes Jahr von seinen Amtsgeschäften beurlauben und nahm im Mai von seiner »besorgten« Gemeinde Abschied, um sich »in stark vorgerücktem Alter« einen Jugendtraum zu verwirklichen: »Ich hatte mir vorgenommen, zuerst eine Reise in das durch seine vielen Paradiese und römischen Alterthümer so interessante, noch bei weitem nicht so stark als Italien bereiste südliche Frankreich zu machen, da auch von demselben noch wenige und sehr unvollständige Beschreibungen im Deutschen vorhanden sind.« Seinen ausführlichen Reisebericht hat er in vier Bänden veröffentlicht.

»Die Brücke von Avignon«: aus: Christian Friedrich Mylius, *Malerische Fußreise durch das südliche Frankreich und einen Theil von Ober-Italien*, zweiter Band, Karlsruhe 1818.

WALTER NEUMANN, geboren 1926 in Riga. Nach der Umsiedlung aus Lettland 1939 lebte Neumann bis 1944 in Thorn. Als Soldat bis Kriegsende in Mittel- und Südfrankreich eingesetzt, wo er in Gefangenschaft geriet. Seit 1946 lebt er in Bielefeld, seit 1962 ist er Lektor an der dortigen Stadtbibliothek. Als Autor veröffentlichte Walter Neumann Gedichte, Erzählungen, Hörspiele und Kritiken. 1981 erhielt er den Andreas-Gryphius-Förderpreis, 1989 den Eichendorff-Literaturpreis.

»Provence«: Aus dem Lyrikband *Lehrgedicht zur Geschichte. Neun weltliche und neun historische Gedichte* (Corvus-Verlag, Frankfurt/Main 1977).

© Walter Neumann, Bielefeld 1989.

FRIEDRICH NIETZSCHE, geboren 1844 in Röcken/Sachsen, gestorben 1900 in Weimar. Aus gesundheitlichen Gründen verbrachte Nietzsche die Winter der Jahre 1883 bis 1888 in Nizza. Die kosmopolitische, hektische Stadt war ihm eher unsympathisch, die Vorzüge des Klimas lobte er dagegen in höchsten Tönen und spielte zeitweilig mit dem Gedanken, auf der Halbinsel St. Jean/Cap Ferrat eine Kolonie von Gleichgesinnten und Jüngern zu gründen.

»Briefe aus Nizza«: aus: *Nietzsche Briefwechsel*, Kritische Gesamtausgabe, herausgegeben von Giorgio Colli und Mazzino Montinari (Verlag Walter de Gruyter, Berlin–New York 1984, Bd. III, 1, S. 456–457: »An Heinrich Köselitz in Venedig«; S. 466–467: »An Franz Overbeck in Basel«; S. 478: »An Constantin Georg Naumann in Leipzig«; S. 491–492: »An Resa von Schirnhofer in Genua«; S. 562–563: »An Franziska und Elisabeth Nietzsche in Naumburg«; Bd. III, 3, S. 8–9: »An Franziska Nietzsche in Naumburg«; S. 114–115: »An Heinrich Köselitz in Wien«; S. 128–129: »An Bernhard und Elisabeth Förster in Naumburg«; S. 133–134: »An Reinhard und Irene von Seydlitz in München«; S. 294–295: »An Franz Overbeck in Dresden«; Bd. III, 5, S. 31–32: »An Reinhart von Seydlitz in München«; S. 37–39: »An Emily Fynn in St. Moritz«; S. 248–249: »An Reinhart von Seydlitz in Cairo«; S. 283: »An Franziska Nietzsche in Naumburg«).
»An den Mistral«: aus: *Nietzsche Briefwechsel* (siehe oben,

Bd. III, 1, S. 558–561, in einem Brief an Heinrich Köselitz in Zürich).

Hermann Fürst Pückler, geboren 1785 in Muskau/Niederschlesien, gestorben 1871 in Branitz bei Cottbus. Die Frankreichreise des Dreiundzwanzigjährigen fiel in die Zeit, in der Deutschland unter der Herrschaft Napoleons stand, doch empfand der junge Preuße keine Ressentiments. »Wenn man die Franzosen, diese Beherrscher der Welt, unparteiisch und in der Nähe betrachtet, kann man sich über die Bescheidenheit, Höflichkeit und Mäßigung nicht genug wundern, die diese Nation im allgemeinen nach der Unterjochung des größten Teils von Europa, nach all ihren glänzenden Siegen, in immer gleichem Grade beibehalten hat.« Aus Geldmangel reiste Pückler überwiegend zu Fuß, gelegentlich sogar auf Eselsrücken, oder er schloß sich Truppentransporten per Schiff auf der Rhone an; nur selten konnte er eine Postkutsche bezahlen.

»Avignon – Vaucluse«: aus: *Jugend-Wanderungen. Aus meinen Tagebüchern für mich und andere* (Hallbergersche Verlagsbuchhandlung, Stuttgart 1835, S. 1–16).

Rudolf Rahn, geboren 1900 in Ulm. Um sich auf seine spätere Tätigkeit im diplomatischen Dienst sprachlich vorzubereiten und aus historischem Interesse an der Augusteischen Zeit in der Provence reiste Rahn 1927 nach Südfrankreich. Sein Erlebnis mit dem Oberst Poitevin beruht auf Tatsachen: Grabungen im Süden von Hyères lieferten den Beweis, daß beim heutigen L'Almanarre die von Marseille aus gegründete griechische Siedlung Olbia lag, der die römische Stadt Pomponia folgte.

»Pomponiana Olbia«: Aus den Aufzeichnungen und Erinnerungen *Ruheloses Leben* (Eugen Diederichs Verlag, Düsseldorf o. J., S. 86–94).

© Eugen Diederichs Verlag, München.

Rainer Maria Rilke, geboren 1875 in Prag, gestorben 1926 in Valmont/Wallis. Während Rilke in Paris am Abschluß der *Aufzeichnungen des Malte Laurids Brigge* arbeitete, war seine Gesundheit angegriffen. Wohl auch deshalb unternahm er im Mai und im September 1909 Reisen in den Süden Frankreichs. Spuren davon finden sich im *Malte*-Roman. Seine in Briefen mitgeteilten

Reiseeindrücke und Reflexionen gleichen eigenständigen Kurzfeuilletons.

»An Sidonie Nadherný von Borutin«: aus: *Briefe an Sidonie Nadherný von Borutin* (Insel Verlag 1973, S. 103–104).

»An Lou Andreas-Salomé«: aus: *Rainer Maria Rilke – Lou Andreas-Salomé, Briefwechsel*, herausgegeben von Ernst Pfeiffer (Insel Verlag 1975, S. 228–233).

»An Marie Taxis«: aus: *Rainer Maria Rilke und Marie von Thurn und Taxis, Briefwechsel, Erster Band* (Niehans und Rokitansky, Zürich, und Insel Verlag 1951, S. 366–367).

© Insel Verlag, Frankfurt/Main 1973, 1975, 1985.

JOSEPH ROTH, geboren 1894 in Schwabendorf bei Brody/Galizien, gestorben 1939 in Paris. In seinen historischen Romanen, deren Hauptthema das Schicksal der untergegangenen Donaumonarchie ist, übte Roth zugleich gegenwartsbezogene Gesellschaftskritik. Seine journalistischen Arbeiten zeugen von entschieden sozialistischer Einstellung, die durch deprimierende Eindrücke während einer Rußlandreise in Skepsis und Resignation umschlägt. Im Januar 1933 verließ Roth Deutschland und lebte u. a. in Nizza und Marseille, zuletzt in Paris, wo er in einem Armenhospital starb.

»Tarascon – Beaucaire – Marseille«: Aus dem Essayband *Im mittäglichen Frankreich*, in: *Romane, Erzählungen, Aufsätze* (Kiepenheuer & Witsch 1964, S. 547–558).

© Kiepenheuer & Witsch Verlag, Köln 1976

RENÉ SCHICKELE, geboren 1883 in Auvernay/Oberehnheim (heute Obernai) im Elsaß, gestorben 1940 in Vence. War ein führender Kopf des literarischen Expressionismus und in der Weimarer Republik ein anerkannter Schriftsteller. Als gebürtiger Elsässer seit 1918 französischer Staatsangehöriger. Er verließ Deutschland 1932 vor dem drohenden Nationalsozialismus und lebte zunächst in Sanary-sur-Mer, dann in Nizza, schließlich in Vence. In beiden Sprachen zu Hause, wurde er ein wichtiger Autor der deutschen Exilliteratur. »Schickele, ein politisierender Romancier, liebte die Franzosen und die Deutschen auf seine weltbürgerliche Weise«, schrieb Hermann Kesten.

»Vence – Saint Paul«: aus dem Roman *Maria Capponi*, in: *Werke in drei Bänden* (Kiepenheuer & Witsch, 1959, Bd. 1, S. 183f., 205f.).

»Tagebuch vom 8. Mai 1934«: aus: *Tagebücher* (Bd. 3 der Werkausgabe, S. 1104–1105).

© Kiepenheuer & Witsch Verlag, Köln 1959.

Arthur Schopenhauer, geboren 1788 in Danzig, gestorben 1860 in Frankfurt am Main. Der fünfzehnjährige Schopenhauer wurde von seinem Vater, einem Großkaufmann, vor die Wahl gestellt, entweder das Gymnasium besuchen zu dürfen oder nach einer zweijährigen Reise durch Europa sich auf den Beruf als Kaufmann vorzubereiten. Der Sohn entschied sich erst einmal für die Reise, die ihn gemeinsam mit den Eltern nach Holland, England, Frankreich, der Schweiz und Österreich führte. Ebenso wie seine Mutter Johanna hielt Arthur Schopenhauer seine Eindrücke in einem genauen Tagebuch fest.

»Von Bordeaux nach Lyon«: aus: *Reisetagebücher aus den Jahren 1803–1804*, herausgegeben von Charlotte von Gwinner (Verlag F. A. Brockhaus, Leipzig 1923, S. 129–158).

Friedrich Sieburg, geboren 1893 in Altena/Westfalen, gestorben 1964 in Gärtringen/Württemberg. Schriftsteller, Historiker, Publizist, Verfasser von Reisebüchern. Brillanter Kenner der französischen Geschichte, wurde er Biograph bedeutender historischer Persönlichkeiten Frankreichs (Robespierre, Napoleon, Chateaubriand). 1929 veröffentlichte er die kritisch-mahnende Schrift »Gott in Frankreich?«, die großes Aufsehen erregte. Sieburg war ab 1926 Korrespondent für die »Frankfurter Zeitung« in Paris, Kopenhagen und London. Von 1933 bis 1945 im Dienst des Auswärtigen Amtes; über seine Tätigkeit im besetzten Paris herrscht eine »Verschwörung des Schweigens« (Joachim Fest). Ab 1956 war Sieburg Leiter des Literaturblattes der FAZ.

»Traum von Toulouse«: Aus dem Essayband aus zehn Jahren Frankreich und England *Blick durchs Fenster* (Societäts-Verlag 1939, S. 209–214).

© Societäts-Verlag, Frankfurt/Main 1939.

August Moritz Thümmel, geboren 1738 in Leipzig, gestorben 1817 in Coburg. In Tagebuchform beschreibt Thümmel seine Reise von Berlin nach Marseille und über Holland wieder zurück. Empfindsame Betrachtungen wechseln mit wirklichkeitsnahen Schilderungen, phantasievoll-galante Abenteuer und sittliche Erkenntnisse erweitern *Reisen in die mittäglichen Provinzen von Frankreich* vom Bildungsbuch zur unterhaltsamen Lektüre. Thümmels Reisetagebücher gehörten zu den meistgelesenen Veröffentlichungen seiner Zeit; andere nach Frankreich reisende Deutsche, z. B. Fürst Pückler, kannten den Text.

»Die Galeeren von Toulon«: aus: *Reisen in die mittäglichen Provinzen von Frankreich im Jahr 1785 bis 1786, Zweiter Band* (Verlag Georg Müller, München und Leipzig 1918, S. 418–434).

Kurt Tucholsky, geboren 1890 in Berlin, gestorben (Freitod) 1935 bei Göteborg. Lebte ab April 1924 als freier Schriftsteller und Korrespondent ständig in Paris und fuhr mehrfach in den Süden des Landes. Als literarisches Ergebnis einer zweimonatigen Reise erschien 1927 *Ein Pyrenäenbuch*, das eines der meistgelesenen deutschen Reisebücher wurde. Seine Liebe zu Frankreich verband Tucholsky in den Reisetexten mit satirisch-kritischen Betrachtungen.

»Wandertage in Südfrankreich«: aus: *Gesammelte Werke, Band II, 1925–1928*, herausgegeben von Mary Tucholsky und Fritz J. Raddatz (Rowohlt Verlag 1961, S. 242–248).

© Rowohlt Verlag GmbH, Reinbek 1960.

Ludwig Uhland, geboren 1787 in Tübingen, gestorben 1862 ebenda. Uhland, der auch in den politischen Kämpfen seiner schwäbischen Heimat eine Rolle spielte, war einer der bahnbrechenden Erforscher der altfranzösischen und altdeutschen Literatur. Seine eigene Dichtung zeugt von Vertrautheit mit der provenzalischen Troubadourliteratur. Uhland ist selber nie in Südfrankreich gewesen.

»In den Talen der Provence«: aus: *Sämtliche Gedichte*, in: *Ludwig Uhland, Werke, Band I* (Winkler Verlag, München 1980, S. 162).

Theodor Wolff, geboren 1868 in Berlin, gestorben 1943 ebenda. Der Chefredakteur und Schriftsteller Wolff, der 1918 zu den Mitbegründern der Deutschen Demokratischen Partei gehört hatte, mußte 1933 Deutschland verlassen. Als Emigrant lebte er, dem Frankreich aus seinen Korrespondentenjahren wie eine zweite Heimat vertraut war, in Nizza; hier wähnte er sich mit seiner Familie in Sicherheit. 1943 wurde Wolff jedoch in seiner Wohnung an der »Promenade des Anglais« aufgespürt und von der Gestapo in das KZ Oranienburg bei Berlin verschleppt. – Die wiedergegebene Schilderung Südfrankreichs im Sommer 1940 während des Vormarsches der deutschen Truppen ist einem unveröffentlichten tagebuchähnlichen Bericht entnommen.

»Südfrankreich im Juni 1940«: Aus dem maschinenschriftlichen Manuskript *La Terrasse I* (Bundesarchiv Koblenz, NL Wolff/21, S. 20–38).

Ortsregister

Lust am Lesen

Literatur aus acht Jahrzehnten
Herausgegeben von Ernst Reinhard Piper.
502 Seiten. Serie Piper 450

»Lust am Lesen« ist – wie die überaus erfolgreichen Bände »Lust am Denken« und »Lust an der Musik« – ein Lesebuch aus Piper-Büchern der letzten 80 Jahre. Es bietet Literatur in ihrer ganzen Vielfalt, bringt Prosa und Lyrik bedeutender Schriftsteller, gräbt Vergessenes aus und stellt junge Autoren vor. Es macht deutlich, daß Literatur auch in heutiger Zeit ein überaus wichtiger Begleiter des Menschen ist.
Autoren dieses Lesebuchs sind u. a.: Jürg Amann, Stefan Andres, Ingeborg Bachmann, Giorgio Bassani, Tadeusz Borowski, Hilde Domin, F. M. Dostojewski, Ludwig Fels, Frederick Forsyth, Richard Friedenthal, Martin Gregor-Dellin, Albert Paris Gütersloh, Aldous Huxley und Ludwig Thoma.

Piper 32/2e

PIPER

Die Welt ist ein Versuch

23 Erzählungen
Ausgewählt von Ernst Reinhard Piper.
374 Seiten. Serie Piper 544

»Die Welt ist ein Versuch« – dieser Satz steht in einer Erzählung Ingeborg Bachmanns, bei Ernst Bloch findet sich eine erweiterte Fassung: »Die Welt ist ein Versuch, und der Mensch hat ihr zu leuchten.« Dieses Licht in der Dunkelheit der Welt zu finden und aufzustecken ist das Anliegen aller großen Erzählkunst, als deren Zeugen aus dem 19. Jahrhundert hier Jean Paul und Dostojewski stehen, und daneben eine illustre Reihe von Autoren unseres Jahrhunderts – schon klassische, wie Aldous Huxley, Federigo Tozzi und Albert Paris Gütersloh, und solche, deren Bedeutung gerade erst erkannt wird: Cynthia Ozick, Ludwig Fels oder Antonio Skármeta. Jede dieser in sich abgeschlossenen Erzählungen bietet einen literarischen Baustein für das immer noch im Bau begriffene Haus der Menschheit, ist ein Entwurf im Experiment Welt und ihrem großen Laboratorium, der Literatur.

Piper 32/2f
PIPER

Jenseits des Meeres

31 Geschichten vom Überleben
Herausgegeben von Martina Petrik und Ernst Reinhard Piper.
367 Seiten. Serie Piper 950

»Soll das besagen, daß an einem bestimmten Punkt des Unglücks Liebe nicht mehr zu bewerkstelligen ist?« heißt es am Schluß von Alexander Kluges Erzählung ›Ein Liebesversuch‹, in der das Konzentrationslager als Metapher für die moderne Welt zu sehen ist und die Unfähigkeit zu lieben für die Unfähigkeit zu leben steht. Doch solange es Menschen gibt, ist das Scheitern der Menschheit nie ein endgültiges, gibt es eine Hoffnung auf ein besseres Anderes.
Die Schattenseiten der menschlichen Existenz sind es, denen sich die Erzählungen dieses Bandes zuwenden – das Unglück in der Liebe, das Scheitern in der Welt. Das Vergebliche, aber doch nicht Hoffnungslose steht als Symbol der Moderne in den Erzählungen sehr verschiedener Autoren dieses Jahrhunderts: Ingeborg Bachmann, Giorgio Bassani, Gottfried Benn, Ludwig Fels, Georg Heym, Sten Nadolny, Cesare Pavese, Anna Seghers, Antonio Skármeta, Federigo Tozzi, Robert Walser und viele andere.

Piper 32/1 i

PIPER